한국 대통령의 숙명

- 대통령과 정부가 일하는 법 -

김 수 현

CONTENTS

책을 내며 / 07
극단의 시대
희망이 절실한 시대
이번 대통령은 별일 없을까?
인수위 없는 새 정부를 응원하며

1. 대통령만 보이는 정치 / 17
    '청와대 정부', '용와대 정부'
    10년 가는 정당이 없다.
    현행 대통령제가 문제라는데
    희생을 전제로 한 헌법개정과 선거제도 개혁

2. 전쟁이 된 정치 / 33
    상대를 용납할 수 없는 정치
    너무 먼 생각들
    고소, 고발이 난무하는 정치
    정책에도 복수하는 시대

3. 대통령 권력의 시작과 끝, 인사권 / 53
    생각보다 넓은 대통령 인사권
    누가 적재적소인가?
    잘못된 제도, 잘못된 처벌

한국 대통령의 숙명
대통령과 정부가 일하는 법

4. **계륵이 되어버린 인수위** / 69
   영광의 끝, 고난의 시작. 인수위
   인수위, 이렇게 하자.
   선거에 진 쪽도 할 일이 있다.

5. **대통령실 사람들** / 85
   결국은 대통령실이 책임지게 된다.
   누가 대통령을 보좌하나?
   전(專)과 홍(紅)의 균형

6. **대통령실의 하루** / 101
   24시간 가동되는 대통령실
   대통령 일정에 맞춘 직원들의 일과
   직장인 대통령

7. **국정과제의 견인차, 대통령실** / 113
   각 정부가 만들려는 세상, 국정과제
   어렵지 않으면 왜 국정과제인가?

CONTENTS

8. 정부의 진정한 문민화 / 129
   권력기관의 정치화와 그 책임
   숨겨진 권력기관, 경제부처
   한국 정부의 문민화를 위해

9. 영혼 있는 공무원들의 헌신 / 149
   분노도 편견도 없어야 하는 공무원?
   정치적 책임과 행정적 헌신

10. 당·정·청, 님과 남 사이 / 161
    대통령과 당의 시간은 다르다.
    중층적으로 이뤄져야 할 당정청 협의

11. 정부 조직과 문화 / 173
    공직은 원래 상명하복인가?
    세상 변화는 공직에도 적용된다.
    잘 듣고, 결정은 분명하게

12. 위기관리의 원리 / 187
    대형 재난에 어떻게 대처할 것인가?
    위기대응의 권한과 책임

한국 대통령의 숙명
대통령과 정부가 일하는 법

13. **정책정당과 국책연구원** / 203
    선진국 중 유일한 국책연구원 시스템
    직장으로서의 연구원
    싱크탱크의 발전을 위해

14. **정부조직의 최전선, 지방정부** / 217
    재정의 절반을 집행하는 지방정부
    시장(市長)과 시장(市場)
    국민을 지키는 최전선, 지방정부

15. **인수위 없는 새 정부를 위해** / 233
    인수위 없는 정부가 직면할 일들
    인수준비팀이 필요하다.
    자신 있게, 그러나 차근차근

16. **이번 대통령은 성공할 수 있을까?** / 255
    칼날 위의 대통령
    이번 대통령의 성공을 위해

책을 내며

극단의 시대

결국 윤석열 대통령이 탄핵되었다. 처음부터 위태위태해 보이더니, 기어코 시대착오적 망상에 빠져 '미친 짓'을 하고 말았다. 비상계엄이라니? 45년 전 내가 고등학교 3학년이던 1979년 선포된 비상계엄은 국민소득이 고작 1,589달러일 때였다. 지금은 국민소득이 4만 달러에 근접하는 세계 10대 경제 강국이다. 그 전말을 다시 얘기할 필요는 없다. 이미 모두들 극단의 시대를 우려하고 경고했건만, 대통령이라는 자가 피해망상, 권력 도취에 빠져 한국경제와 민주주의의 역사에 오물을 퍼붓고 말았다.

온 세상이 극단적이다. 과거 나치 수준의 주장을 하는 정당들이 의회에 진출하는가 하면, 프랑스에서는 이민자 배척을 내세운 정당이 제1당이 될 뻔하기도 했다. 미국 대선을 보면 마치 할리우드 영화 같은 활극이다. 일자리를 잃은 것도, 물가가 오른 것도 모두 외국의 값싼 수입품과 이민자들 때문이라는 편 가르기 정치가 사람들을 열광케 만들고 있다. 민주주의의 발상

지라고 하던 여러 나라들에서 대화와 타협은 찾아볼 길 없고, 열광하는 지지자와 배척해야 할 이방인으로 나뉘어 싸우고 있다. 우리가 부러워하던 유럽의 다원주의 정치마저 극단주의의 제물이 되고 말았다.

우리도 마찬가지다. 자신이 선호하는 유튜브 채널을 제외하고는 어떤 뉴스도 믿지 않는 시대가 되었다. 오죽하면 대통령이 유튜브 그만 보고 제대로 된 여론을 청취하라는 얘기까지 나왔을까? 정치권에서 대화와 타협을 거론하면 배신자이거나 '수박'일 수밖에 없게 되었다. 대통령까지 나서서 이념전쟁을 선포하고 사실상 야당 대표를 적으로 규정하는 사태에 이르렀다. "무조건 이겨야 하고, 이기지 못하면 같이 죽기라도 해야" 된다는 식의 공멸 정치가 만연하고 있다.

이런 극단주의 시대에는 상식과 관행은 그저 사치품일 뿐이다. 국민 150명이 일시에 사고로 목숨을 잃었지만, 그 흔한 정치적 책임을 지는 사람도 없었다. 한여름의 대규모 국제행사가 폭망할 때까지 컨트롤타워가 작동했다는 흔적은 찾아볼 수 없다. 대통령이 총선을 바로 앞두고 각 지역을 돌며 뱉어 놓은 그 많은 약속은 기억하는 사람도, 책임지고 완수하려는 정부 부처도 보이지 않았다. 정책조차 극단주의의 장식품이 되고 말았다.

대통령은 격노만 할 줄 알았고, 정치는 싸우기만 하고, 정부는 눈치만 보았다. 세상을 움직이는 것은 극단적 언술과 선동적 편 가르기처럼 보인다. 주류 언론조차 양비론과 정치 허무주의에 편승해서, 세상을 더욱 미궁에 빠트리는 중이다. 이러니 감사원 사무총장이라는 자가 지난 정부 고위직을 빨리 잡아넣으라고 채근하고, 인권위원이란 자가 입에 담지 못할 욕설을 입에 달고 살고, 공정한 방송을 이끌어야 할 방송위원장 후보자가 극우적 망언을 쏟아냈더라도 그저 그런 일이 되고 말았다. 생각 있는 국민은 똥물을 뒤집어쓴 듯한 모멸감을 참아야 했다.

이런 정치적 극단주의는 사회, 경제적 양극화를 먹고 성장했다. 현실은 팍팍하고 힘든데, 정치는 그것을 해결하기보다 미워하고 증오할 자들을 나열함으로써 모면하려 한다. 정치가 국민 삶을 바꾸기 위해 사용하는 수단, 즉, 정책마저 극단주의에 희생되고 말았다.

희망이 절실한 시대

자본주의가 이상해졌다. 경제위기가 일상화되었고, 거의 모든 분야가 금융화, 투기화되고 말았다. 기술혁명을 거치면서 더욱 넘쳐나는 돈들이 정처를 못 찾고 투기화된 것이다. 100여 년 전, 대공황과 양차 대전을 겪었던 자본주의가 그 안정 수단으로 도입했던 케인스주의의 정신은 "시중에 돈을 더 풀되, 개인이 책임을 지는 방식"(privatized Keynsianism)으로 남았다. 우리는 물론, 전 세계의 가계가 빚으로 연명하는 중이다. 그럼에도 국가는 자유주의 경쟁 원리를 내세워 자꾸만 뒤로 빠지려 하고 있다. 각국 정부는 모두 외부의 적 때문이라고 면피하려 하지만, 국경이 없는 초연결 사회에서 무책임한 변명에 불과하다.

좋은 일자리, 나쁜 일자리 양극화는 날이 갈수록 심화되고 있다. 트럼프가 미국 제조업 부흥을 내세우는 것도, 과거 좋았던 완전고용 시대를 환기하려 하기 때문이다. 급기야 전 세계를 상대로 전면적인 관세전쟁을 선포하기까지 했다. 특히 영향을 많이 받게 될 우리나라는 어떻게 될까? 이미 제조업이 떠났던 도시들은 을씨년스런 장터만 남겨놓았다. 유독 자영업 비중이 높은 우리나라는 그 파장이 더 크다.

원래 지정학적으로 어려운 처지에다, 유일한 분단국가인 우리나라를 둘러싼 국제정세는 악화일로다. 역대 정부들은 강대국들 사이에 치이면서도 어떻게든 독자적 평화 전략을 만들기 위해 분투해 왔지만, 윤석열 정부와 극우 집단들은 스스로 대결의 길로 걸어 들어갔다. 미국의 동북아 전략에 발맞추어 일본과 함께 대중국 전선에 뛰어든 것이다. 북한과의 적대 전선은 말할 것도 없다. 효과가 무엇인지도 모를 대북 전단을 부추기더니 기어코 오물 풍선과 확성기 방송이 위기를 조장했다. 보수, 진보 정부 가리지 않고 수십 년 쌓아 올렸던 평화와 공존 노력이 물거품으로 사라지는 것을 보았다. '평화가 경제'라는 말이 실감 나는 시대로 되돌아가 버렸다.

경제위기와 안보위기는 사회위기로 귀결된다. 밝고 희망적인 소식을 찾아보기 어려운 가운데, 개인과 가정은 각자도생을 위해 분투하고 있다. '공동체'는 사치스러운 단어가 되어버렸고, '참여'는 구색갖추기 행정행위로 전락해 버렸다. 위기, 위기라고 한지 20년이 되었지만, 저출산 문제는 회복의 기미가 보이지 않는다. 베이비붐 세대가 본격적으로 은퇴하면서 가난한 노인들은 기하급수적으로 늘어나지만, 여전히 안전망은 불안하다. 집에 전 재산을 묻어둔 채 쓸 돈은 없는 삶이다.

국가의 존재 이유를 물어야 하는 시대이다. 개인적 어려움에 처해도 국가가 안전망을 쳐두었을 것이라는 믿음, 아무리 세계가 소란해도 우리나라의 안보와 평화는 지켜질 것이라는 믿음, 어떻게든 소득은 늘어나고 삶은 윤택해질 것이라는 믿음. 이런 것들을 지켜주라고 정치와 정부가 존재하는 것이다.

그러나 극단적 정치는 삶의 불안을 달래는 것이 아니라, 오히려 불안을 부추기고 있다. 정치위기는 정부의 정책마저 불신하게 만들었다. 정치의 위기가 삶의 위기로 이어진 것이다. 역대 모든 정부가 해결하지 못했다는 식으로 물타기 하지 말자. 최근 10여 년, 그중에서 특히 윤석열 정부 들어 이런 정치적 극단주의가 기승을 부리고 있다. 극단의 시대를 넘어 희망의 시대로 어떻게 갈 것인가? 정부는 무엇을, 어떻게 해야 할 것인가?

이번 대통령은 별일 없을까?

한국에서 대통령은 "되기도, 하기도, 하고 나서도" 참 어렵다. 1987년 민주화 이후, 즉 현행 헌법으로 대통령을 뽑은 이후 5년 단임제 대통령 8명 중 3명이 탄핵소추를 당하고, 3명이 직을 마친 후에, 1명이 재임 중 구속되었다. 그 직계가족이나 핵심 참모들에 대한 수사나 기소는 부지기수다. 그렇게 어렵게 대통령에 당선되었지만, 재임 중에는 지지율에 쫓겨 다니고, 퇴임 후에는 본인 혹은 주변 인사들이 고초를 겪는 일이 일상화되었다. 문재인 정부 기간 청와대의 장관급 실장 9명 중 6명이 윤석열 정부에 의해 기소되어 재판받을 정도다. 대통령이 되려 하거나, 그를 도와 국정에 참여하려는 사람들은 신변의 고초를 각오해야 하는 시대를 살고 있다. 과거 왕조시대처럼 반정으로 정권이 교체되거나 사화가 일어난 것도 아닌데 이런 일이 무시로 반복되고 있다.

헌법이 문제라고 한다. 현행 헌법이 초래한 대통령 권력 집중이 결국 불행한 대통령을 낳고 만다는 얘기다. 또 전 세계가 공통적으로 겪고 있는 정치, 경제적 양극화가 만들어 낸 위기라고 해석하기도 한다. 그럼에도 지금 뽑는 새 대통령도 현행 헌법에 따라 선출된다. 윤석열 대통령이 저지른 시대착오적 비상계엄과 이후의 탄핵 과정에서 온 나라가 갈가리 찢어진 상태다. 누가 대통령이 되든 갈등과 분열이 개선될 것으로 보이지 않는다.

새 대통령은 별일 없을까? 혹은 괜찮을까? '괜찮다'는 말은 중의적이다. "성공적으로 국정을 운영할 수 있을까?" 하는 얘기와 "재임 중이나 퇴임 후 불행한 사태를 겪지 않을 수 있을까?" 하는 의미가 섞여 있다. 당장 얼마 남지 않은 대선과 새 정부 출범에 대한 기대감보다 다시 또 문제를 반복하게 되지 않을까 하는 우려가 앞서는 게 현실이다. 이 책에는 그런 걱정이 담겨 있다. 직업 관료는 아니었지만, 10여 년이나 청와대와 부처 근무, 공공 연구원장을 지냈다. 그런 경험에서 대통령과 정부, 정치의 관계를 생각해 보려고 했다.

대통령실(청와대)이 일반의 상식과 어긋난 판단이나 언사를 내뱉게 되는 이유는 무엇일까? 대통령이 고집스러운 것은 성정 때문일까, 아니면 대통령제 자체가 갖는 한계 때문일까? 당·정·청이 한 몸이라면 어떻게 조율해야 할까? 대통령실에는 누가 와서, 어떻게 일할까? 레임덕이 필연이라면 어떻게 맞이해야 할까? 국가재정의 절반을 집행하는 지방정부는 어떤 일을 해야 할까? 왜 우리나라는 민간 싱크탱크들이 발달하지 못했을까? 권력기관의 정치화는 어떻게 막을 수 있을까? 기재부 장관은 왜 늘 직업 공무원이 하나? 정부 내 견제와 균형의 원리는 어떻게 작동해야 하나? 영혼 없는 공무원은 자조인가, 칭찬인가? MZ세대들에게 상명하복의 정부 조직은 어떻게 받아들여질까? 왜 정부는 위기관리에 실패하는가? 이 책에서는 이런 질문들에 대한 답을 찾고 있다.

느닷없이 자멸해 버렸지만, 윤석열 정부는 그 어느 때보다 정부 운영의 원리가 망가진 기간이었다. 공직자의 책임과 헌신이라는 가치도 땅에 떨어지고 말았다. 정치보복의 수단이 된 직권남용죄는 정부의 정당한 정책 노력마저 움츠리게 했다. 정권이 바뀌면 전 정부의 마음에 들지 않는 정책이나 결정들은 어김없이 직권남용죄로 치도곤을 치르는 중이다. 그 과정에서 감사원과 검찰은 충실한 선봉대이자 스스로 권력이 되고 말았다. 탄핵으로 정권이 바뀌게 되었으니, 또 이런 일이 반복될 공산이 커졌다. 정말 걱정이다.

이처럼 국민과 약속한 국정과제를 힘차게 추진하는 것조차 두려운 시대에, 이 책은 모두가 알고 있던 공직의 가치와 유능한 정부의 원칙을 다시 살펴보고자 했다. 물론 윤석열 정부 출범의 빌미를 제공했다는 점에서, 문재인 정부 인사로서 무슨 할 말이 있냐는 비판이 불을 보듯 훤히 예상된다. 너희는 잘했느냐는 질책도 쏟아질 것이다. 그럼에도 어려운 시기에 출범하는 다음 정부의 담당자들에게 문재인 정부의 경험을 공유하는 것은 도움이 될 것으로 보았다.

인수위 없는 새 정부를 응원하며

이제 6월이면 새 정부가 출범하게 된다. 윤석열 정부가 3년도 못 채우고 스스로 쫓겨나는 바람에 예기치 못한 선거를 치르게 된 결과다. 2017년의 박근혜 대통령 탄핵에 이어 불과 8년 만에 같은 상황을 맞이한 것이다. 새로 출범하는 정부는 인수위를 두지 못한다. 선거 바로 다음 날부터 국정을 책임져야 한다. 그러나 정부 출범 뒤에도 상당 기간 윤석열 정부 국무위원들과 함께 일을 해야 한다. 북한의 도발 등에 대처하기 위한 NSC 위원들도 대부분 전임 정부 때 임명된 사람들이다. 하루빨리 국정을 안정시키고 대외신인도를 회복시켜야 할 새 정부 입장에서는 속이 까맣게 탈 지경일 것이다.

나는 공교롭게도 2017년 5월 대선을 앞두고, 인수위 없는 정부의 초기 국정 운영계획을 수립하는 역할을 담당했었다. 당시 민주연구원 8층에 별도 사무실을 차려, 국정 운영계획과 정부조직 개편안, 청와대 개편안 등을 수립해서 갑작스러울 정부

운영에 대한 대비책을 세웠다. 이를 바탕으로 대선 이틀 후부터 청와대로 출근을 시작해서 정책인수팀장을 맡았다. 그때의 일이 또 반복될 줄은 몰랐다.

　새 정부 구성원들은 비록 급작스럽게 출발하기는 하지만, 사명감과 소명 의식으로 무장되어 있을 것이다. 윤석열 정부가 하도 엉망으로 국정을 운영했기에 잘못된 일을 수습하기에도 경황이 없을 것이다. 그런 점에서는 무엇을 해야 할지 이미 잘 알고 있다. 윤석열 정부가 망쳐놓은 것을 바로 잡는 일부터 시작하는 것이다. 하지만 그것만으로는 안 된다. 아무리 인수위 없이 출범하는 정부라고 하더라도 무슨 일을 언제, 어느 수준으로 시행할지는 명확한 계획이 있어야 한다. 벌써 윤석열 정부는 지나간 정부다. 그 정부가 얼마나 엉터리였는지는 며칠 가지 않을 얘기일 뿐이다. 새 정부의 철학, 가치가 정책과 태도로 발현되어야 한다.

　이 책은 원래 윤석열 정부가 정상적으로 임기를 마칠 것이라 보고, 2027년 초쯤 낼 생각으로 준비하던 글이었다. 윤석열 정부의 파행, 퇴행 심지어 만행을 보면서, 다음 정부는 이렇게 하면 안 된다고 얘기하려고 주섬주섬 자료를 챙기고 있었다. 그러던 중 윤석열 대통령이 불과 2년 반 만에 제풀에 무너져 버렸다. 나라는 더 쪼개지고 혼란스러워졌다. 하지만 어떻든 울퉁불퉁한 길을 지나 새 정부는 출범하게 되어 있다. 이 때문에 나도 서둘러 이 책을 정리해야 될 필요가 생겼다. 인수위 없는 정부를 나름대로 한 가운데서 겪었던 내 경험이 다음 정부를 운영하려는 분들에게 도움이 될 수 있다고 보았기 때문이다. 다만 그러다 보니 책의 구성에서 어떤 부분은 다양한 자료를 소개하면서 설명하고 있지만, 어떤 부분은 서둘러 얘기한 곳들이 섞여 있다. 이런 사정 때문이었다는 점을 미리 밝혀 둔다.

그리고 출판을 맡아주신 〈반도기획〉 우공식 대표께 특히 감사드린다. 작년 비상계엄 사태 이후 원고를 서둘렀지만, 2월 말이나 되어 초고를 마칠 수 있었다. 유동적인 상황에다 촉박한 발간 일정 때문에 편집하는 데도 어려움이 많았다. 그래도 흔쾌히 작업을 마무리해 주셔서 고맙고 미안한 마음이다.

한국의 대통령은 참으로 어려운 숙명을 타고났다. 청와대에서 6년 반 동안 근무했던 경험을 통해, 대통령과 정부가 어떻게 일해야 할지 고민했다. 이 책이, 힘들게 새 정부를 꾸려가야 할 사람들에게 작은 응원 함성이라도 되기를 기대해 본다.

2025년 4월

김 수 현

한국 대통령의 숙명
대통령과 정부가 일하는 법

대통령만 보이는 정치
분권형 대통령제로 바꾸어야 한다. 그러나 헌법개정만큼이나 중요한 일은 선거제도 개혁이다. 승자독식의 대결적 양당 구조를 바꾸지 않는 한, 극단적 정치문화는 그대로 지속될 수밖에 없기 때문이다.

대통령만 보이는 정치

'청와대 정부', '용와대 정부'

　우리나라 대통령은 너무 강할까, 약할까? 첫 대답은 아마 너무 강하다는 답일 것이다. 오죽하면 제왕적 대통령이라는 말이 있을 정도일까? 국회가 뭐라 하든, 또 국민이 뭐라 하든 내 갈 길을 간다는 대통령을 자주 봐 왔던 우리는, 대통령이 너무 강해서 문제라는 생각을 많이 했을 것이다. 그러나 다른 한편에서 보면 우리 대통령이 하라는 일도 제대로 하지 못하는 약체라는 생각이 동시에 든다. 5년 단임제 대통령은 임기의 절반만 지나도, 특히 국회에서 여소야대 상황이라도 된다면 어김없이 되는 일도 없고, 안 되는 일도 없는 경우를 많이 보았기 때문이다.
　대통령의 실질 권력이 센가, 아닌가와 관계없이 우리나라 모든 정치와 행정이 대통령실을 중심으로 진행되고 있는 것은 분명하다. 국민의 모든 관심이 대통령과 그 주변에 집중되어 있고, 우리나라에서 벌어지는 모든 일들은 결국 대통령에 대한 평가로 이어진다. 오죽하면 국제경기에 져도, 큰비가 와도 모두 대통령 탓이라는 얘기가 나오겠는가?

이렇게 대통령에 대한 과도한 관심과 권력 집중은 결국 지나친 대통령실 중심 국정운영을 가져오게 된다. 이런 상황을 비판적으로 보는 용어가 바로 정치학자 박상훈이 말하는 '청와대 정부'다*. 대통령실을 용산으로 옮겼으니, 이제 '용와대 정부'라고 불러야겠지만. 그는 청와대(대통령실)에 권력을 집중시켜 국정을 운영하는 것을 민주 정부의 퇴행적 형태라고 보았다. 민주 정부라면 대통령실이 아니라 내각과 집권당이 대통령의 양 날개 역할을 해야 하지만, 그 역할을 대통령실이 대신하거나, 대통령의 뜻이라며 대통령실 실장과 수석들이 내각과 집권당을 이끄는 권력기관이 되어서는 안 되기 때문이다.

이렇게 대통령실이 중심이 된 국정운영이 가능하기 위해서는 대통령이 국민과 직거래, 즉, 여론에 호소할 수밖에 없는데, 박상훈은 이것이 자칫 '국민독재 대통령'을 초래할 수도 있다고 우려한다. 대통령제는 본질적으로 의회와 보조를 맞춰 달려야 하지만, '청와대 정부' 구조하에서 의회는 그저 대통령과 민심에 반하는 집단으로 취급받게 된다. 이는 결과적으로 민주주의의 퇴행을 가져온다는 것이 그의 주장이다. 아마 지지율이 경이적으로 높았던 문재인 정부를 염두에 둔 설명이었을 것이다.

그러면 이 모든 게 과도한 권력을 행사하기만 하는 대통령 때문일까? 집권당은 왜 중심을 잡지 못할까? 의회는 왜 지탄받고 있을까?

---

* 박상훈, 2018, 『청와대 정부』, 후마니타스

10년 가는 정당이 없다.

　우리나라에서 대통령의 흥망성쇠가 너무 명확히 보인다면, 정당의 사정도 그에 모자라지 않는다. 지난 15년만 돌아보더라도, 국민의힘은 한나라당 → 새누리당 → 자유한국당 → 미래통합당 → 국민의힘으로 당명을 바꿨고, 더불어민주당은 열린우리당 → 통합민주당 → 민주통합당 → 민주당 → 새정치민주연합 → 더불어민주당으로 바꿨다. 특히 대선에서 승리까지 한 국민의힘은 2022년부터 2024년 말까지 3년 동안 무려 12명이나 당대표나 비상대책위원장을 거쳐 갔다. 대통령에게 권력이 집중되는 '청와대 정부'를 탓하기에 앞서, 무기력하고 혼란스러운 집권당의 처지도 참으로 난감하다.
　물론 우리도 한때 제왕적 당대표의 시절도 있었다. 대통령이 당 총재를 겸해서 그런 점도 있었지만, 야당이라 하더라도 당대표가 공천, 조직과 돈 모두를 휘두르던 시대였다. 민주화 이후 점차 대통령의 집권당에 대한 영향력이 줄어들고, 심지어 노무현 대통령은 당정 분리를 앞장서 추진하기도 했다. 대통령이 당무에 개입해서 전횡하는 것도 문제지만, 당정 분리도 사실 뜬금없기는 마찬가지였다. 이제는 당-정이 각자의 역할을 충실히 하는 가운데, 공동의 책임으로 국정을 운영해야 한다는 것이 당연한 규범이 되었다. 정부는 성과를 거둘 수 있는 정책운영과 위기관리의 책임을, 집권당은 정부를 입법 활동으로 뒷받침하는 한편 민심의 동향을 정확히 수렴하여 정부 운영을 끌고 가는 역할을 맡아야 하는 것이다.

그러나 현실의 당정 관계가 반드시 좋은 방향으로 흘러가지는 않았다. 결국 사법적 처벌을 받기까지 했지만, 대통령실이 당의 공천에 개입하거나 당대표가 이를 거부하면서 당 직인을 들고 잠적하는 일까지 벌어졌다. 박근혜 정부 탄핵으로 이어지는 출발점이 된 사건이다. 이후 문재인 정부는 당정이 함께 국정을 운영하고 책임과 성과를 공유한다는 점을 유독 강조했다. 대통령이 스스로 '민주당 정부'라는 표현을 써서 당의 중심성을 내세웠다. 현역 의원의 입각 비율이 역대 정부 중 가장 높았던 것도 그런 방향이 영향을 끼쳤다. 다양한 수위의 당·정·청 회의를 정례화하고, 주요 정책 단계마다 협의를 강화했다. 임기 중 주요 선거에 승리함으로써 당정 협력의 효능감도 높았던 것이 사실이다. 그럼에도 문재인 정부는 '청와대 정부'의 상징이 되어 비판을 받았다.

그러나 윤석열 정부가 되면서 당정관계는 희한한 상황을 맞게 된다. 애초 정치 경험이 없고, 정당의 가치를 이해하지 못했던 윤석열 대통령은 당을 대통령실의 하부 조직 정도로 취급했다. 당원들의 손으로 뽑은 대표를 이른바 친윤 최고위원들이 집단사직을 통해 무효화시키고, 이어서 경쟁자들을 억지로 주저앉히고 뽑은 당대표마저도 사퇴하게 만든다. 이런 일들이 2024년 총선 참패의 원인이 되었던 것은 물론이다. 나아가 윤석열 대통령 스스로 자멸하는 길을 닦은 것이기도 하다.

이처럼 한국의 정당들은 주요 선거에서 지거나, 큰 정치스캔들이 생기면 어김없이 지도부가 일괄 사퇴하고 비상대책위원회를 구성하는 것이 관례가 되어버렸다. 집권에 성공한 정당에서조차 대통령과 협조가 잘 안된다는 이유로 당대표가 무시로 교체되었다. 여기서 더 나가 분위기 쇄신 차원에서 당명도 수시로 바꾸는 바람에 '국민의힘 계열', '민주당 계열'의 당명 정도밖에 기억 못 하는 사람들이 많다. 그러다 보니, 각 당의 강령을 국민은 물론이고, 당원들도 대다수 읽어보거나 접해본 적이 없다. 심지어 국회의원들조차 자당의 강령을 숙지하지 못하는 경우가 허다하다고 한다.

이런 상황에서는 당이 국정운영의 중심이 되거나, 정책정당이 된다는 것은 상상하기 어렵다. 서구 선진국들이 정당의 이념과 가치, 그리고 정책 기조를 바탕으로 선거를 진행하고, 또한 집권 후에도 그를 실현하기 위해 애쓴다는 게 그저 부러울 따름이다. 100년 이상 정당의 이름이 바뀌지 않고, 그 정신을 유지하는 곳들도 많다. 물론 최근 양극화된 정치환경 속에서 전통적인 정당구조가 위협받고는 있지만, 그래도 당원들의 참여와 책임 속에서 역사와 전통을 이어가는 기본 틀은 여전하다.

그런 점에서 '청와대 정부'는 대통령 개인의 책임을 넘어 한국 정치체제 전반의 현상이라고 보아야 할 것이다.

정당이 아니라, 캠프가 중심이 된 대통령 선거

최근 '섀도 캐비닛'(shadow cabinet, 예비내각)이라는 말이 유행이다. 웬만한 인재 영입도 예비내각 구성이라는 식으로 언론은 포장한다. 원래 섀도 캐비닛은 내각제 국가에서 현 집권당의 내각(cabinet)에 대응하는 야당의 예비내각을 뜻한다. 집권할 경우 바로 정책을 펼칠 수 있다는 수권 능력을 과시하는 수단이라고 할 수 있다. 물론 요즘은 많은 나라에서 절반을 넘기는 당이 드물어, 선거가 끝나자마자 연합정부 구성을 하느라 허덕이는 모습을 보게 된다. 그만큼 섀도 캐비넷이 제대로 작동하기 쉽지 않은 조건이지만, 그래도 어떻든 정당이 추구하는 가치와 정책이 정부 운영에 그대로 반영되는 구조로 되어 있다. 영국 총선이 끝난 바로 다음 날 총리가 업무를 시작할 수 있었던 것도 정당 차원에서 섀도 캐비넷과 같은 준비가 되어 있었기 때문이다.

반면 대통령제 국가들은 당내경선에서부터 별도의 선거캠프를 구성하게 된다. 당의 조직, 정책, 자금 외에도 후보자 중심의 체계가 필요하기 때문이다. 우리도 매번 대통령 선거 때마다 후보를 중심으로 캠프를 만드는 것을 보았다. 정당 자체가 곧 집권세력이 되는 내각제 국가들과 달리, 정당의 울타리에는 있지만 별도의 체계와 비전으로 대통령에 도전하게 되기 때문이다. 정치 입문 몇 달 만에, 낯선 정당의 대통령 후보로 옹립되어 선거까지 치르는 것이 가능한 구조이다.

유력 대통령 후보의 캠프에는 국회의원들뿐 아니라, 후보를 지지하는 각계 인사들이 대거 참여하게 된다. 캠프 구성원의 면면이 일종의 세 과시이자, 후보의 성격을 보여주는 것이기도 하다. 나도 교수로 있는 동안 선거캠프에 몇 번 참여했다. 비난하는 의미로 폴리페서이고, 미국식 의미로는 회전문 인사의 대상이었다. 그중 실제로 상근에 가깝게 업무를 했던 경험은 크게 세 번이다. 2010년 한명숙 서울시장 후보, 2012년 문재인 대통령 후보, 그리고 2017년 같은 후보의 선거캠프에 참여했다. 그러면서 우리나라의 선거캠프가 어떻게 구성되고 운영되는지 몸으로 경험했다.

우리나라는 대통령 후보로 선출되기까지 치열한 당내경선을 치르게 된다. 그런 만큼 최종 후보가 되더라도 모든 국회의원의 헌신을 기대하기는 어렵다. 더구나 최종 후보의 지지율이 낮기라도 하면, 당의 다수가 소극적일 공산도 크다. 내가 경험한 2012년 대선은 안철수 현상에다 박근혜 후보의 높은 지지율로 선거 막바지까지 당이 제대로 안 뛴다는 인상이 컸다. 결국 소수의 캠프 사람들이 헌신할 수밖에 없었고, 이는 거꾸로 "사람들이 돕고 싶은데도 역할이 없다"라는 식으로 뒷전에 머무는 것을 변명하는 근거가 된다. 반면 처음부터 당선이 유력한 상황에서는 캠프에 너무 많은 사람이 몰려 두서가 없다. 이제는 교통 정리가 문제가 된다. 전국 유세 등으로 워낙 바쁜 후보이기 때문에, 후보의 의중을 읽고 소통하는 순서대로 영향력의 동심원 구조가 만들어진다. 캠프 내에서 핵심 그룹과 외곽 그룹으로 분화되는데, 이때 당이 중심적 역할을 할 수도 있지만 주변적 역할을 할 수도 있다. 잘 되는 선거일수록 당이 중심이 되지만, 그렇지 않을 때는 그만큼 후보와 개인적 인연이 있는 소수가 더 많은 책임을 지는 구조가 된다. 나도 2012년 선거와 2017년 선거에서 경험했다. 2022년 선거도 비슷한 양상이었다고 들었다.

미국도 캠프 중심의 선거를 치르지만, 당과 정체성을 같이 하는 싱크탱크들이 평소 준비한 정책에다 공직 경험을 가진 인사들의 회전문 참여를 통해 비교적 당 색깔을 갖춘 운영이 가능하다. 그러나 내 경험상 선거캠프 운영 과정에서 당의 강령이나 정책 기조를 공약에서 깊이 고려했던 기억이 없다. 당 정책위원회나 부설 연구소 등이 공약집 작성 과정에 참여하기는 하지만, 결국 후보의 캠프 핵심이 정책 기조를 정하는 것이 상례가 되었다. 당의 자원이 캠프의 중추이기는 하지만, 현실적으로는 후보자와 강한 유대와 네트워크로 엮인 특정 집단이 대통령 선거의 기조를 끌고 가게 되는 것이다. 당보다는 캠프가 중심인 우리 선거의 현실이다.

현행 대통령제가 문제라는데

　헌법에 따르면, 대통령은 우리나라를 대표하는 국가원수일 뿐 아니라 행정부의 수반이다. 국가원수로서 대외적으로 우리나라를 대표하며, 군 통수권자로서 국가방위를 책임진다. 정부의 수반으로서 내각을 구성하고, 주요 정책을 결정하며 국가의 행정 운영을 총괄한다. 아울러 대통령은 국회에서 통과된 법률을 승인하거나 거부할 수 있으며, 법률안을 제안할 수도 있다. 대통령은 사법부의 독립을 보장하면서도 특정 사안에 대해 사면권을 행사할 수 있다. 비록 입법, 사법부와 일정한 견제 장치를 가지기는 하지만 대한민국에서 전권을 행사할 수 있는 가장 중요한 직위이다.

　하지만 이것이 대통령이 마음대로 해도 된다거나, 할 수 있다는 의미는 아니다. 대통령은 소속 정당의 지도자로서 정치적 비전을 제시하고, 국민과의 소통을 통해 지지를 확보해야 한다. 또한, 선거에 개입할 수는 없지만, 각종 선거 결과를 통해 국민의 신임을 얻어야 한다. 선거를 통해 민심을 확인할 경우, 사과하거나 국정 혁신을 약속하는 것이 당연한 일이다.

　이렇게 민심을 얻기 위해 대통령은 정부의 수반으로서, 경제·사회정책들을 잘 꾸려가야 한다. 경제성장, 고용 확대, 물가 안정 등을 목표로 경제정책을 효과적으로 추진해야 하며, 사회적 갈등을 조정하고 국민의 복지를 증진하기 위한 정책을 추진해야 한다. 결국 대통령은 국리민복을 위해 할 수 있는 모든 역할을 해야 하며, 그 성과를 통해 평가받고 소속 정당의 정권 재창출을 지향하는 존재라고 할 수 있다.

그런 원칙에서 본다면 대통령이 보다 강력한 추진력으로 국정의 성과를 거둬야 하는 것은 당연하고, 국민도 이를 원하고 있을 것이다. 문제는 그 과정이 독선과 아집이 아니라, 집권당 및 의회와 함께해야 한다는 점이다. 야당을 설득하고 때로 타협해야 하는 것은 물론이다. 지지층만이 아니라 반대층도 포용하기 위해 노력해야 한다. 그러나 우리 정치 현실은 그 반대로만 흘러갔다. 계기 때마다 이래서는 안 된다는 언론사 사설이나 칼럼이 홍수를 이뤘지만, 상황은 바뀌지 않았다.

그러던 중 우리는 앞의 '청와대 정부' 수준의 비판으로는 상상할 수도 없던 비상계엄 사태를 맞이하게 된다. 윤석열 대통령의 황당무계한 비상계엄 선포와 탄핵을 겪으면서, 이것이 한국 대통령제의 문제인지, 아니면 대통령이라는 사람이 문제였던 지에 대한 고민이 본격화되었다. 물론 윤석열 대통령은 정치적으로 훈련된 바가 없고, 성격이 독단적이며 예측할 수 없는 캐릭터였다.* 그런데 중요한 것은 설령 위험한 개인이 대통령이 되더라도, 어떻게 시스템으로 제동을 걸 수 있을까 하는 문제다. 결국 현행 대통령제가 과거 군부의 장기 집권에 지쳐, 직선으로 뽑는 단임 대통령이라도 되면 성공이라는 생각에 사회적 합의를 이룬 것이지만, 그것으로는 이제 한계가 명확해졌다는 것이다.

지금 한국 사회에서 개헌논의가 분출하고 있다. 주장의 한 축은 분권형 이원집정부제다. 대표적으로 강원택 교수는 "국회

---

* 강원택, 2025.1.1., (인터뷰) 대통령 한 명이 국가 흔들고 분열… 양극화 해소 위해 권한 나눠야, 한국일보

에서 총리를 선출하고 선출된 총리가 자신이 꾸린 내각과 함께 국정을 이끌어가고, 대통령은 통합의 상징으로 존재하면서 정무적으로 총리와 내각을 관리하고 국가의 장기계획을 담당하는 분권적인 형태의 대통령제로의 개혁"을 제안하고 있다.* 또 다른 축은 내각제다. 형식을 어떻게 달리하더라도 대통령제는 실패할 수밖에 없으므로 근본적으로 내각제로 가야 한다는 주장이다.** 그러나 여론조사에 따르면 그래도 국민 다수가 공감하는 개헌안은 4년 중임제 개헌이다. (재선을 위한) 여론에 보다 민감한 대통령제로 바꿔야 한다는 것이다. 문재인 전 대통령도 최근 한겨레 신문 인터뷰에서 4년 중임제 개헌을 대안으로 강조하기도 했다.

하지만 개헌의 방향도 문제지만, 그것이 실제로 이루어질 수 있을지 확신이 들지 않는다. 노무현 대통령이 지역 정치 극복을 위해 스스로 대통령직을 내려놓을 각오로 대연정을 제안하고 이후 4년 중임제 개헌도 촉구했지만, 돌아온 대답은 "참 나쁜 대통령"이었다. 그렇게 말했던 박근혜 대통령도 탄핵을 앞두고 궁지에 몰렸을 때 개헌을 제안했지만, 조롱거리에 그치고 말았다. 문재인 대통령은 진작부터 개헌안 마련에 나서 실제 헌법 개정안까지 제안했지만, 역시 한 번도 진지하게 논의되지도 못한 채 무산되었다. 누구든 현행 대통령제를 개선해야 한다고 목소리를 높이지만, 정작 당면한 선거의 득실이나 정치 일정을 계산하고서는 흐지부지되곤 했다. 이번 윤

---

* 허문영, 2025.1월호, 〈Special Report | '카오스' 한국 정치를 말하다〉 다음 대통령 누가 되든 똑같은 일 벌어질 수 있다, 신동아.
** 김종인, 2022, 『왜 대통령은 실패하는가』, 21세기북스

석열 대통령 탄핵과 뒤이은 대선 일정에서도 개헌논의는 여전히 자리 잡지 못하고 있다.

희생을 전제로 한 헌법개정과 선거제도 개혁

윤석열 대통령의 자멸에 따라 8년 만에 또 비정상적인 시기에 대통령 선거가 치러진다. 87년 헌법이 문제였다고 하지만, 다시 그 헌법에 따라 대통령을 선출하는 것이다. 지금 후보들은 모두 당선이 가장 급한 일이다. 우리나라 대통령제가 문제라고 하지만, 일단 내가 먼저 대통령이 된 다음 개헌하겠다는 식이다. 너무 오래 무정부적인 상황에 빠져있기에 우선 국가적 리더십을 세우는 게 급선무인 것은 맞다. 지금 국민의힘이 조기개헌을 주장하는 것은 내란 책임에 물타기 하려는 의도라는 게 뻔히 보이기도 한다. 그러나 이전의 경험을 보면 다시 헌법개정이 실종될 우려가 다분하다. 이번 대통령 선거에 참여하는 후보와 정당은 헌법개정의 시한과 방법을 국민 앞에 약속해야 한다. 물론 본격적으로 개정 작업에 들어가면 결국 내용과 방향의 차이가 분열을 일으키겠지만, 그렇더라도 언제까지는 반드시 개헌한다는 약속을 해야 한다.

그럼 대선 이후에 개헌은 가능할까? 이제까지 경험으로 보면 다시 미궁에 빠질 공산이 다분하다. 각론에 들어가면 과연 어떻게 합의할 수 있을지 그림이 나오지 않기 때문이다. 내각제에서부터 분권형 대통령제, 대통령 중임제까지 스펙트럼이 다양한 데다, 각각이 바탕을 이루는 철학, 가치, 또한 정치적 득실이 타협될 수준을 넘어선다. 게다가 헌법개정 과정에서 자치분권, 균형발전, 수도 규정, 기본권 확장, 5.18 전문 수록 등 다양한 요구를 반영하려면 도저히 합의에 이르지 못할 것 같은 걱정이 앞선다. 현행 헌법은 87년 6월 항쟁 뒤, 그 여세를 몰아 직선제 개헌을 완수해야 한다는 압박이 있었기에 불과 넉 달 만에 헌법개정이 가능했다. 그러나 지금 논의되고 있는 개정 논의는 대통령의 힘을 나눠 견제와 균형을 정착시키고, 민주주의의 차원을 한 단계 높여야 한다는 복잡한 요구를 담고 있다. 기간이 아무리 길게 주어져도 합의에 이를 수 있을까 하는 회의가 든다. 그나마 4년 중임제처럼, 우리가 이미 경험했던 제도로 개헌하려 하더라도 이해득실에 따라 합의가 쉽지 않아 보인다. 중임제 외에도 대통령의 권력을 나누는 필수적인 조치가 수반되어야 하기도 한다.

내 생각에 '새 대통령의 희생', 즉, 임기 단축이나 자발적 권한 축소 없이는 돌파구가 마련되지 않을 것으로 본다. 이를 제 정당과 사회단체가 참여한 국회 논의에 맡겨서는 끝이 없다. 결국 새 대통령이 자기희생을 약속하며 개헌을 제안하지 않는 이상 또다시 미궁에 빠지고 말 것이다. 그런 점에서 윤석열 대통령이 낮은 지지율과 여소야대 상황에서 비상계엄을 할 것이 아니라, 임기 단축을 전제로 분권형 대통령제 개헌에 나섰다면 평가가 완전히 달라졌을 것이다.

그런데 헌법개정만큼이나 중요한 일은 선거제도 개혁이다. 승자독식의 대결적 양당 구조를 바꾸지 않는 한, 정치문화는 그대로 지속될 수밖에 없다. 대통령의 권한을 나누고 견제를 제도화하는 외에도 다원적 정당구조를 정착시켜야 한다. 그동안 우리는 의회의 양당 체제 극복을 위해 조금씩은 노력해 왔다. 대표적인 것이 - 위성정당으로 인해 기대보다는 왜곡되기는 했지만 - 연동형 비례대표제다. 반면 비례대표 비중 자체를 늘리는 문제나, 지역구도 완화를 위한 석패율 제도 도입, 중대선거구제를 채택하는 문제는 전혀 진전이 없다. 조국혁신당 진출을 계기로 등장했던 교섭단체 구성요건을 낮추는 것조차 유야무야되었다. 다당제 여건을 조성함으로써 양당 체제의 대결적 구도를 완화해 보려는 노력은 바로 그 양당 구도로 인해 번번이 무산되는 중이다. 제왕적 대통령제만큼이나 승자독식 양당 구도가 갖는 위험성도 크다.

  우리의 퇴행적 정치가 제도 때문인지, 사람 때문인지는 이미 결론이 났다. 몸에 맞지 않는 제도가 '나쁜 사람'이 발호할 수 있는 터전을 열어준다. 물론 미친놈 수준의 지도자가 나왔을 때는 어떤 제도든 문제가 되겠지만, 그것은 헌법이 바탕을 이루는 국민주권, 민주공화국 정신이 최후의 보루로 교정할 수밖에 없다. 그러나 그런 상황이 반복되는 것은 정말 국가적 불행이다. 국가적 위상에 걸맞고, 국민의 수준에 합당한 제도가 정착되어야 한다. 한번 뽑히기만 하면 마음대로 해도 되는 대통령이 아니고 견제와 균형을 제도화해야 한다. 증오와 분열로 득세할 수 있는 의회제도가 아닌 다당제가 자리 잡을 수 있도록 선거제도를 개혁해야 한다. 한순간에 신사도가 넘치는 정치가 되지는 않겠지만, 이렇게 극단적 편 가르기가 자랑이 되는 정치는 바뀌도록 해야 한다. 이번 대선이 그 국민적 합의와 약속을 끌어내는 계기가 되어야 한다.

0.73% 차이로 당선된 대통령

2024년 6월 실시된 프랑스 총선에서 우리는 낯선 광경을 목격했다. 총선 1차 투표에서 각 지역구별로 누구도 절반을 넘지 못할 경우, 상위 3등까지 2차 결선투표를 가진다는 것이었다. 덕분에 중도 우파와 중도 좌파의 연대를 통해 극우 정당의 약진을 저지할 수 있었다. 이렇게 결선투표 제도는 사표를 방지하면서 투표 결과의 대표성을 높여 주는 효과가 있다. 세계 많은 나라에서 대통령을 뽑을 때는 결선투표 제도를 적용한다는 것을 알 것이다. 프랑스, 브라질 등 무려 87개국이 결선투표제를 채택하고 있고, 단순 다수제는 한국 포함 22개국이 전부다.*

우리의 대통령 선거와 소선거구제 총선은 단순 다수제도이다. 한 표라도 많으면 당선되는 것이다. 그만큼 적은 표 차이로도 당선될 수 있다. 역대 대통령 선거를 보면, 통상 투표인의 40~50%를 득표하고 당선되었다. 가장 낮은 득표율은 노태우 대통령으로 36.6%였다. 투표율까지 감안하면, 결국 국민의 1/3 정도의 지지를 얻고 당선되는 구조이다. 당시 야당에는 김영삼, 김대중, 김종필 대표까지 있던 여소야대 상황이었기에, 노태우 대통령은 이른바 3당 합당을 통해 연합할 수밖에 없었다. 이는 이후에도 비슷한 상황이었다. 적은 표 차이로 당선된 대통령들은 어떻게든 연합정치를 할 수밖에 없었다. 김대중 대통령은 집권 과정 자체가 김종필 대표와의 연합이 있어서 가능했기에 더욱 그러했다.

비록 한 표라도 많으면 당선되는 구조이기는 하지만, 민주화 이후 많은 대통령들은 집권 과정이나 집권 이후에도 연합정치, 통합정치를 지향했다. 물론 최종 결과가 늘 바람직했던 것은 아니지만, 적어도 그런 노력은 했던 것이 사실이다. 물론 당선 시의 득표율 차이가 워낙 컸던 이명박 대통령은 독선적 운영을 시도했지만, 일찌감치 어려움을 겪었고 결국 당내의 친박 세력으로 인해 원하는 일들을 제대로 하지 못하는 일도 겪었다.

하물며 득표율로 0.73% 차이, 즉, 24만 표 차이로 당선된 윤석열 대통령은 어떠할까? 처음부터 국정운영은 독선 그 자체였다. 득표율 차이가 워낙 작으니 우선 나를 지지한 사람들이라도 공고히 하자고 그랬을 수는 있지만, 취임사에서부터 뜬금없이 '반지성주의'와 '자유'를 내세우더니 홍범도 장군 흉상 이전 같은 역사 전쟁에 뛰어들고 말았다. 연합, 통합이 아니라 분열과 갈등을 정권 안정의 수단으로 삼은 듯 보일 정도다. 임기 내내 낮은 지지율과 총선 대패의 원인이 된 것은 물론이다. 승자독식의 한국 정치구조는 대개 참다못한 국민이 견제와 균형을 선택한다. 그 전에 스스로 연합의 정치를 만들어 내지 못하면, 심판받아 온 것이 오랜 역사적 경험이다.

---

* Electorial System Design Database
(https://www.idea.int/data-tools/data/question?question_id=9384&database_theme=307

한국 대통령의 숙명
대통령과 정부가 일하는 법

전쟁이 된 정치
정권을 잃으면 무슨 일을 겪게 되는지 걱정하고, 또 정권을 바꾸면 무슨 일을 할지 벼르는 나라에서 정치는 더욱 대결적으로 될 수밖에 없다. 정책에도 검찰을 동원해 복수하게 되면, 행정공무원들은 직권남용이 두려워 차라리 복지부동을 택하게 된다.

전쟁이 된 정치

상대를 용납할 수 없는 정치

내 딸이 미워하는 정당을 지지하는 남자와 사귄다면? 로맨틱 코미디 영화 소재 같지만, 실제 이런 문제는 일상의 무거운 주제이다. 미국에서는 종종 관련된 조사를 하는데, 2020년 조사에서 공화당과 민주당 지지자 가운데 각각 38%가 자녀가 상대 정당 지지자와 결혼한다면 속상할 것 같다고 응답했다. 반면 60년 전인 1960년, 비슷한 조사에서는 그런 대답이 민주당 지지자의 4%, 공화당 지지자의 5%에 불과했다. 특히 극우적인 발언과 자신의 지지층만을 겨냥한 행동을 서슴지 않았던 도널드 트럼프 대통령의 1기 재임 기간 양당 지지자 사이 갈등은 최고조에 달했다.*

미국에 비해 한국 유권자들의 정서적 양극화가 심하면 심했지, 덜하지는 않은 것으로 보이는 조사 결과가 있다. 경향신문은 2023년 12월 한국리서치에 의뢰해 18세 이상 성인 남녀 1,533명을 대상으로 벌인 웹 설문조사에서, 이념 성향별로 각 정당 지지자에 대해 어떤 감정을 느끼는지 살펴보았다. 보수 응

---

* 경향신문, 2024.1.1., (신년 기획) 중도, 그들은 누구인가?.

답자는 더불어민주당 지지자에 대해, 진보 응답자는 국민의힘 지지자에 대해 불편함을 드러냈다. 보수 응답자 38%는 '민주당 지지자와 직장 동료로 지내기 불편하다'고 답했다. 41%는 '절친한 친구로 지내기 불편하다'고 했고, '나 또는 자녀의 배우자가 되는 것이 불편하다'는 답변은 52%로 절반이 넘었다.

진보는 반감 수위가 더 높았다. 진보 응답자 48%가 '국민의힘 지지자와 직장 동료로 지내기 불편하다'고 했다. '절친한 친구로 지내기 불편하다'는 응답은 56%였다. '나 또는 자녀의 배우자가 되는 것이 불편하다'는 응답은 67%였다. 진보·보수에 상관없이 한국인 절반 이상이 자신의 이념에서 거리가 먼 정당을 지지하는 사람이 나의 배우자 혹은 자녀의 배우자가 되는 게 불편하다고 생각하고 있다.

이처럼 우리 국민의 정치적 균열이 미국보다도 더 심하다고 볼 수밖에 없다. 이는 2022년 대선 직후 실시한 여론조사에서도 극명하게 드러난다. 윤석열 지지자에게 이재명 지지자들은 미움의 대상이고, 그 반대도 마찬가지다. 보수, 진보의 정치적 성향, 그리고 지지 후보에 따라 사회현상이나 정책에 관한 판단이 다른 것은 물론이고, 상대에 대한 미움과 분노로 가득 차 있다. 19대와 20대 대선에서 양당 지지자들 간의 이념적 차이는 16대 대선 이후 가장 커졌다.* 언젠가부터 명절에 모여서는 절대로 정치 얘기를 하지 않는 것이 한국 사회의 불문율이 되어 가는 중이다.

---

* 김성연, 2023, "한국 유권자들의 이념적 양극화와 당파적 정렬: 21세기 이후 다섯 차례 대통령 선거 분석 결과", 「한국정치연구」 제32집 제3호.

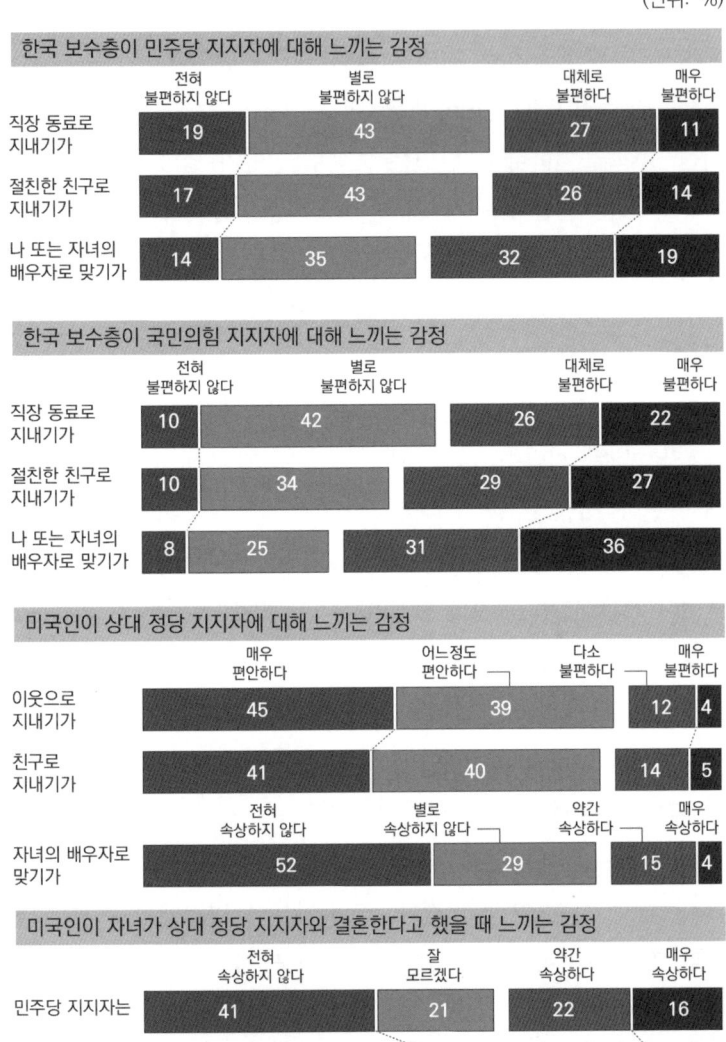

〈그림 2-1〉 한국과 미국의 정치적 감정 비교

자료: 경향신문, 2024.1.1., 〈신년 기획〉 중도, 그들은 누구인가?, 재구성.

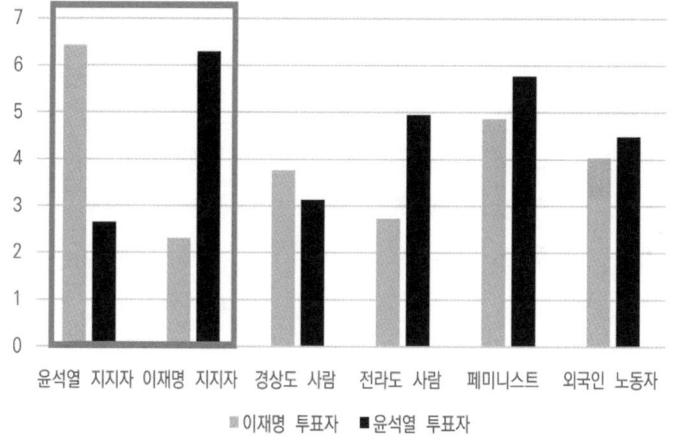

〈그림 2-2〉 윤석열, 이재명 투표자들이 미워하는 대상

자료: 김현기, 2022, "화난 시민과 대통령이 만났을 때: 윤석열 정부의 정책 기조와 소통", 한국행정학회 하계학술대회 발표문, 재구성.

너무 먼 생각들

양쪽에 대한 지지층의 성격도 큰 차이가 있다. 윤석열 대통령 원래 임기가 반 정도 지난, 2024년 11월 2주 차 윤석열 대통령을 지지하는 사람과 아닌 사람은 이렇게 나눠볼 수 있다.* 대통령이 잘하고 있다고 응답한, 이른바 지지율은 전체 20%에 그치지만, 60대 27%, 70대 이상 44%, 대구/경북 37%, 전업주부 41%, 무직/은퇴/기타 25%로 평균보다 높은 그룹을 형성한다. 반면 20대 5%, 40대는 10%, 호남 5%이고 학생 5%,

---

* 한국갤럽, 「데일리오피니언 2024년 11월 2주차」.

사무/관리 12%, 기능노무/서비스 15%로 지지도가 특히 낮은 집단들이다. 세대, 지역, 직업별로 큰 차이를 보이는 셈이다.

그런데 2022년 대선 당시에는 이 지형과 다른 차이가 있었는데, 무엇보다 20, 30대가 윤석열 후보를 지지했다는 것이다. 근소한 차이로 이긴 비결에는 이런 세대 연합이 작용했다.*그러다 보니, 2022년 대선은 전통적 보수 의제와 청년들의 불만 의제가 결합했고, 이는 직후의 인수위 과제를 물은 여론조사에서 잘 드러난다. 전통적 보수 의제인 남북관계 개선, 한미동맹 강화와 새로운 세대 의제인 여가부 해체와 같은 과제들에서 이재명 지지자들과 명확한 생각 차이를 보여주고 있다.

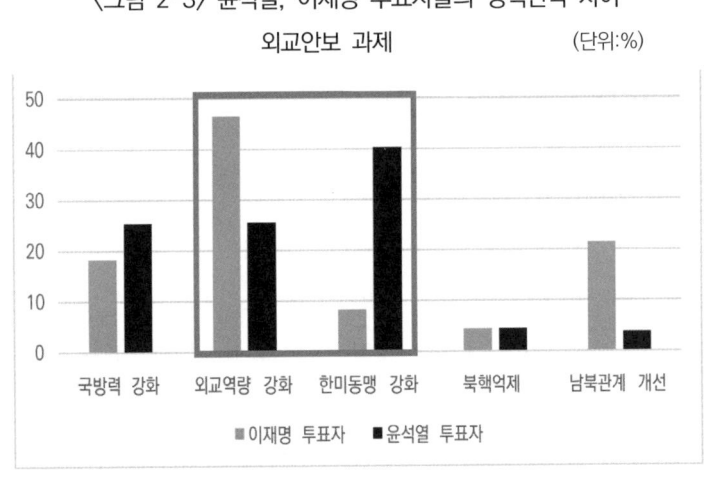

〈그림 2-3〉 윤석열, 이재명 투표자들의 정책인식 차이

---

* 이현주, 박지영, 2023, "제20대 대통령 선거를 통해 살펴본 유권자 투표 결정요인 분석: 누가 국민의힘 윤석열 후보를 선택하였는가?", 「한국정치연구」 제32집 제3호.

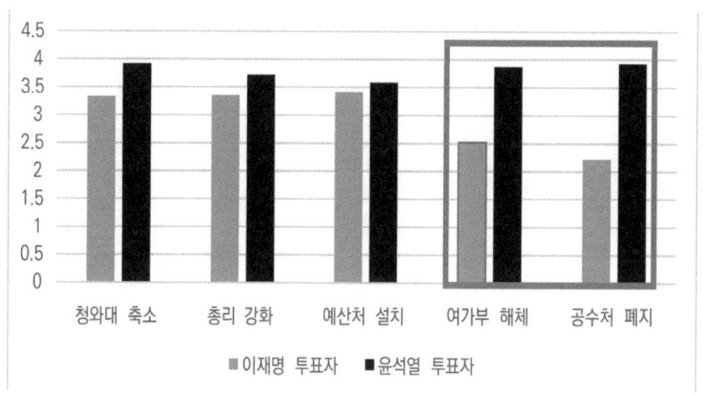

자료: 김현기, 2022, "화난 시민과 대통령이 만났을 때: 윤석열 정부의 정책 기조와 소통", 한국행정학회 하계학술대회 발표문, 재구성.

우리나라에서 북한, 미국과의 관계, 즉, 안보 관련 이슈는 수십 년간 진보, 보수 나아가 세대를 갈라놓은 쟁점이 되고 있다. 보수층은 한미동맹을 기반으로 북한을 힘으로 굴복시켜야 한다고 생각하고 있고, 진보층은 평화와 공존을 이야기한다. 6.25를 겪은 데다, 남북 대치 상황이 계속되고 있고 중국, 러시아, 미국, 일본이 대립하고 있는 우리나라로서는 불가피한 상황이라고 보인다. 최근에는 이들 전통 의제 외에도 양성평등, 이주자에 대한 태도, 검찰개혁, 인권, 과거사, 5.18, 일본 식민지배 시대에 대한 이해 등 여러 분야에서 보수, 진보의 생각 차이는 벌어지는 중이다.

이런 현상은 대부분의 나라에서도 비슷하게 나타난다. 나라별 상황에 따라 진보, 보수의 중심 의제가 다르기는 하지만, 대체로 보수는 안보, 성장, 외국인 배척, 진보는 인권, 평등, 포용 등의 키워드에 집착한다. 여러 나라에서 상황이 비슷해지는 경향도 나타나고 있다. 그러다 보니, 놀랍게도 미국에서조차 우리식 '빨갱이'라는 비난이 난무하기도 한다. 다음 사진은 2024년 여름, 당시 트럼프 미 대통령 후보가 민주당의 해리스 후보를 사회주의자라고 비방하는 차원에서 합성한 사진을 자신의 SNS에 올린 것이다. 이른바 민주주의 선진국이라는 미국에서조차 이런 식의 극단적 프레임이 횡행하는 것이다. 하긴 1950년대, 매카시즘 광풍으로 이미 빨갱이 바람을 거쳤던 나라니까 이상할 것도 없다.

〈그림 2-4〉 트럼프 SNS에 올린 해리스 비방 이미지(2024.8.17.)

이러니 정치권에 떠도는 말들은 소통을 위한 것이 아니라 저주를 위한 수단이 되고 말았다. 김훈 작가는 최근작에서 "언어는 소통이 아니라 적대의 장벽을 쌓는 사업에 동원되었다. 여러 정파들이 날마다 욕지거리, 악다구니, 거짓말, 저주와 증오, 가짜뉴스를 확성기로 쏟아내고 언론 매체가 이 악다구니를 전국에 증폭시킨다."*고 통탄하고 있다.

고소, 고발이 난무하는 정치

이제 웬만한 사람들은 기성 언론을 탐독하지 않는다. 특히 젊은 층일수록 그런 경향이 강하다. 한때 지하철에서 누구나 종이 신문을 읽던 풍경은 정말 과거의 한 장면이 되어버렸고, 이제는 종이 신문 자체가 거의 눈에 띄지 않고 있다. 읽더라도 50~60대 정도이다. 그럼, 스마트폰으로라도 신문을 볼까? 애초 뉴스에 관심이 없지만, 다른 내용을 검색하다 포털사이트들에 노출된 자극적 제목의 기사를 보는 정도일 것이다. 대신 필요한 정보는 자신의 취향, 가치, 정서에 부합하는 유튜브 사이트를 탐독하는 경우가 대부분이다. 구글 알고리즘은 더욱 정교하게 좁은 세계로 인도한다.

그러나 유튜브가 만들어 내는 정보 소통의 세상은 자극과 미움, 분노의 세상이다. 여당이든, 야당이든, 심지어 대통령실까지 유튜브와 댓글이 만드는 과잉 충성파들의 여론을 의식하고 거기에 호응함으로써 지지층을 유지하려고 한다. 당연히 정치 양극화와 미움의 정치는 증폭된다. 진중권마저 이런 현상의 결과, 한 사회가 유지되려면 상식(common sense), 즉 사회 성

---

* 김훈, 2024, 『허송세월』, 나남, 110쪽.

원 대다수가 공유하는 공통의 양식이 있어야 하는데, 최근 몇 년 사이에 그 공통의 지반이 무너져 버렸다고 개탄한다. 그 결과 국가 전체가 통약(通約) 불가능한 두 극단으로 쪼개져 버렸다는 것이다.*

이렇게 매일매일 정치적 균열이 가속화되는 사회에서는, 마음에 들지 않는 정치적 상대방은 어떻게든 괴롭혀야 한다. 댓글, 집단 청원, 집회 참가는 오히려 점잖은 편이고, 심지어 테러까지 자행하는 일도 벌어지곤 한다. 그리고 최근 만연하고 있는 방법의 하나가 상대방을 처벌해달라고 고소, 고발하는 것이다. 국회 운영 과정에 생긴 일도 툭하면 검찰이나 법원, 헌법재판소의 처분을 요구한다. 국회에서 격렬한 대결이 있거나, 선거를 전후한 시기, 심지어 인사청문회 과정에서 발견된 쟁점 등을 놓고 고발하는 일이 수두룩하다.

2022년 대선은 그 전 대선에 비해 고소, 고발이 2배나 늘어난 역대급 진흙탕 선거였다. 전직 대통령이나 가족을 고발하는 일도 비일비재하다. 고발 전문 정치인이 생겨났고, 그것으로 언론의 주목을 받기까지 하고 있다. 야당 대표가 대선에서 0.73% 차이로 지고 나서, 검찰의 전방위적인 수사로 무려 여섯 건이나 기소되어 재판받게 되자, 검찰 고발의 효능감이 높아져서 그럴 수도 있다. 그러나 이처럼 고소, 고발이 남발되자 정치권은 물론 언론에서조차 정치가 사법의 판단에 놓여있다는 '정치의 사법화' 문제를 우려하고 있다.

정치가 정치 본령의 역할로 풀어야 할 일을 공권력을 동원

---

* 진중권, 2024.8.8., (진중권 칼럼) 마지막 기회, 중앙일보

하고 법원에 판단을 넘기면서, 결국 정치공세에 불과한 일들에 공권력을 낭비하고 있다. 한편에서는 검찰이 기소권을 제대로 써야 한다고 부르짖으면서, 다른 한편에서는 검찰의 손에 정치의 운명을 맡겨 놓는 우를 범하는 중이다. 이런 일은 정치적 사건에만 그치지 않는다. 정부의 정책 결정이나 정책수행에 대해서도 고소, 고발이 빈발하고 있다.

정책에도 복수하는 시대

문재인 정부 기간 이른바 '적폐청산'을 기억할 것이다. 박근혜 대통령 탄핵 이후, 박근혜 정부 기간 이루어졌던 탈법적 사건들을 바로 잡는 차원에서 시작되었던 청산 작업이다. 대표적인 일들이 국정원장의 특활비 상납 사건, 정보사의 계엄 검토 문건, 문체부의 문화계 블랙리스트 사건, 교육부가 추진한 국사 교과서 국정화 등이다. 또 이명박 정부 당시 이루어졌던 국정원의 국내 정치 개입, 블랙리스트, 야당 인사 동향 감시 등도 본격적인 처벌이 이루어졌다.

그런데 이들 중 행정부를 대상으로 한 일은 문체부 블랙리스트, 국정교과서 사건이 대표적이다. 문체부 블랙리스트 사건은 청와대의 지시에 따라 342개 단체와 8,931명의 리스트를 작성하여, 115건에 달하는 다양한 문화예술 관련 정부 사업에서 불이익을 준 사건이다. 이 건으로 대통령 비서실장, 수석, 문체부 장관, 차관 등 7명이 처벌받았다. 국정교과서 사건은 당시 청와대의 지시에 따라 국사교과서를 국정화하려다 여론 악화 등으로 미수에 그친 사건이다. 실제 사법처리까지 간 사람들은 없었는데, 문재인 대통령까지 나서서 실행에 나섰던 실무 공무원들을 고발하는 것을 공개적으로 반대했던 일도 있었다(2018년 4월 10일, 국무회의).

두 사건 모두 정권의 정체성과 관련된 이념적인 문제를 실행에 옮기다가, 재임 중에 이미 여론의 질타를 받거나 논란이 되었던 일들이다. 즉, 정책의 합법, 불법 여부를 떠나 명확한 지지자와 명확한 반대자가 있는 사건이었다. 정권이 바뀌자, 이번에는 문재인 정부 당시의 일들이 본격적으로 고소, 고발의 대상이 된다. 그런데 그 성격이 완전히 달라진다. 문체부 블랙리스트 사건이 누군가에게 불법적으로 불이익을 주었던 사건이었다면, 문재인 정부의 사건들은 기본적으로 정책적 결정에 대한 기소였다.

그 중 첫 번째가 월성1호기 조기 폐쇄 사건이다.

월성1호기는 1983년 가동을 시작한, 캐나다에서 기술을 도입한 중수로 방식의 원자력 발전소다. 월성1호기는 원래 30년이던 수명을 2012년 10년간 더 연장키로 하고 사업을 진행했는데, 여기에 절차상 문제와 안전 문제가 확인되어 2017년 3월, 1심에서 원자력안전위원회가 패소한 상태였다. 따라서 지역사회 등으로부터 노후 원전에 대한 우려가 심각하게 제기되고 있었다. 특히 2011년 후쿠시마 원전 사태가 발생한 이후 월성1호기가 소재한 경주지역에서 2016년 9월 우리나라 관측 사상 최대 규모인 진도 5.8의 지진이 발생했던 것도 큰 우려를 자아

냈다.

이에 2017년 대통령 선거에서 문재인 후보는 월성1호기의 조기 폐쇄를 공약으로 채택하고, 선거에 승리한 이후에는 국정과제로까지 확정한다. 그리고 2018년 6월, 한수원은 조기 폐쇄를 결정하게 된다. 1심 판결에서 수명연장에 문제가 있다고 결론이 나기는 했지만, 어떻든 형식적으로는 아직 수명이 2년 이상 남아있는 상태였다. 이에 대해 탈원전 자체에 대해 부정적인 입장을 가졌던 것으로 보인 최재형 감사원장은 대대적인 감사에 들어갔고, 뒤이어 검찰이 수사에 착수하여 결국 당시 백운규 장관 등 4명이 기소되었다. 감사원 감사를 앞두고 자료를 삭제했다는 혐의를 받은 산업부 공무원 3명도 기소되어 일부는 구속까지 되었지만, 2024년 5월 9일 최종적으로 무죄를 선고받았다. 나도 윤석열 정부 출범 이후, 청와대에서 관련 회의를 주재했다는 이유로 추가 기소되었다. 2021년 여름부터 시작된 재판이 아직 1심도 끝나지 않았지만, 모두 끝나면 나도 할 말을 하겠다. 관련해서 한겨레신문 이춘재 기자가 그 전말을 잘 정리해 두었다.*

이어서 북한과 관련된 이른바 서해, 동해 사건이다. 2020년 9월, 해수부 공무원 한 명이 실종되었다가, 결국 북한 수역에서 북한군에 의해 사살된 사건이 서해 사건이다. 생각할 수도 없는 끔찍하고 불행한 사건이었지만, 쟁점은 당시 청와대와 국방부가 이를 국민에게 속이고 호도했냐는 것이다. 그러나 당사

---

* 이춘재, 2024.11.19., '세계 1% 과학자' 4년째 재판에 묶어둔 '검찰 정권', 한겨레신문.

자들은 외교나 안보 상황까지 고려한 정당한 정책적 결정이었음을 항변하고 있다. 청와대 안보실장과 국방부 장관이 구속까지 되었었고, 여러 명이 재판을 받고 있다.

동해 사건은 2019년 11월, 동해안으로 귀순한 북한 주민 2명을 조사했더니, 살인사건을 저지른 범죄자라는 것이 밝혀져 도로 북송시켰던 사건이다. 청와대 안보실장과 비서실장, 국정원장 등을 기소해서 재판에 넘겼다. 북에서 중대범죄를 저지른 사람들까지 국민으로 받아들여야 하느냐는 것이 쟁점이다. 헌법상으로는 북한 주민이 자동으로 한국 국민이 되지만, 실질적 수사와 처벌이 가능한가는 다른 문제이다. 결국 2025년 2월 19일, 1심 재판부는 피고인 모두에 대해 선고유예 판결을 내렸다. 법위반인 것은 맞는 것으로 보지만, 입법이나 제도 미비, 그리고 무엇보다 정치적 기소였음을 감안한 판결이었다. 이 두 사건 모두 진행 패턴은 정권 교체 후 감사원이 나서서 대대적으로 조사한 뒤, 검찰에 고발하는 방식이었다.

세 번째로 통계 조작 사건이다. 이름도 무시무시한데, 어떻든 핵심은 부동산 통계 중 수도권의 주간 아파트 가격 동향을 인위적으로 낮췄다는 게 쟁점이다. 이 사건 역시 본인이 기소된 상태여서 얘기하기가 조심스럽지만, 모든 피고인이 인위적인 조작지시는 없었다는 점을 주장하고 있다. 2019년 후반부터 경실련이나 정치권에서 한국부동산원의 주간동향이 다른 통계보다 너무 낮다는 지적을 해 왔고, 그게 발단이 되어 결국 윤석열 정부 출범 이후 감사원이 나서서 대대적으로 감사를 진행하고 이어서 검찰에 수사 의뢰한 패턴은 똑같다. 중요한 것은 권력의 핵심부에 있던 국토부 장관, 차관, 청와대 실장, 수석, 비서관 등이 주간동향 수치를 인위적으로 낮추도록 지시했느냐에 있다. 당사자들이 모두 부인하고 있고, 서른 개가 넘는 부동산 가격통계가 수시로 발표되는 나라에서 그걸 하나 바꾼다고 국민을 속일 수 있다고 누가 생각할 수 있을까? 이 역시 재판이 모두 끝나면, 나도 자세한 얘기를 할 수 있을 것이다.

    네 번째로 4대강 자연성 회복 관련 사업도 이런 과정에 놓여있다. 뒤에서 살펴보겠지만, 이명박 정부가 추진한 4대강 보설치 사업은 그 자체로서 잘못된 전제와 목표를 가지고 시작되었다. 이후 논란을 거듭하다가 문재인 정부는 4대강 보의 자연성 회복을 공약했다. 자연성 회복이 여러 의미를 갖지만, 불필요한 보를 철거하는 것도 그중의 한 가지 내용일 것이다. 당연히 보가 필요하다고 보는 보수진영은 문재인 정부가 끝나기만 기다렸다. 그러나 문재인 정부 기간 실제 보를 철거한 곳은 하나도 없으며, 보의 필요성에 대한 다양한 검토를 통해 신중히 접근하려는 것이 기본 입장이었다. 그럼에도 당시 환경부 장관이 평가위원 선임에 개입했다는 이유로 아직 수사가 진행 중이다.

    마지막으로 문재인 정부가 끝난 지 2년 반이나 지나 감사원이 또 나선 사건이 있다. 경북 성주에 배치된 사드 포대의 장비 교체 건을 중국과 지역 주민들에게 사전에 알려주었다고 청와대와 국방부 주요 인사들을 검찰에 수사 의뢰한 것이다. 박근혜 정부는 북한의 핵실험을 이유로 전격적으로 미국의 사드 장비를 배치했는데, 이 때문에 우리가 중국과의 관계에서 얼마나 힘들었는지 잘 기억할 것이다. 이는 북한을 겨냥했다기보다, 실제 중국을 감시하기 위한 수단이었다는 것이 중국 측 시각이었다. 이 때문에 이른바 한한령으로 우리나라 기업이 고생하고, 우리 경제도 타격을 받았던 바 있다. 따라서 문재인 정부는 이왕 배치된 사드를 유지하는 대신 중국이나 주변 주민들을 달래기 위해 노력했다. 그에 따른 고도의 정무적이자 외교적 판단이었던 것을 또 사법의 잣대에 올려놓은 것이다. 감사원과 검찰이 외교정책까지 판단하는 시대가 된 셈이다.

박근혜 정부와 문재인 정부에서 있었던 사건들 모두 주된 죄명은 직권남용 및 권리행사 방해이다. 공직자가 해서는 안 될 무리한 일을 하급자 등에게 억지로 시켰다는 얘기다. 그런데 직권남용은 사실 그동안 거의 사문화되다시피 했던 범죄였는데, 유독 윤석열 검찰 때부터 본격화되었다. 박근혜 대통령 탄핵 이후 공무원들을 처벌하는데 톡톡히 역할을 했고, 심지어 양승태 대법원장까지 재판개입 혐의로 구속했던 죄명이다. 다음 그래프에서 보는 것처럼, 문재인 정부 출범 직후인 2018, 2019년 기소 건수가 급증한 것을 알 수 있다. 하지만 우리나라 전체적으로는 20건 내외에 불과한 희소한 사건이다. 윤석열 검찰 시절부터 주로 전 정부 고위공직자를 처벌하는 데 활용되기 시작했다.

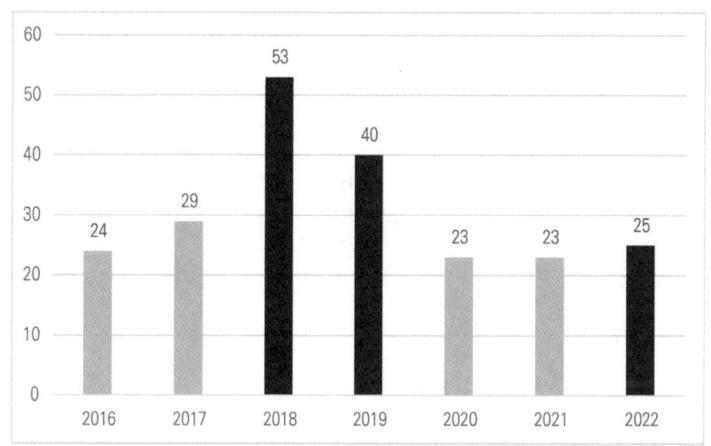

〈그림 2-5〉 직권남용죄 기소 건수

자료: 한국일보, 2024.3.11., "(다시 쓰는 국정농단: ⑥직권남용 전성시대) '조자룡의 헌 칼'로 부활한 직권남용죄… 칼 휘두르던 민주당에도 부메랑", 재구성

    윤석열 검찰의 기본 프레임은 이렇다. 청와대의 잘못된 지시 → 부처 고위직들의 동조 → 실무진들에 대한 강압으로 직권남용이 일어났다는 것이다. 또 이 죄를 적용하기 위해 감사원이 나서서 광범한 자료압수와 공무원 조사를 거친 뒤 검찰로 넘겨서 수사하는 것도 패턴이 되어버렸다. 이 과정에서 실무 공무원들은 윗선의 지시에 어쩔 수 없이 따랐다는 것을 소명해야 자신이 빠져나갈 수 있어서, 논란이 될 만한 정책 - 다시 말해 정부의 주요 국정과제 중 야당의 반대가 심한 과제 - 에 대해서는 어떻게든 자신이 무관한 것을 입증하기 위한 자료를 축적하게 된다. 윗선의 지시를 받으면 녹음, 기록해 두고, 여차하면 수사기관에 제출하려고 준비해 두게 된다. 아무도 국정과제 달

성을 위해 적극적인 노력을 하지 않게 되었다. 어려우니 국정과제인데, 어려우니 안 해도 될 수 있는 알리바이가 확실히 생긴 셈이다.

　이제 검찰이 정책의 평가자가 되었다. 문재인 정부 당시의 사건들은 아직도 1심 재판이 진행 중이어서, 어떤 결론이 날지 알 수 없다. 다만 분명한 것은 정부가 바뀔 때마다 전 정부의 정치뿐 아니라 정책까지 심판하고 있다는 점이다. 감사원과 검찰이 생각하는 정책 방향이 국가의 정책이 되는 시대가 되었다. 죄 있으면 처벌하는 것은 당연하다. 하지만, 정권이 바뀌어 반대하던 정책을 처벌하는 방식이 관례화, 제도화된다면 행정은 설 자리를 잃게 된다. 더구나 여기서 문제가 되는 사건들이 모두 지지, 반대 집단이 명확한 분야들이다. 원전 및 북한, 4대강 관련 정책은 정치 성향에 따라 뚜렷이 대비되는 입장들이 있다. 이런 분야들이 주 처벌 대상이다. 지지자들이 처벌을 원하니 정권 교체의 효능감을 높이는 수단인 셈이다.

　그럴수록 더욱 정권 유지와 획득에 집착하는 대결의 정치, 분열의 정치가 기승을 부릴 것이다. 정권을 잃으면 무슨 일을 겪게 되는지 걱정하고, 또 정권을 바꾸면 무슨 일을 할지 벼르는 나라에서 정치는 더욱 대결적으로 될 수밖에 없다. 행정공무원들이 직권남용이 두려워 차라리 복지부동을 택하는 일이 만연하면 나라 꼴이 어떻게 될 것인가? 윤석열 정부가 보여준 무능에는 이처럼 검찰권이 정책을 난도질하는 몇몇 상징 사건들이 영향을 끼쳤음이 분명하다.

부메랑으로 돌아온 직권남용 처벌

우리나라에서는 사실 그동안 공무원의 직권을 상당히 넓게 인정해 왔다. 뇌물을 받고 일을 처리하는 등 명백한 불법행위를 저지르지 않는 이상, 뭔가 적극적으로 일하려는 과정에서 발생한 부작용에 대해서는 처벌 대상으로까지는 삼지 않았던 것이다. 심지어 IMF와 같은 국가적 재난을 초래했던 일에 대해서도 누구 하나 처벌받지 않았다. 그러다 2003년 외환은행의 론스타 매각을 주도했던 재정경제부 변양호 금융정책국장이 헐값 매각 시비에 휘말려 구속되게 된다. 최종적으로는 무죄판결을 받았지만, 공직자들이 논란 있는 사안에 대해 적극적으로 정책 결정을 내린 데 대해 처벌받은 일은 공직 사회에 상당한 충격을 안겨주었다.

그러다 박근혜 정부 탄핵과 함께 공직자들의 정책 결정에 대한 처벌은 새로운 국면을 맞이하게 된다. 이제는 정부 부처의 정책적 결정이라 하더라도 그것이 권력층의 나쁜 의도에서 비롯된 일이라면 본격적으로 처벌 대상이 된 것이다. 그러다 보니 정치 팬덤뿐 아니라 메이저 언론에서조차, 자신들이 찬성하지 않는 정책에 대해 공무원들이 협조하지 말라고 노골적으로 협박하는 일이 일상화되었다. 조선일보의 박정훈 기자는 2020년 1월, "2년 뒤가 두려울 자해 국정의 부역자"라는 칼럼에서 탈원전, 소득주도 성장 등 문재인 정부의 주요 정책에 협조하는 공직자들은 정권이 바뀌면 처벌받을 것이라고 협박조로 경고하고 있다.* 실제로 이 보복 위협은 정권이 바뀌어 현실화되었다. 그 언론과 기자는 후련했을지 모르겠다. 우리가 반대하는 일을 공직자들이 하게 되면 처벌받는다는 선례를 만들었으니.

그러나 직권남용의 남용은 결국 부메랑으로 돌아온다. 직권남용으로 득세한 셈인 윤석열 정부는 그 어느 정부보다 공직자들이 직권남용이 두려워 몸을 사렸다. 윤석열 정부가 의욕적으로 추진하려고 했던 이른바 5대 개혁과제 중 변변히 진행된 것을 보지 못했다. 그러다 보니 직권남용죄를 집중적으로 조명했던 한국일보의 시리즈가 내린 결론은 "공무원의 직무를 법으로 엄격히 처벌하게 되면 운신의 폭이 좁아져, 공직사회에 보신주의와 소극 행정이 만연해질 것"이란 우려였다. 아울러 문재인 정부의 적폐청산 과정이 결국 개혁 대상이었던 검찰을 다시 살려내고 말았다고 안타까워했다. 검찰이 직권남용죄를 전가의 보도처럼 쓰며 검찰공화국을 공고화한 것이다.**

　다 함께 생각해 볼 일이다. 특히 직권남용을 남용하다 무너진 윤석열 정부를 처벌하기 위해, 다음 정부도 직권남용죄를 마구 쓸 것인가? 피해자들 중의 한 사람이라고 할 수 있는 나지만, "절대 그래서 안 된다"고 생각한다.

---

* 박종훈, 2020.1.3., (박종훈 칼럼) 2년 뒤가 두려울 자해 국정의 부역자들, 조선일보
** 한국일보, 2024.3.9., (다시 쓰는 국정농단 보고서: ④괴물이 된 검찰) 국정농단 수사의 '환호'를 이어가려던 적폐청산... 결국 검찰 힘만 키웠다.

한국 대통령의 숙명
대통령과 정부가 일하는 법

대통령 권력의 시작과 끝, 인사권
변화된 국정과제에 따라 개혁이 필요한 자리일 경우, 임명권자의 임기가 종료되면 동시에 마치도록 하거나 재신임을 받도록 제도화해야 한다.

대통령 권력의 시작과 끝, 인사권

생각보다 넓은 대통령 인사권

대통령이 권력을 행사하는 데 가장 중요한 수단이 무엇일까? 내가 생각하기에는 인사권이다. 흔히 대통령의 인사권은 장·차관이나 공기업 사장 등 주요 직위만 생각하기 쉽지만, 실제 운용되는 폭은 그보다 훨씬 넓다. 일례로 MBC 사장은 형식상 방송문화진흥재단(방문진) 이사들이 결정하지만, 그 이사진은 대통령이 위원장을 임명하는 방송통신위원회가 선임하기 때문에, 실제로는 대통령실이 직접 또는 간접적인 협의를 통해 정한다고 봐야 한다.

미국의 경우, 2020년 기준으로 행정부에서 상원 인준을 거치는 대통령 임명직 규모는 총 1,118명이며, 상원 인준 없는 대통령 임명직은 354명이고, 대통령이 지명하지는 않지만 인사관리처(OPM)의 승인을 거쳐 부처 장관에 의해 임명되는 정무직(Schedule C)의 규모는 1,566명이다.* 미국은 엽관제의 전

---

* 한승주, 최흥석, 이철주, 2022, "대통령의 관료제 통제수단과 국정성과: 공무원의 인식 분석", 「행정논총」 제60권 제3호.

통에 따라 대체로 대통령의 정무직 인사권이 폭넓게 존중되어 왔음에도 불구하고, 정작 대통령의 인사권에 대한 의회의 사전적 견제는 한국에 비해 더 강하다.* 물론 미국은 청문회 대상 직위가 우리나라보다 훨씬 많기는 하지만, 청문회 과정이 우리만큼 시끄러운 것은 아니다. 또 신상에 관한 청문회는 비공개로 하고, 주로 정책검증 위주로 진행되기 때문에 덜 선정적이기도 하다.

반면 우리나라는 청문회가 워낙 소란스러운 탓에 대통령도 인사권을 마음대로 행사하기 어렵지 않을까 걱정하지만, 실제 인사권의 범위는 훨씬 넓다. 헌법을 비롯한 법률에 명시된 대통령이 직접 행사하는 인사권은 총리와 대법원장 및 대법관 13개, 헌법재판소 재판관 3개, 중앙선관위원 3개, 행정부 장·차관 등 정무직 140명 안팎, 공공기관 임원 150여 개를 합쳐 300개 정도다. 그런데 간접적으로 영향력을 행사할 수 있는 범위는 약 18,000개에 달한다고 한다.** 행정부처에서 1급 이상 공무원, 또 국장급에 대해서는 인사 검증을 통해서 간접적으로 관여한다. 윤석열 정부에서는 인사 검증 실무를 법무부에서 수행한다고 하더라도 그 결과를 평가하는 것은 대통령실이다. 국장급 이상 공무원들은 거의 모두 대통령실의 OK 사인이 나지 않으면, 인사 발령을 낼 수 없다고 보면 된다. 공공기관은 사장이나 이사장, 감사뿐 아니라 검증 대상이 되는 주요 간부에 대해 관여

---

* 이선우, 2022, "한국 대통령의 제도적 인사권과 제왕적 대통령제, 그리고 법률개정을 통한 분권형 권력구조로의 전환가능성", 「한국정당학회보」 제21권 제3호.
** 송국건, 2022, 『대통령의 사람 쓰기』, Say Korea.

할 수 있다. 각 부처 산하기관에 대해서도 당연히 영향력 행사가 가능하다. 그 외 행정 또는 자문위원회의 상근 위원장과 위원들도 대상이다. 비상근 직위는 숫자를 파악하기도 곤란할 정도로 많다.

이렇게 광범한 인사권은 대통령 권력의 시작이자 끝이다. 대통령이 정부를 운영하는 핵심 수단이 곧 자신과 철학, 지향을 같이하는 사람들을 주요 보직에 배치해서 국정을 추진하는 데 있기 때문이다. 대통령과 정부를 지지하는 여러 인사들은 자신들이 가진 능력을 발휘할 기회를 얻음으로써 국가 발전에 기여하고자 한다. 그것이 자신의 꿈을 펼치기 위한 소명 때문이든, 공명심 때문이든, 혹은 세속적인 출세욕 때문이든, 국정에 참여하려는 의지를 가진 사람들의 기대와 요청이 있는 한 인사권은 가장 강력한 권력 수단이다. 그렇기 때문에 레임덕이 닥치는 결정적인 계기가 더 이상 인사권을 사용할 수 없을 때라고 볼 수도 있다.

누가 적재적소인가?

"전문성 없는 낙하산 인사" - 모든 정부가 공기업 인사 등에서 흔히 듣는 비판이다. 누가 낙하산일까? 해당 공기업이나 그 분야 출신이 아니면 모두 낙하산일까? 주로 정치권 출신이거나 특이한 이력을 가진 사람들이 받는 비판인데, 반면 관료 출신들은 웬만하면 그런 소리를 듣지 않는다. 특히 경제부처 출신들은 거의 모든 곳을 가도 괜찮다. "만성 적자를 해소하려는" 혹은 "효율성을 높이려는 인사"라는 식의 찬사까지 듣는다. 물론 관치를 강화한다는 비판은 따르지만.

그런데 나의 경험에서 보면, 행정고시를 치른 정통관료들만큼이나 혹은 그보다 더 능력 있는 분들이 정치권 출신 중에 수두룩하다. 특히 국회의원실 보좌관을 상당 기간 경험한 사람들은 정부 운영의 원리를 이해하고, 관료들과 파트너가 되어 일을 해 보았다. 그중 대통령실이나 광역단체에서까지 일한 분들은 집행력까지 갖춘 분들이 많다. 우리나라의 비관료 출신 고위 행정가들이 유입되는 주요 경로이다. 나는 이런 분들까지 낙하산이라고 부르는 데는 단호히 반대한다. 실제 그들만큼 다양한 경험과 높은 공직 이해도, 그리고 뚜렷한 공적 가치를 갖춘 사람들을 찾기 어렵다.

당연히 국회의원들도 우리나라의 탁월한 인재풀이다. 우리나라 대통령의 대부분은 바로 이들 중에서 나왔을 정도다. 정치 활동을 통해 민심을 얻고 이를 권력으로 이어가는 방법을 체득했으며, 행정부를 감시하고 독려한 경험이 있다. 언론들이 정쟁하는 모습만 보도해서 그렇지, 국회의원들의 학습량은 어마어마하다. 자기 소관 상임위 활동뿐 아니라, 지역구 및 국가적 현안을 다루면서 법, 제도, 행정 시스템에 대해 이해하고 있다. 나는 의원 출신들이 장관직을 맡는 것을 적극 찬성한다. 정치적 소신과 리더십을 통해 소관 부처의 현안을 해결하고 미래 비전을 실현하는 분들을 많이 만났다. 장관에 대한 부처 공무원들의 평가를 보면, 국회의원 출신들이 대개 호평받고 있다. 실제 문재인 정부는 역대 어느 정부보다 국회의원들을 많이 입각시켰다. 장관의 약 40%가 전현직 국회의원이었다. '민주당 정부'라는 주장을 실행에 옮겼다고 할 수 있다.

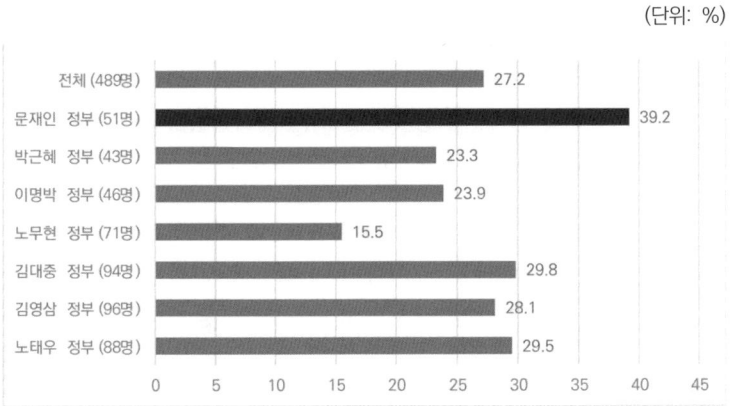

〈그림 3-1〉 장관의 국회의원 경력 여부

(단위: %)

자료: 김진주, 곽진영, 2021, "민주화 이후 역대 장관의 충원 패턴과 재임기간에 미치는 요인: 전문성 요인과 대통령-장관 연계 요인을 중심으로", 「한국과 국제사회」 제6권 제4호, 19쪽, 재구성.

시도의회 의원 출신들도 행정부에서 일할 준비가 된 훌륭한 자원들이다. 비록 정치인이라고 해도 국회의원에 비해서는 대접을 못 받지만, 이들도 다양한 경험과 이력 관리를 통해 더 큰 역할을 담당하는 모습을 많이 보았다. 현재 국회의원 중에서도 지방의회 의원 출신들이 상당하다. 따라서 정치권에서 다양한 경험을 한 사람들이 정부의 행정을 담당하거나 공공기관에서 일하는 데 아무 문제가 없다고 본다. 내 경험으로는 오히려 일 잘하는 사례가 많았다.

이와 함께 대학교수나 학자들도 주요 공직 인재풀이다. 우리나라는 군사정권 시절부터 정권의 정통성을 보완하는 차원에서 교수들의 정부 참여를 우대한 경향이 있다. 학계 출신 중에서 과거 주요 장관으로 호평을 받았던 분들도 상당하다. 미국처럼 이른바 회전문 인사 - 자신의 전문 분야에서 일하다 지지하는 정권이 들어서면 정부에 참여하는 방식 - 가 일반화된 나라에서는 전문가들의 행정 참여가 전혀 낯설지 않다. 이들은 정부의 각종 위원회에서 활동하면서 행정을 간접적으로 경험했으며, 각 전공 분야의 전문성이 있기에 국정운영에 분명 강점이 있다. 다만, 우리나라는 교수들이 너무 과대평가 되는 측면이 있다고 보이기도 한다. 대통령 후보 캠프나 정부 위원회 등에 참여하면서 리더들과 직접 만나다 보니, 기대하는 직책들도 장관이나 기관장, 위원장 등으로 상향되는 경향이 있다. 그러나 외국의 사례를 보더라도 전문가의 행정 참여는 실무적인 데서부터 시작해서 점점 경험을 축적해 가면서 고위직으로 올라가는 것이 바람직하다. 노무현 대통령은 정부 혁신 차원에서 개방형 직위를 획기적으로 늘렸고, 이는 이후 정부에서도 지속되고 있다. 예를 들면 과장급, 국장급 업무부터 참여하다 다시 원래 분야로 돌아갔다가 또 공직에 더 고위직으로 참여하는 것이 현실적이다. 이런 과정은 변호사나 전문직들도 마찬가지다.

그럼, 적재적소의 유능한 인재란 누구인가? 내 경험에 따르면 출신이 어디냐보다는 개인적 역량이 더 중요한 것을 자주 보았다. 물론 일반적 평가로 보면 대체로 정치권 출신이나 관료 출신들의 평이 좋은 편이다. 다만 두 집단은 극단적인 차이를 보이는 배경이어서, 각각 다른 특장점들을 가지고 있다. 관료 출신들이 대체로 안정적인 관리에, 정치권 출신이 개혁에 더 능력을 보이기 때문에, 정권 초기에는 정치권 출신이 주요 역할을 하다가 차츰 관료 출신들이 자리를 늘려가는 것이 역대 정부들의 상례였다. 그럼에도 중요한 것은 개인적 역량에 따라 천차만별이라는 것이다.

그런 점에서 내가 보는 적재적소의 인재 기준은 다음의 다섯 가지다.

무엇보다 개인적 리더십이 가장 중요하다. 크든 작든, 기관의 운영 능력이 있어야 한다. 다른 능력이 아무리 좋더라도 직원을 관리하고 기관을 끌고 가는 능력이 부족하다면 그 사람은 기관장으로서는 부적격이다. 그 분야의 명성이 높은 분들이 정작 조직 통솔과정에서 다양한 문제들을 일으키는 경우를 많이 보았다.

둘째, 당연히 전문성을 갖춰야 한다. 해당 기관이 수행하는 업무의 성격을 이해해야 하는 것은 필수적이다. 다만 그것이 앞서 얘기했던 것처럼, 꼭 그 분야에 종사했다거나 그 분야 출신이어야 한다는 뜻은 아니다. 다양한 영역의 경험을 통해 해당 기관의 전문성을 이해할 수 있다면 문제가 없다.

셋째, 국정과제 이해와 달성 의지도 중요하다. 해당 분야를 이해하고 전문성이 있다고 하더라도 추진 방향이 다르다면 적절치 않다. 대통령과 정부의 기본방향, 개혁 의지에 공감하고 이를 달성하려는 의지가 전제되어야 하는 것이다.

넷째 관련 기관, 단체와의 소통과 협업 능력이다. 정부 부처와 공공기관의 일은 단독으로 진행되는 경우가 없다. 대통령실, 국회, 관계 기관과의 소통과 협업은 필수이다. 이 능력을 잘 발휘할수록 해당 기관이 추구하는 사업들이 원활히 추진될 수 있을 것이다.

　마지막으로 개인적 평판도 중요하다. 재산 문제나 사생활 등은 청문회 직위에만 해당하는 쟁점이 아니다. 각 기관의 리더로서 존경까지는 아니라 하더라도 누구든 인정할 수 있는 자기관리 능력을 갖춰야 한다. 공무원들이 고위직으로 승진할 때마다 관련 사실을 확인하는 검증 절차를 거치는 이유이기도 하다.

노무현 대통령께서 역성든 한국은행장 방문 사건

　이 일은 이미 20년 전 일인 데다, 반짝 논란이 되었던 사안이라 기억하는 사람들도 없을 것이다. 2006년 11월 7일, 금요일 오전, 갑자기 국고채 금리가 0.5bp 오르기 시작했다. 시장에서 전날 청와대 비서관이 한국은행장을 방문해서 금리인상을 압박했다는 루머가 돌기 시작했기 때문이다. 그 무렵, 아파트값이 다시 오르면서 정부가 DTI 강화와 시중은행의 대출 규제 준수를 강하게 감독하기 시작했을 때였다. 매일매일 전날의 대출실적을 보고받으면서, 유동성 축소에 안간힘을 쓰고 있었으니, 금리인상 얘기가 나올 법도 한 상황이었다.

　사실 11월 6일 목요일 오후, 나는 한국은행장을 혼자 방문했다. 물론 사전에 일정은 조율했지만, 당시 사회정책비서관으로 다른 분야를 담당하고 있던 일개 비서관을 만나주신 것만도 고마운 상황이었다. 1시간 남짓한 면담에서, 총재께서는 부동산 시장 상황에 대한 우려와 유동성 억제 방안에 대한 고민을 털어놓았다. 되새겨 보면,

당장 금리인상으로 해결하기는 어렵고 다른 방안을 찾아야 한다는 것으로 요약되었다. 나도 당장 대안을 들으러 갔다기보다, 정말로 어려운 상황에 처한 정부 입장을 하소연하는 처지였다.

그런데 문제는 은행장실로 올라가는 엘리베이터를 일반 직원용을 이용하는 바람에, 함께 탄 사람이 나를 알아보았다는 것이다. 출입기자였다. 그래서 사실상 특종으로 청와대 비서관이 장시간 한국은행장을 면담하고 간 것을 확인했고, 그것이 다음날 기사화되었던 것이다. 청와대 내부는 불편한 기색이 역력했다. 비록 얼마 전까지 부동산 정책을 담당한 국민경제비서관이기는 했지만, 공연히 자기 일도 아닌데 한국은행장을 만나서 금리인상을 압박하는 인상을 주었다는 염려였다. 물론 내가 면담하러 간다는 것을 국정상황실장 등에게는 사전 공유했지만 말이다.

언론의 비판이 뒤따라 분위기가 뒤숭숭해지니 나도 할 말이 없고, 책임지겠다는 취지를 전하고 사무실에 칩거했다. 그러다 며칠 뒤, 경제 상황과 관련된 대통령 주재 회의가 있어 어쩔 수 없이 배석자로 참석하게 되었다. 죄인이 된 심정으로 미리 회의장에 착석하고 있는데, 노무현 대통령께서 윤증현 금융위원장 등과 함께 입장하시면서 큰 소리로 얘기를 시작하셨다.

"요즘 한국은행 관련해서 뭔 얘기들이 있지요?", 옆에 있던 윤위원장이 "비서관이 한국은행장을 찾아가는 바람에…"라고 답하자, 자리에 앉으면서 모두가 들으라고 큰 소리로 말씀을 시작하셨다. 요지는 "김수현 비서관은 사회정책비서관으로, 주거복지를 담당한다. 서민들의 집 문제를 걱정해서, 한국은행장에게 상의하고 의견을 청한 건데 무엇이 문제인가? 모두 그렇게 적극적으로 일해야 하는 것 아닌가?". 대통령께서 일개 비서관의 역성을 단단히 들어주신 셈이다. 이렇게 공개적으로 내가 한국은행장을 찾아간 일을 비난하지 말고, 오히려 다들 더 적극적으로 일하라는 취지로 말씀하시는 바람에 나는 졸지에 실세 비서관처럼 되고 말았다. 사실 노무현 정부가 출범하기 전에는 아무 인연도 없었던 분이지만, 어떻든 이런 지지 덕분에 나는 정부 5년의 임기를 함께 하게 되었다.

그 며칠 뒤인 11월 23일, 한국은행은 금리인상 대신 지급준비율을 16년 만에 5%에서 7%로 2%p 올림으로써, 유동성을 축소하는 조치를 취한다. 각 은행들이 건전성 확보 차원에서 시중 유동자금을 더 회수하도록 압박한 것이다. 한국은행장이 금리인상 대신 염두에 두고 계셨던 유동성 축소 방안이었다. 어떻든 DTI 강화, 대출총량 관리 등 이런 전방위적인 유동성 축소 노력으로 11월을 정점으로 집값은 본격적인 안정세에 들어간다. 미국보다 1년 정도 앞서 유동성을 축소하기 시작했던 노무현 정부는 덕분에 2008년 서브프라임 모기지 사태와 같은 파국을 사전에 대비할 수 있었고, 더 큰 위기를 피해 갈 수 있었다.

사실 중앙은행의 독립성은 언제나 고민거리다. 우리나라에서는 중앙은행의 금리정책 등에 대해 정부가 공개적으로 언급하는 것이 금기로 되어 있지만, 내부적으로는 속앓이하는 경우가 많다. 경기에 대한 인식 차이가 있을 수도 있고, 정부 정책이 담당할 일과 통화정책이 담당할 일이 다르다고 볼 수도 있기 때문이다. 실제 문재인 정부 기간, 집값이 폭등하는 동안 한국은행은 이를 공급이나 정책으로 해결할 일이라는 식으로 떠밀었다. 뒤늦게 가계부채가 심각해지자 금리를 조금 올렸지만, 이후 전 세계적으로 물가가 폭등하자 미국에 뒤따라 올리게 된다. 대체로 한국은행은 물가에는 민감하게 반응하지만, 자산 가격 상승에는 둔감하다. 정부는 둘 다 정치적 위협이 되기에 바라보는 민감도가 다르다. 문재인 정부 기간, 좀 더 강하게 정부 의견을 내면서 한국은행과 협의하지 못한 것이 후회된다.

반면 미국의 트럼프는 우리의 중앙은행이라고 할 수 있는 연방준비제도이사회(연준)에 대해 금리를 내려라, 내리지 말라고 공개적으로 요구해 왔다. 우리라면 엄청난 비난을 받거나 심하면 탄핵 얘기가 나올 만한 사안이다. 오죽하면 해리스는, 자기는 대통령이 되면 절대 연준에 대해 금리압력을 넣지 않겠다고 했겠는가? 윤석열 정부는 대놓고 한국은행장 등과 협의하고, 은행장을 불러 정부 정책발

> 표에 들러리를 세우곤 했다. 이른바 F4(Finance 4)라고 하여 경제부총리, 금융위원장, 금감원장 그리고 한국은행장이 정례적으로 만나는 걸 공개했다. 이전까지는 만나더라도 비공식적으로 만나며 조심해 왔지만, 윤석열 정부 들어서는 이상해졌다. 언론들은 왜 잠잠했는지 모르겠다.

잘못된 제도, 잘못된 처벌

대통령 선거는 5년마다 있다. 같은 당이 정권을 재창출하든, 아니면 정권 교체가 되든 대통령이 바뀌게 되어 있는 것이다. 새 대통령의 광범한 인사권이 행사될 수밖에 없다. 그런데 그때마다 공직사회는 큰 홍역을 치르게 된다. 무엇보다 전임 정부에서 임명되었지만, 임기가 보장된 공직자들 문제 때문이다.

전임 정부가 임명한 사람들의 임기 보장 문제는 그야말로 뜨거운 감자다. 매 정권 교체 시마다 논란이 되다가, 결국은 사단이 나 버렸다. 검찰이 문재인 정부의 장관급 인사들을 박근혜 정부에서 임명된 기관장들을 내보냈다는 이유로 대거 기소해서 재판에 넘겼기 때문이다. 김은경 전 환경부 장관은 이른바 환경부 블랙리스트 사건으로 무려 2년의 실형을 살기도 했고, 백운규 전 산업부 장관에게 구속영장이 청구되기까지 했다. 현재 전 과기부 장관, 전 통일부 장관, 전 청와대 인사수석과 인사비서관까지 재판을 받고 있는 중이다.

그동안 논란이 되기는 했지만, 관행처럼 진행되어 오던 일들이 검찰의 기소와 법원의 재판까지 가게 되자, 역설적으로 윤석열 정부는 문재인 정부에서 임명된 공직자들의 임기를 보장할 수밖에 없는 사태에 이르렀다. 대신 국민의힘 중진들이나 보수 언론들이 나서서 알박기라 비난하거나 양심이 있으면 물러나라고 압박하는 수준이다. 물론 감사원을 동원해서 전임 정부 인사들이 있는 기관들은 특별히 더 조사하고 압박한 것은 물론이다. 국민권익위의 전현희 위원장이 대표적이다.

이전까지는 대놓고 압박하고, 심지어 협박을 했더라도 처벌 없이 넘어갔었다. 이명박 정부 때는 그 정도가 극심해서, 거의 전 부처에서 이런 일이 벌어졌다. 특히 윤석열 정부에서 문체부 장관을 맡고 있는 유인촌 씨는 이명박 정부의 초대 문체부 장관이기도 했다. 그는 2008년 3월 12일 한 강연에서 "나름의 철학과 이념을 가진 문화예술계 인사들이 새 정권이 들어섰는데도 자리를 지키는 것은 지금껏 살아온 인생을 뒤집는 것"이라고 발언하였다. 2008년 3월 17일에는 김정헌 한국문화예술위원장, 김윤수 국립현대미술관장 등 5명의 실명 거론하며 "스스로 물러나는 게 순리"라고 압박했다. 그러다 총선을 앞두고 여론이 악화되자 3월 20일 돌연 태도를 바꿔 "논란의 대상이 된 많은 분께 마음속으로 죄송한 마음을 갖고 있다"고 입장을 표명했다. 물론 거론되었던 분들은 대부분 해임되었고, 일부는 이후 재판을 통해 복귀하기도 했다. 당시에는 언론들까지 나서서 이명박 정부에서 자리를 지키고 있는 전 정부 임명 인사들을 비난했다.

그랬던 것이 문재인 정부 기간 중, 청와대 특별감찰반 김태우 수사관의 폭로로 시작된 이른바 환경부 블랙리스트 사건을 계기로 전 환경부 장관을 기소하면서 결국 정권 교체기마다 관행화되었던 일이 법적 처벌의 대상이 되고 만다. 전 정부 기간 임명된 인사들에 대해 사퇴를 종용하거나, 새로 임명할 사람을 미리 내정했다는 것이 처벌의 이유였다. 심지어 윤석열 정부가 출범한 이후에도 추가로 기소함으로써, 결과적으로 윤석열 정부는 누구도 전 정부에서 임명된 임기직 공직자를 공개적으로 그만두게 할 수 없게 되었다. 총리가 국책연구원장 등에 대해 발언했다가 공수처에 고발당하기도 했다.

이런 처벌의 근거는 공공기관의 운영에 관한 법률(공운법)에 있다. 공운법은 각종 공공기관의 방만한 경영을 막기 위해 공정하고 투명한 평가, 전문성 있는 인사들의 채용과 관련된 내용을 규정하고 있다. 공공기관의 장은 법률에 정한 사정이 있지 않는 한 임기 중 해임되지 않는다(공운법 제25조 6항)고 정하고 있다. 따라서 전 정부에서 임명되었다고 하더라도 함부로 내보낼 수 없는 것이다. 하지만 이 법에도 불구하고 역대 정부들은 관행적으로 정권 교체기마다 인사를 하는 불법을 저질러 왔다.

이제 공운법의 규정을 현실화해야 한다. 법의 취지는 전문성을 가진 기관장들이 정권 교체 등 외적인 요인에 흔들리지 말고 소신껏 업무를 수행해야 한다는 것이다. 그런데 앞서 내가 생각하는 인사의 다섯 가지 기준을 설명했던 것처럼, 리더십, 전문성 등도 중요하지만 동시에 국정과제에 대한 이해와 개혁 의지가 중요한 자리가 있다. 정권의 성격에 발맞추어 업무를 수행해야 하는 곳들이 있는 것이다. 따라서 그런 기관에 대해서는 대통령과 임기를 같이 하도록, 즉, 공무원으로 따지자면 정무직과 같은 지위를 갖도록 하는 것이다. 공공기관장 중에서 해당 전문성과 연속성이 중요할 경우 현재 방식을 적용하되, 각 정부의 가치와 철학을 중시해야 하고 변화된 국정과제에 따라 개혁이 필요한 자리일 경우, 임명권자의 임기가 종료되면 동시에 마치도록 하거나 재신임을 받도록 제도화하는 것이다. 예를 들면 각 정부의 지향과 일치시켜야 할 국책 연구기관장이나 주요 공공기관장은 이렇게 하는 방법이다.

이렇게 하지 않으면 모든 정부 교체기마다 새 정부는 꼭 필요한 자리를 바꿀 수 없어 속 태우고, 그러면서 온갖 편법적인 압력이 만연하게 된다. 여기에 저항이라도 하듯 전임 정부에서 임명된 기관장들이 자리를 지킬 경우, 후임 정부는 뜻이 맞지 않는 기관장을 패싱하고 일을 해야 하는 불행한 사태를 겪어야 한다. 시간이 없다. 하루라도 빨리 여야 합의로 이 부분을 처리해야 한다. 유불리를 따질 일이 아니고, 남이 그러했으니 나도 그렇게 하겠다는 식도 안 된다.

한국 대통령의 숙명
대통령과 정부가 일하는 법

계륵이 되어버린 인수위
정권을 잡은 측의 점령군도 안 되지만, 넘겨주는 쪽의 몽니도 안 된다. 집권 기간의 제도적 기억을 제대로 보전하고 넘겨주는 것이 중요하다.

계륵이 되어버린 인수위

영광의 끝, 고난의 시작. 인수위

천신만고 끝에 대통령에 당선되는 순간, 기쁨도 잠시, 이제부터 진짜 레이스가 시작된다. 다른 후보와의 경쟁이 아니라, 나와의 경쟁, 내부의 경쟁이다. 특히 선거에 이기기 급급해서 질러놓은 공약을 어떻게 처리할 것인가? 당장 총리, 비서실장, 국정원장, 주요 장관을 정하는 것이 문제다. 서로 자기가 애썼다고 내세우기에 논공행상도 고려해야 하지만, 국민에게 감동을 주는 인사가 관건이다. 우리 국민의 정치적 조급증을 생각한다면, 잘못된 인사로 민심을 잃는 건 순간이다. 무엇보다 선거기간 분열된 국민을 다시 모아나가는 것이 중요하다. 나를 지지하지 않은 유권자들도 국민이기 때문이다. 인수위는 새 정부의 첫 단추를 끼우는 작업이기 때문에 여기서부터 틀어지면 이후 회복하는 데 상당한 어려움이 뒤따르게 된다.

이런 엄중한 문제를 풀어내는 데 주어진 시간은 두 달 남짓. 더구나 이전 정부가 아직 국정운영을 마무리하고 있기에, 신구 권력 간에 평화로운 공존도 쉽지 않다. 선거 결과 자체에

화가 난 국민도 있고 심리적으로 승복 되지 않는 분들도 많기에, 신구 권력 간의 갈등이 대선전의 연장처럼 되기도 한다. 언론의 지나친 관심은 더 걱정이다. 인수위 활동의 사소한 사건들도 부풀려져서 본의 아니게 소란을 일으키는 일도 많다.

정부와 정치권에서는 인수위에 대해 좋지 않은 기억이 많다. 당선된 대통령 후보 측이 점령군 같은 태도를 감출 수 없기에, 거친 표현, 설익은 정책, 뭔가 내세우고 싶은 인사들의 발언이 돌출되기 마련이다. 김대중 정부는 당선과 함께 IMF 대책을 세워야 했기에, 사실상 전시내각 비슷한 역할을 하는 바람에 논란이 적었다. 그러나 노무현 당선자 인수위는 애초 구성원들이 기성 정치권과는 차이가 있는 바람에 설화가 끊이지 않았다. 후보 시절 낮은 지지율로 당의 지지를 제대로 받지 못한 데다, 노무현 당선자의 패러다임 개편 의지에 따라 주로 개혁적인 교수들과 시민단체 출신들을 중심으로 인수위를 구성했기에, 충분히 논의되지 않은 의제들이 돌출되는 문제가 종종 나타났다.

그러다 인수위가 본격적으로 점령군 소리를 듣고 소란스러워진 것은 이명박 당선인 때다. 숙명여대 총장 출신인 이경숙 인수위원장은 2008년 1월 영어 공교육 공청회에서 "영어 표기법이 획기적으로 바뀌지 않으면 원어민처럼 발음하기 어렵다"며 '오렌지'를 '오뤤지'로 바꿔야 한다고 주장해 논란이 됐다. 하루걸러 한 번씩 감세, 규제 전봇대 등 선정적인 대책이 흘러나왔다. 급기야 노무현 대통령은 2008년 1월 4일 국무회의에서 당시 이명박 당선인이 정부 인사들에게 지난 5년 정책에 대해 평가서를 제출하라고 한 데 대해 "반성문을 써오라는 것이냐"며

"새 정부 눈치만 봐야 하는 국장들 데려다 놓고 호통치고 반성문을 쓰게 하는 게 인수위인가"라고 날을 세웠다. 인수위 점령군이 이때부터 나온 얘기다. 이런 식으로 흥분했던 이명박 정부 인수위는 결국 광우병 사태로 정권이 초반부터 위기에 빠지게 되는 원인을 제공했다고 할 수 있다.

이에 따라 박근혜 당선인부터는 조용한 인수위가 기본방향이 된다. 인사나 정책에 대한 혼선이 유출되지 않도록 입단속하는 게 일이었다. 누구든 언론에 얘기가 흘러 나가면 바로 그만둬야 한다는 분위기도 형성되었다. '성실하고 조용한 인수위'를 구호로 내걸었다. 이 전 대통령과의 갈등을 최소화하며 실무에 집중하겠다는 의미였다. 다만 박 당선인이 외교사절 접견 때를 제외하곤 인수위에 모습을 드러내지 않고 주로 자택에서 보고를 받아 정치권에선 '자택 정치'라는 말까지 나왔다. 친박(친박근혜) 핵심 인사들도 당선인의 생각을 읽지 못하는 등 불통인수위라는 비판이 나왔다.*

문재인 당선인은 선거 다음 날부터 대통령 업무를 시작했기 때문에 애초 인수위가 구성되지 않았다. 대신 국정기획자문위원회를 구성해서, 선거기간 제시했던 공약 이행계획과 국정과제를 수립하도록 했다. 그러나 이미 대통령 업무가 시작된 상태였기 때문에, 여론의 관심은 청와대로 넘어간 상태였다.

윤석열 정부도 역시 조용한 인수위를 지향했다. 주로 인사에 주안점을 두고 진행되었다. 다만 문재인 정부와의 갈등은 피

---

* 문화일보, 2022.3.15., 50일간 새정부 국정방향 밑그림 .. 내각 구성할 인재 찾고 검증.

할 수 없었다. 임기가 만료된 한국은행장 선임, 기타 일부 공공기관장 문제가 있었다. 대신 물밑에서는 감사원을 중심으로 전임 정부에 대한 대대적인 공격이 준비되고 있었던 것은 널리 알려진 사실이다. 그리고 당시 언론은 윤석열 당선인의 인수위 과제 1순위를 통합과 협치로 꼽았지만, 대통령 취임사나 이후 행보를 보면 이런 기대와는 거리가 멀었다.

한 잡지는 윤석열 정부 국정 혼선의 씨앗이 인수위 시절 심어졌다고 진단했다. "인수위 기간은 선거기간 분열된 국민들을 통합해 새로운 국정운영을 위한 승리연합을 구성해야 할 시점이다. 그럼에도 윤석열 당선인은 인수위 기간에 야당과의 협치를 위한 구상을 밝히지 않았으며, 취임사에서도 언급하지 않았다. 여당 대표와의 불화에다 야당과의 협치에 대한 소극적 대응은 대통령의 제도적 권력자원 구축에 부정적인 영향을 미쳤다는 평가로 귀착된다. … 처음부터 국정 지지율이 저공비행할 수밖에 없는 조건이었다"고 본 것이다.* 이런 인수위 과정의 문제로 인해 결국 초기 국정 혼선과 지지율 급락을 가져오고 말았다고 평가하고 있다.

인수위 기간은 새 대통령 당선인의 메시지가 국민에게 가장 잘 전파되는 시기다. 나라 발전의 비전을 제시하는 한편 어떤 사람들과 함께 정부를 이끌 것인가를 보여주는 것이다. 선거 과정의 갈등을 해소하고 국민통합의 방향을 제시하는 것도 주요 과제다. 정부 이양기를 잘 관리함으로써, 새 정부의 초기 성과

---

* 박성현, 2022.12월호, 대통령학 관점에서 본 국정 지지율 저공비행의 기원, 월간중앙.

를 거두기 위한 기초를 다지는 시기이기도 하다. 그러나 대부분의 인수위는 감동을 주기보다 빠르게 실망을 안겨주는 시기가 되고 말았다. 역설적으로 문재인 정부는 인수위가 없었던 바람에 국민과의 정치적 허니문이 더 오래 지속될 수 있기도 했다.

그럼에도 국가적으로 보면 너무나 소중한 두 달을 허비할 수는 없다.

인수위, 이렇게 하자

미국에서 대통령 당선 직후 인수팀 운영이 공식화, 제도화된 것은 1963년, 대통령직 인수법(the Presidential Transition Act of 1963)이 제정되면서부터이다. 이 법의 제정에는 케네디가 대통령 당선 직후 인수팀 운영에 개인 돈 30만 달러를 썼던 사정과 관련이 있다. 이런 경험 때문에 케네디는 정부 자금으로 인수팀 운영을 지원할 수 있는 법적 근거를 마련했다. 권력 교체기에 인수팀을 구성하는 것은 대통령제의 제도적 특성에서 비롯되는 측면도 있다. 예컨대 영국의 경우 야당이 예비내각(shadow cabinet)을 운영하는 데다 직업공무원제의 전통이 강력하기 때문에 정치권력이 교체되더라도 미국과 같은 대규모의 인수 작업이 필요하지 않다. 반면 미국의 경우 예비내각이 없고, 관료에 대한 정치적 임명이 광범위하기 때문에 권력 교체에 따른 '제도적 기억'(institutional memory)의 상실이 매우 큰 만큼 이를 보완하기 위한 장치로 인수위원회가 필요했던 것이다.*

우리나라에서 인수위가 처음 법률(대통령직 인수에 관한 법률)로 제도화된 것은 노무현 당선자 시절인 2003년이다. 이전까지는 대통령령으로 당선자를 지원하기 위해 운영되었다. 법은 대통령 당선인의 지위와 권한을 명확히 하고 대통령직 인수를 원활하게 하는 데에 필요한 사항을 규정함으로써 국정운영의 계속성과 안정성을 도모하는 것을 목적으로 한다. 인수위의 기능은 크게 ①정부의 조직·기능 및 예산 현황의 파악, ②새 정부의 정책 기조를 설정하기 위한 준비, ③대통령의 취임 행사 등 관련 업무의 준비, ④대통령 당선인의 요청에 따른 국무총리나 국무위원 후보자에 대한 검증의 네 가지로 구성된다. 즉, 각 부처의 상황을 파악하고 국정과제를 정하며, 국무위원 인사를 준비하는 것이 핵심이다.

　나는 몇 차례, 정권 인수와 인계를 경험해 보았다. 처음 인수위에 참여한 것은 2003년 1월, 노무현 당선인의 인수위에 경제2분과 전문위원으로 국토부 업무 파악과 함께 빈부격차 대응 TF에 참여했다. 그리고 2008년 1월부터 그해 2월 말, 이명박 당선인의 인수위에는 환경부 차관으로서 인계하는 역할을 담당했다. 이때 이른바 점령군 문제가 본격적으로 등장했던 이명박 인수위를 관찰할 기회를 갖기도 했다. 당시 환경부와 관련해서는 특히 4대강 대운하와 관련한 첨예한 이슈가 있었다.

　그 뒤에는 법률에 규정이 있는 것은 아니지만, 지방정부 인수위에도 참여해 보았다. 2010년 지방선거가 끝나고는 서울

---

* 신현기, 2019, "인수위 없는 대통령직 인수: 미국의 사례와 시사점", 「정부와 정책」 제12권 제1호.

성북구의 인수위원장과 인천시 송영길 시장당선인의 인수위원을 맡기도 했다. 2011년 박원순 시장이 당선되었을 때는 보궐선거로 즉시 업무에 착수했기 때문에, 인수위를 대체하는 「희망서울위원회」를 구성하고, 그 위원장을 맡았던 경험이 있다. 그러다 2017년에는 인수위 없이 문재인 정부가 출범했는데, 미리 정부 초기 운영계획을 수립하기도 했고 당선 이틀 후부터 청와대로 출근해서 초기 정책인수를 담당했다. 그런 경험에 비추어, 우리나라 인수위가 어떻게 하면 두 달의 주어진 시간을 제대로 활용할 수 있을지 제안해 보려 한다.

우선 대통령 선거부터 취임까지 인수위가 해야 할 일은 핵심적으로 세 가지다. 첫째, 정부의 핵심 구성원들에 대한 인사이다. 총리를 비롯한 각 부 장관, 대통령 비서실장과 수석, 비서관, 주요 행정관들을 선임하여 취임과 함께 정상적인 정부 운영이 가능하게 하는 것이다. 둘째, 공약의 실현 가능성을 점검하고 주요 국정과제를 정해, 정부 초기부터 일할 순서를 정리하는 일이다. 특히 정부 초기 100일 정도의 국정운영 계획을 세워야 한다. 셋째, 대통령 취임을 계기로 한 국민통합 구상과 취임식 준비이다. 이 셋은 각각 성격이 다르기는 하지만, 정부의 초기 성과, 나아가 정부 내내 기조와 관련하여 서로 연결되어 있다.

인수위를 어떻게 구성할 것인가? 우리는 짧은 역사이기는 하지만, 시민단체나 전문가 중심의 인수위(노무현 당선인), 캠프 인사들 중심의 인수위(이명박 당선인), 당 중심의 인수위(박근혜, 윤석열 당선인)를 모두 경험해 보았다. 어떤 구성이 더 낫다는 것을 따지기는 쉽지 않다. 무엇보다 이명박 인수위가 점령군 논란을 빚고, 광우병 사태에 제대로 대처하지 못하는 원인을 제공한 뒤로 인수위는 어떻게든 조용하게 만드는 것이 관행이 되었기 때문이다. 조용하다 못해 무용하기까지 하게 되어버린 것이 최근 인수위다. 그러나 정부 출범 전 두 달은 너무나 중요한 시기이다. 최상의 구성으로 성과를 거두려는 노력은 여전히 중요하다.

나는 인수위 구성 관련해서는, 그 비중에서 당 역할이 70% 이상을 차지해야 한다고 생각한다. 당은 대통령을 만들어 낸 모체이며, 전국적인 지지 네트워크이기도 하다. 선거 과정에서 헌신한 당이 인수위의 핵심 구성을 차지해야 하며, 특히 전문위원이나 행정관들은 당 정책위나 보좌관 등으로 일한 사람들이 많은 역할을 하도록 해야 한다. 그리고 30%는 캠프에 참여한 전문가, 직역 대표 등에게 돌아가야 하고, 이른바 참신한 인물은 최소화하는 것이 바람직하다. 국민통합과 새로운 분위기 형성을 위해 참신한 인물을 찾으려 한다지만, 대개 사고는 이들 중에 일어나기 십상이다. 선거 과정에서 나름 검증된 사람들에 우선을 두는 것이 바람직하다.

그런데 인수위 구성 관련해서 두 가지 정도 더 고려할 필요가 있다. 우선 인수위 구성의 밑그림을 선거운동 기간 중 미리 그려야 한다는 것이다. 캠프의 의사결정에는 어쩔 수 없이 몇 개의 동심원으로 구성된 핵심 그룹이 있기 마련이다. 따라서 후보와 최핵심그룹에서는 당선될 경우, 비서실장을 누구로 할지, 그리고 어떤 사람들이 핵심적으로 인수위에서 역할을 할지 미리 생각해 두어야 한다. 특히 인사 추천은 개방적으로 진행할 수 없으므로, 비서실장, 인사수석 예정자 등 소수를 미리 염두에 둘 수밖에 없다. 따라서 인수위원 선임 시점에는 누가 인수위에 참여할지, 누가 내각에 참여할지 정해져 있어야 한다.

인수위가 정권 5년 내내 참여할 주요 인재풀이 된다는 것은 그동안의 경험이 증명해 준다. 각 부처로서는 새 정권과의 첫인상이 중요하기 때문에, 인수위 파견도 가장 정예 인력을 보낼 수밖에 없다. 이들이 새 대통령의 정책지향에 부응하면서도 부처의 이해관계를 잘 반영하는 미션을 수행해야 하는 것이다. 이는 거꾸로 정책 기조와 개혁 의지 차원에서는 당선자 측이 중심을 잘 잡고 있어야 한다는 것을 의미한다. 각 부처는 이미 선거운동 기간 중에 당선 가능성이 있는 각 후보의 공약을 평가하고, 대응책을 마련해 두기 마련이다. 당연히 어려운 과제는 피하고 싶고, 부처의 이익이 잘 반영될 방법을 준비한다. 이른바 개혁과제는 이래서 안 되고, 저래서 안 된다는 식으로 초반부터 김을 빼려 하기 십상이다. 나도 그런 일을 여러 차례 경험했다. 공약에 대한 이행 의지를 떠 보려는 것이다. 진짜 의지가 강한지 아닌지. 따라서 인수위는 승리의 잔치판이 아니라, 왜 집권하려 했는지 잊지 않고 주요 국정과제가 현실성 있게 이행 계획을 갖추도록 하는 시간이다.

인수위 운영과 관련해서는 당연히 통제된 관리가 중요하다. 선거에 이긴 쪽에서야 하고 싶은 일도, 과시하고 싶은 일도 많겠지만, 초기의 점령군식 태도는 순식간에 분위기를 비판적으로 바꿀 수 있다. 여전히 정부 운영의 책임을 지고 있는 현임 정부와 불필요한 갈등은 만들지 않도록 유의할 필요가 있다. 특히 퇴임하는 대통령에 대한 존중은 중요하다. 소속 정당이 달라질 경우, 지지층들은 임기를 마치는 정부가 쫓겨나듯이 혼나기를 바란다. 그러나 지금은 정권을 인수하지만, 5년 후에는 내가 정권을 넘겨주어야 한다는 것을 생각하면 조심할 수밖에 없다.

선거에 진 쪽도 할 일이 있다.

같은 정당이 정권을 재창출했든, 다른 정당으로 정권이 교체되었든, 정권을 넘겨줘야 하는 쪽은 고통스럽고 혼란스럽다. 정권을 잡은 측의 점령군도 안 되지만, 넘겨주는 쪽의 몽니도 안 된다. 집권 기간의 제도적 기억을 제대로 보전하고 넘겨주는 것이 중요하다. 비록 새 정부가 자신감에 넘치고, 흥분해 있기에 무슨 말을 해주려 해도 듣고 싶은 마음이 없는 것은 사실이다. 그래서 기록이 중요하다. 모든 정부가 임기 마지막 해에는 백서나 종합보고서를 작성하고, 주요 기록들은 국가기록원으로 이관되기는 하지만, 그것으로는 부족하다는 생각이다. 1~2년의 여유를 가지고 주요 정책이나 정치 담당자들이 스스로 소회나 평가를 밝히는 것이다. 선진국들은 이런 일들이 고위공직자들의 퇴임 후 책무처럼 되어 왔지만, 우리는 이 부분에서 인색해 왔다. 기록을 책으로 내더라도 십여 년 이상 지나 '회고록' 수준인 경우가 대부분이었다. 반드시 좋은 평가를 위해서가 아니라, 우리 사회가 제도적 기억을 보존하고 활용하는 차원에서라도 주요 공직자들은 그 의무의 일부로 생각하고 있어야 한다.

다음으로 전 정부에서 임명된 사람들의 임기 문제이다. 정무적 직위에 있었던 사람들은 당연퇴직이기는 하지만, 그렇지 않은 경우도 퇴임을 고심할 수밖에 없다. 물론 현재는 공운위법에 따라 정부가 교체되었다는 이유로 공공기관장 등을 해임할 수 없게 되어 있지만, 이것은 반드시 제도개선을 통해 유형을 나눌 필요가 있다고 했다는 것을 상기하시기 바란다. 이렇게 제도개선이 되는 것이 가장 좋지만, 그렇지 않았더라도 다른 정당으로 정권이 교체된 경우, 다음에 해당할 때는 사임하는 것이 좋다고 생각한다.

새로운 집권당을 반대하는 당의 국회의원을 했거나 출마한 경험이 있던 정치인 출신, 이전 정부의 대통령실 수석비서관 이상 역할, 기타 소신이나 이력상 새 대통령과 호흡을 맞추는 것이 적절치 않다고 판단하는 분들이다.

그런 점에서 나는 윤석열 정부를 지금도 이해할 수 없다. 새 정권이 출범한 이후에도 이전 문재인 정부가 박근혜 정부 때 임명한 공공기관장에게 나가라고 압력을 가한 일로 여러 명을 수사, 기소했기 때문이다. 한편에서는 나가라고 압력을 가하면서, 다른 한편에서는 이전 정부가 사람들을 내보냈다고 처벌한 것은 도대체 무슨 정신일까? 당시 민주당도 제도의 문제를 이해하고 협조하려 했을 뿐 아니라, 언론들까지 미국식 직위별 인사지침서인 플럼북(Plum Book)을 얘기하면서 제도개선 필요성을 제기하던 마당이었다. 내가 아는 많은 분들도 윤석열 정부에서 공직을 이어갈 마음이 없었지만, 전 정부의 장관들을 새로 기소하고 전현희 국민권익위원장을 표적 감사하는 등 노골적으로 탄압하는 상황에서 물러날 수가 없었다고 하는 얘기를 들었다. 얼마나 불행인가? 서로 협조가 되지 않는 사람들끼리 자리를 지키고 있어야 하는 상황이. 이를 정치적 풀어내지 못한 윤석열 정부를 나는 지금도 이해할 수 없다. 민주당도 이 문제에 대해 무관심으로 일관해 버렸다.

이와 함께 야당은 새 정부의 조직개편에 협조하는 것이 도리다. 역대 모든 야당은 기본적으로 새 정부의 조직개편 방침에 마지못해서라도 동의해 왔다. 딱 두 번의 예외를 제외하고는. 그게 이명박 정부의 여성가족부와 통일부 해체, 그리고 윤석열 정부의 여성가족부 해체다. 다른 정부 조직개편, 예를 들면 교육부와 과기부를 통합하거나 국토부와 해수부를 통합하는 일까지 야당은 동의해 왔다. 중소벤처기업부 신설이나 외교와 통상 기능의 통합과 분리 모두 집권당의 요구가 받아들여져 왔다. 반발이 심했던 수량, 수질 업무의 환경부 통합도 야당이 동의했던 바가 있다. 기본적으로 새 정부가 생각하는 일을 할 수 있게 조직개편의 재량범위를 폭넓게 인정해 온 것이다.

통일부, 여성가족부가 번번이 좌절된 이유는 그만큼 이 두 부처가 이념적 양극화에 놓여있기 때문이다. 통일부는 남북 간의 상황이나 정부 성격에 따라 부침을 거듭해 온 것은 사실이지만, 아직 남북관계를 외교적 관계로만 보기에는 분명히 시기상조이다. 그런데 여성가족부에 대해서는 국제적 상황이나 부처 업무분장 범위 등에서 분명히 일반 부처로 존속시키기에 우려되는 지점이 있다. 그럼에도 이것이 진전되지 못한 데는 일차적으로 윤석열 정권의 책임이 가장 크다. 무엇보다 그 공약을 제기하는 방식이 편 가르기에서 출발했기 때문이다. 기억하겠지만, 윤석열 대통령 후보는 "여성가족부 해체"라는 일곱 글자만으로 남성 청년들을 자극했다. 이유도 밝히지 않고 그저 선동에 가까웠다. 이런 식이라면 대다수 합리적인 시민들이라면 동의하기 어려울 것이다. 그러다 조직개편이 여의치 않자, 방치하고 말았다. 앞뒤 맥락도 없이, 대안도 없이, 이런 식은 아니라고 본다.

10년이 넘게 걸린 물관리 일원화 과정

인간은 물 없이 살 수 없다. 생명체로서 생존도 불가능하지만, 문명의 유지와 발전도 어렵다. 한국 경제성장도 풍부한 수자원이 없었다면 불가능했을 것이다. 물은 풍부한 양, 그리고 좋은 수질, 덧붙여서 홍수와 같은 재난관리 모든 면에서 중요하다. 이름하여 수량, 수질, 그리고 치수가 물관리의 3대 요소라고 할 수 있다.

우리의 물관리 역사는 우선 수자원, 즉 수량을 확보하면서 홍수 등 재난을 방지하는 것이 최우선 과제였다. 경제개발과 함께 다목적댐, 홍수방지댐, 제방공사 등에 집중투자 했던 것도 그런 이유다. 1990년대 들면 사실상 4대강 본류의 수량과 치수 대책은 마무리했다. 이제부터는 수질이 문제였다. 1991년의 낙동강 페놀 사태는 그 상징이었다. 수도권 팔당상수원 수질, 대구 위천공단 문제, 목포 영산강 수질 등이 사회적 현안이었다. 그런데 수질은 수량과 분리될 수 없는 문제이다. 수량을 결정하는 댐 관리가 국토부(홍수대책), 산업부(발전용수), 농림부(농업용수) 등으로 나뉘어 있고, 수질 역시 환경부(폐수배출 및 정수), 지자체(소하천 청소 등)로 나눠진 상태에서 종합적인 물관리 정책을 시행하기 어려웠다. 이에 따라 1990년대 후반부터 물관리를 일원화해야 한다는 논의가 등장하기 시작했다. 선진국들 대부분이 이미 시행하고 있는 방안이었다.

노무현 정부 들어 물관리의 주요 이슈는 한강 수계의 이천 하이닉스 반도체 공장의 폐수 처리 문제였다. 그 공장이 위치한 곳은 수도권 2,500만의 취수원인 팔당과 가까운 곳이었다. 따라서 강하게 폐수 규제를 받는 곳인데, 공장 증설을 허가해 달라는 이슈가 등장했다. 관련해서 다양한 논의가 있었고, 결국 2006년, 환경부의 요구가 받아들여졌다. 나는 당시 사회정책비서관으로서, 마지막 대통령 결심을 얻는 자리의 보고자였다.

이 과정을 거치면서 물관리 정책을 이대로 두어서는 안 되고, 수질, 수량 통합을 본격적으로 추진해야 하겠다는 생각이 들었다. 구두로 노무현 대통령께 필요성을 설명드렸더니 추진해 보라고 하셨다. 정부 후반기에 정부 조직개편이라니? 그래도 대통령의 지지를 업고 부처 협의를 시작했다. 당연히 국토부의 강력한 반대가 있었다. 하지만 몇 단계의 어려움을 넘어, 2006년 11월 13일, 마지막 대통령 주재 회의가 열렸다. 그런데 당시 민정수석까지 이 회의에 참석하여 반대하면서, 결국 무산되고 말았다. 하지만 물관리 일원화가 이제 대통령실 차원에서 가장 최고위 의사결정을 하는 단계까지 갈 정도로 중요 쟁점이 되었다는 것을 확인하는 자리였다.

그 이후 물관리 문제는 전혀 엉뚱한 길로 들어서게 된다. 바로 이명박 정부 들어 추진된 4대강 대운하 사업 때문이다. 4대강 주요 지점에 댐만큼이나 큰 명목상 보를 쌓아 수로를 만들어, 전국을 운하로 연결하려는 것이 원래 계획이었다. 문경새재에 터널을 뚫어 한강과 낙동강을 연결한다는 기상천외한 계획까지 등장했다. 여론은 비등했고, 결국 대운하 사업은 보 건설과 준설 강화로 "물그릇을 키워 가뭄과 홍수를 방지한다"는 치수대책으로 바뀌게 된다. 물론 대운하에 대한 미련을 버리지 못하고 복선을 깔아둔 후퇴였다. 그 효과, 현실성 등은 차치하고 유속이 느려진 물은 심각한 녹조 문제를 불러왔다. 특히 낙동강이 문제였다. 결국 대운하에서 시작된 4대강 사업은 필요도 없는 거대 구조물 보와 주변 자전거 도로만 만들어 놓고 끝이 났다. 이를 보면서, 더 이상 물관리를 국토부에 맡겨서는 안 된다는 생각이 확고해졌다.

　이에 따라 문재인 후보는 주요 공약 중의 하나로 물관리일원화를 들고나오게 된다. 2017년 5월 22일, 4대강 보를 상시 개방하고 재평가하라는 대통령 지시에 물관리일원화 추진이 포함된 것은 그런 이유 때문이다. 4대강 사업의 전 죄가 있어 국토부도 10여 년 전에 비하면 반발할 명분이 확연히 떨어졌다. 관련 정부조직법이 제출된 것은 물론이다. 그러나 국회 사정이 복잡했다. 다른 정부 조직법 개편은 받아들였지만, 물관리 일원화는 여야 합의가 쉽지 않았다. 결국 문재인 정부 출범 이후 1년 넘게 지난 2018년 6월 국회에서, 환경노동위원장을 역임해서 관련 쟁점을 잘 알고 있던 여당의 홍영표 원내대표가 야당의 김성태 원내대표와 합의함으로써 물관리 일원화는 결국 이루어졌다. 아직 진행 중이지만, 일원화 이후 보다 많은 투자와 보다 나은 관리체계 구축이 필요하다.

한국 대통령의 숙명
대통령과 정부가 일하는 법

대통령실 사람들
대통령을 보좌하는 참모들의 구성은 견제와 균형, 전문성과 가치가 조화를 이루어야 한다. 관료 출신들만 모여서 판단해서도 안 되고, 정치인 출신들만 모여서 논의해서도 안 된다.

대통령실 사람들

결국은 대통령이 책임지게 된다.

　한국 사회에서 대통령은 모든 일에 다 얽혀있다. 헌법적 규정을 떠나 정치, 행정, 심지어 입법, 사법까지도 대통령과 관련되지 않은 일이 없다. 신문의 정치면은 물론이고 1면까지도 대통령 관련 일들이 언제나 핵심이다. 레임덕에 빠진 시기에도 대통령에 대한 관심은 식지 않는다. 오죽하면 '청와대 정부'라는 말이 나왔겠는가? 심지어 대통령실은 '작은 내각' 혹은 '내각 위의 내각'으로 불리며 정부의 각종 업무를 지휘하고 있다. 그래서 언론이나 학자들은 대통령의 권력을 집권당으로 분산시키며, 행정에 대해 만기친람하지 말고 내각에 자율성과 책임성을 부여하라는 주문을 수시로 내놓는다. 그러나 어떤 정부도 성공하지 못했다. 결국 책임이 대통령과 대통령실로 귀결되는 것이 현실이다.
　대통령실은 좋은 의미든, 나쁜 의미든 국정의 중추다. 평소 약 400명 내외가 근무하는 대통령실은 엄밀하게는 대통령비서실과 국가안보실로 구성된다. 통칭해서 대통령실 또는 대통령

비서실로 부르고 실제 회의나 운영도 함께하지만, 직제령 자체는 분리되어 있다. 그런데 대통령비서실 직제령이나 국가안보실 직제령에 따르면, 비서실장, 안보실장, 정책실장을 비롯한 비서진들은 대통령을 '보좌'하는 역할 뿐이다. 이 '보좌'가 대통령의 생각과 결정에 큰 영향을 끼치기 때문에 그만큼 대통령실은 권력이 되기도 하고, 시기와 비난의 대상이 되기도 한다. 대통령실의 과다한 권력 집중, 비대한 조직은 언제나 경계의 대상이다.

이 때문에 많은 정부가 새로 출범할 무렵, 작은 청와대(대통령실)를 천명한다. 수석비서관이나 비서관 숫자를 전 정부보다 줄이는 것은 물론이고 총정원도 줄이겠다는 것은 기본이다. 이명박, 박근혜, 윤석열 정부 모두 출범할 때 정책실장 자리를 없앴다. 심지어 윤석열 정부는 민정수석 자리도 없애고 시작했다. 그러나 거의 모든 정부가 얼마지 않아 이들 자리를 복원시킬 뿐 아니라, 오히려 더 큰 대통령실을 만들게 된다. 이명박, 윤석열 정부는 곧 정책실장을 복원시켰고, 윤석열 정부는 결국 민정수석도 복원했다. 정부 출범기의 비서실 조직과 끝날 무렵의 조직을 비교해 보면 이런 사정이 훤히 보일 것이다.

대통령의 성정을 어떻게 할까?

대통령도 사람이다. 분노와 기쁨, 슬픔, 자신감, 불안감, 좌절감 등등 보통 사람들이 일상에서 느끼는 모든 종류의 감정을 함께 느낀다. 물론 대통령이라는 지위에 오르기까지 단련된 삶의 경험과 리더십이 있기에, 일반인보다는 내공이 훨씬 깊을 것이다. 그럼에도 성정은 감출 수 없다.

대통령은 최종 결정권자라는 타고난 권위로 인해, 다른 사람들이 그 성정에 어떻든 맞춰갈 수밖에 없다. 그런데 그 성정이 윗사람으로 모시기 무척 어려운 경우들이 있을 것이다. 대통령이 남의 말을 잘 듣지 않고 자기 말만 많이 한다? 대통령이 자주 화를 낸다? 대통령이 출근하지 않고 관저에 주로 있다? 대통령이 무슨 일이든 내가 해봐서 안다고 한다? 어디선가 들었을 법한 얘기들이다.

이런 식일 때 대통령을 보좌하는 사람들은 어떻게 해야 할까? 대통령의 말을 중간에 끊을 수는 없으니 계속 받아적기만 한다? 화내는 사람에게는 당할 재간이 없으니 지시하는 대로 무조건 이행한다? 소수만 대통령을 만날 수 있으니, 그 사람들에게 대신 보고와 방침을 받아오도록 한다? 대통령이 대부분 일들을 경험해서 잘 안다고 하니 대통령의 지시만 기다린다? 아마 이런 일이 일반 회사나 조직에서 일어난다면, 그 상사는 최악의 리더일 것이며 요즘 식으로 하면 갑질로 신고가 될 수도 있다.

대통령은 어디서든 가장 높은 사람이기 때문에, 일상에서는 '예의 바른 설득'조차 쉽지 않다. 더구나 내가 다 안다고 하면서 자기 말을 오래 하고, 화를 잘 내며, 소수만 만난다면 정말 상황은 어려워진다. 대통령에게 직언을 할 사람도 없고, 직언하기도 어렵다. 월간중앙 2022년 12월호에서는 "누구도 尹에 직언 못 하는 분위기… 대통령비서실이 검찰청 됐다"는 제목의 글을 실었다.* 대통령비서실의 그 많은 인원이 새벽부터 준비한 여론 수렴과 상황판단이 대통령에게 영향을 끼칠 방법이 없어지는 것이다. 대통령이 격노했다는 소식이 마치, 대통령이 단호하고 결단력이 있다는 식으로 비칠 것을 기대한다면 큰 오산이다. 한때 러시아의 푸틴이 공개석상에서 격노하고 질책하는 모습을 보여, 국내 언론들이 비판했던 적이 있다. 독재국가의 쇼일 뿐이라고. 민주국가에서 이런 상황이 지속되면, 보좌하는 직원들은 오히려 해이해진다. 어차피 결정은 대통령이 하는 것, 우리는 자료만 챙겨주면 된다는 식이다. 더 치열하게 고민하고 대안을 찾기 위해 노력하지 않게 되는 것이다.

대통령의 격노는 자랑이 아니다. 특히 말 많은 대통령의 격노는 정말 위험하다. 이른바 채상병 사건도 수사에 대해서는 내가 가장 잘 아니 깨알같이 지시하고 화를 냈기 때문에 벌어진 일이다. 대통령은 그 자체로서 권위가 넘치는데, 1시간 중 59분 동안 말을 했다니! 무슨 일이 벌어졌을지 짐작이 된다. 이런 성정이 빚어낸 문제에 대해서는 결국 국민이 회초리를 들어 꾸짖게 된다는 것도 우리는 보았다. 윤석열 대통령은 그 회초리마저 조작된 것이라는 망상에 빠져 자멸하고 말았다.**

누가 대통령을 보좌하나?

한국 사회가 어떻든 대통령과 관련된 일에 촉각을 곤두세우고 있는 만큼, 대통령실은 가장 중요한 정부 조직이며 또 누구든 선망하는 근무처이다. 정치를 지망하는 사람들은 대통령실 근무 경력이 지역구 경선에서부터 당선에 이를 때까지 큰 도움이 된다. 특히 현직 대통령의 지지율이 높을 때는 인지도를 단번에 높일 수 있는 기회가 되니, 너도나도 대통령실 근무 기회 얻기를 고대한다. 비서관 직책이면 더 좋겠지만, 그렇지 않고

---

* 안덕관, 2022.12월호, 누구도 尹에 직언 못하는 분위기… 대통령 비서실이 검찰청 됐다, 월간중앙.

** 한국일보 이대혁 기자가 2025년 1월 20일 쓴, "'격노'의 비극적 결말" 칼럼은 그런 상황과 과정을 아주 잘 정리했다. 참고하시기 바란다.
https://www.hankookilbo.com/News/Read/A2025011822460001815

행정관이라도 "○○○ 대통령실 근무"라는 이력, 게다가 대통령과 같이 찍은 사진이라도 있다면 졸지에 권력의 중추에서 국정을 운영한 이력을 확보하게 되는 것이다. 물론 대통령의 지지율이 높아야 도움이 되는 것은 당연하다. 문재인 대통령 시절에는 문재인 마케팅이 기승을 부렸던 반면, 윤석열 대통령 때는 아예 이력을 안 내세웠을 뿐 아니라 함께 한 사진조차 안 걸었던 것을 기억할 것이다.

직업 공무원들에게도 대통령실 근무는 '부처의 대표선수'라는 자부심을 가질 기회다. 업무능력은 물론이고, 부처가 지향하는 방향을 정확히 이해하고 있어야 하고, 부처의 상·하급자들과 수시로 소통하고 협업하는 능력도 있어야 한다. 대통령실은 그 자체로는 하나의 조직이지만, 뿌리가 다른 사람들이 모여있고, 특히 타 부처의 유능한 인재들과 합동 근무하기 때문에 앞으로의 공직 생활에서도 중요한 인적 네트워크를 만드는 기회이기도 하다. 따라서 과장급 때 대통령실 근무를 했다가 국장급 때 또 하고, 비서관으로 또 일하는 사람들을 많이 보았다. 3개 정부를 거쳐서 대통령실에서 근무하는 셈이다. 대통령실에는 그만큼 유능한 사람들이 오니까 승진도 빠르다. 임기 초에 선임행정관(2급 공무원)으로 근무했던 사람들이 부처로 돌아가 1급 실장을 하다, 임기 하반기에 차관으로 승진하는 사례가 많다. 비서관으로 와서 바로 차관으로 복귀하는 경우는 말할 것도 없다.

다만, 요즘은 갈수록 대통령실 근무 매력이 떨어지고 있다고 한다. 우선 대부분의 공무원이 세종시로 거처를 옮긴 상태인데, 한시적인 대통령실 근무 때문에 혼자 올라와야 하는 것도 한가지 이유이다. 과거 청와대 시절에는 대통령경호처 소관의 연립주택이 근처에 있어서 방을 하나씩 제공받기는 했지만, 용산으로 옮긴 다음에 어떤지 모르겠다. 더 큰 문제는 임기 하반기에 대통령실에 근무했다가 정권이 교체되면 자칫 불이익을 받을 수 있다는 것이다. 이 때문에 하반기로 갈수록 대통령실 인기는 떨어진다.

대통령비서실의 직급체계는 비서실장, 정책실장(장관급) - 수석비서관(차관급) - 비서관(1급) - 선임행정관(2급) - 행정관(3-5급) - 행정요원(6급 이하) 순서다. 국가안보실의 경우 안보실장(장관급) - 1, 2차장(차관급) - 비서관, 행정관, 행정요원 구성이다. 명칭 자체가 비서실인 것처럼, 대통령비서실의 중심은 역시 비서관이다. 내 경험으로 보면, 비서관 인선은 반드시 대통령의 허락을 받았다. 후보를 복수로 정해서 수석이 직접 장단점을 설명해 드리면, 대통령이 선택하는 구조이다. 그만큼 중요한 자리이다. 비서관부터는 임명장이 대통령 명의로 발급되기도 한다. 정책실의 경우, 대체로 한 개 비서관실이 하나의 부처를 담당하기 때문에, 각 비서관이 담당 부처 업무를 완벽히 소화하고 있어야 하며, 대통령과 부처의 가교역할을 해야 한다. 비서관은 각종 대통령 주재 회의에서 굳이 손을 들어 허락을 얻지 않고도 발언하거나 논의에 참여한다. 물론 상급자인 수석비서관이나 실장들과 다른 의견을 얘기하려면 부담스럽기는 하겠지만, 실무를 가장 잘 파악하고 있기 때문에 필요할 때는 의견을 표명해야 한다.

정부마다 차이는 조금씩 있지만, 비서관은 40명 내외이다.

따라서 하나의 정부 동안 비서관을 거쳐 가는 사람들만 100명 이상이라고 보면 된다. 비서실장 직속부서들은 통상 비서관들이 정치권 출신이나 법조인들이 많다. 국회의원을 거쳤던 사람들도 기꺼이 1급 대우인 비서관을 맡는 것을 보면, 그만큼 청와대의 직급은 행정적 계급 이상의 의미를 갖는다. 차관급인 수석비서관도 통상 재선 이상의 국회의원 경력자, 차관을 이미 경험한 사람들이 맡는 경우가 많다. 사실상 장관들과 업무를 상의할 수 있는 경력과 연배라고 보면 된다. 그만큼 수석비서관들은 소관 비서관들을 통솔하면서 언제든 정무적 책임을 질 준비가 되어 있는 자리이다. 일반적으로 행정관들은 정책실의 경우 부처에서 파견된 공무원들이 대부분인 반면, 정무, 홍보, 민정 등은 선거 캠프, 의원보좌관, 변호사, 시민단체 등 민간 출신이 대부분이다. 국가안보실에는 현역 군인이나 국정원, 외교부 등에서 파견 나온 직원들이 주류를 이룬다. 국방비서관이나 위기관리센터장의 경우 통상 장성급, 그것도 소장급이 담당한다.

윤석열 대통령은 어떻게 했는지 모르지만, 실장들은 매일 아침 대통령과 티타임을 갖는다. 그만큼 대통령의 하루 첫 판단을 돕는 핵심 참모들이다. 대다수 현안 관련 의사결정은 수석들이 담당하는 대신, 실장들은 국회와 상대하거나 중요한 사안에 대해 대통령을 대리해서 의중을 전하거나 의견을 수렴하기도 한다. 실장들은 총리, 당대표 등이 만나는 고위 당·정·청 회의의 멤버이기도 하다.

그런데 비서관 이상은 정부에 따라 출신에서 큰 차이를 보인다. 문재인 정부 같은 경우는 비서관 이상 중에서 관료가 차지한 비중이 22% 정도였다면, 윤석열 정부는 그 두 배인 43%에 이르렀다. 대표적으로 1기 대통령실의 경우, 비서실장이 기재부 공무원 출신이었고 선임 수석이라고 하는 정책기획수석도 관료 출신이었다. 반면 문재인 정부는 비서실장은 물론이고 정책실장, 경제수석, 사회수석까지도 민간의 개혁적 교수 등이 담당했다. 민정수석도 탈검찰을 표방했기에 민간이나 감사원 출신이 주로 역할을 맡았다. 이런 차이를 월간중앙에서 비교한 적이 있는데, 비서관급 이상 주요 간부들의 출신을 보면 윤석열 정부는 관료나 검찰 출신이 눈에 띄게 많다는 것을 알 수 있다.

〈그림 5-1〉 윤석열 정부와 문재인 정부의 청와대 참모진 출신 비교

(단위: %)

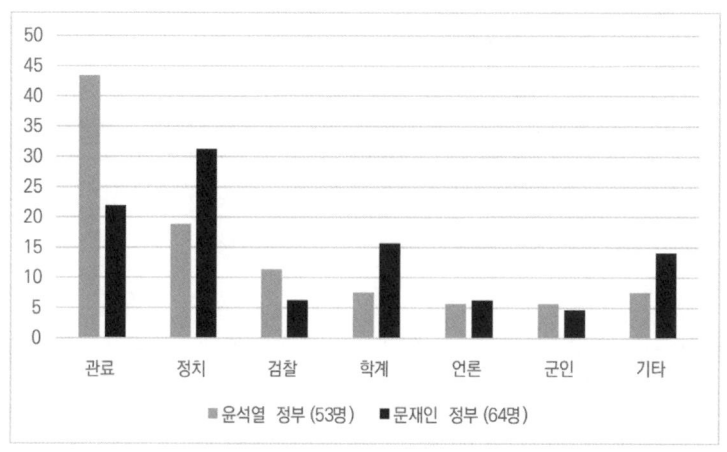

자료: 박성현, 2022.12월호, 대통령학 관점에서 본 국정 지지율 저공비행의 기원, 월간중앙, 재구성.

5. 대통령실 사람들 93

전(專)과 홍(紅)의 균형

대통령실의 조직과 인적 구성은 어떻게 하는 것이 좋을까? 정부에 따라서 인적 구성에서 상당한 차이를 보인 것이 사실이지만, 결론적으로 정답은 없다. 그러나 좋은 조직구성의 원리는 분명히 있다. 대통령을 잘 보좌하는 구성이어야 한다는 것이다. 그럼 어떻게 하는 것이 잘 보좌하는 것일까?

상투적인 표현이지만, 대통령은 국정의 최고 책임자다. 일상적인 일이라면 굳이 대통령이 관여하는 단계까지 안 갈 테니, 결국 어렵고 중대한 일일수록 대통령의 의사결정이 필요하다는 뜻이다. 이런 일들에 대해 비서들은 어떻게 하면 대통령을 잘 보좌할 수 있을까? 대통령의 심기를 건드리지 않고, 대통령의 의중을 잘 읽어서 그대로 진행되도록 작업을 하는 것이 잘 보좌하는 것일까? 아니다. 대통령이 "바른 판단을 할 수 있도록 돕는 것"이 잘 보좌하는 것이다. 그러기 위해서는 때로 대통령을 설득하기도 하고, 대통령에게 직언하는 용기도 필요하다. 대통령이 전지전능한 존재가 아닌 이상, 자신의 경험과 지식만으로 모든 난제의 답을 정할 수는 없다. 참모들이 필요한 이유가 바로 대통령이 옳게 판단할 수 있는 다양한 정보와 고려 사항을 적기에 제공하는 것이다.

그렇기 때문에 대통령을 보좌하는 참모들 스스로 균형 잡힌 의견을 도출해 내는 구성과 업무절차를 가지고 있어야 한다. 대통령실 내부의 견제와 균형, 소통이 필요한 이유이다. 대통령이 편애하는 집단이나 사람들만이 대통령을 둘러싸고 있고, 대통령이 그들의 얘기만 경청하는 경우가 위험한 이유이다. 대통령이 공식 회의나 여러 사람이 모이는 회의를 피하고 특정인이나 집단의 얘기만 듣는 경우가 위험한 이유이다. 더 나아가 대통령이 사무실로 출근도 하지 않고, 주로 관저에서 따로 사람을 불러서 만나는 경우가 위험한 이유이다. 이미 우리는 그런 대통령들을 보았고, 여지없이 국정운영에서 위험한 사태를 초래했다는 것도 알고 있다.

대통령을 보좌하는 참모들의 구성은 견제와 균형, 전문성과 가치가 조화를 이룰 수 있어야 한다. 비서실 내부의 의견차이나 심지어 충돌을 모두 권력 암투라는 식으로 취급하면 안 된다. 어떻게 하면 대통령에게 옳은 의견을 제공할 것인가 하는 과정에서 분출될 수 있는 이견들인 것이다. 뒤에서 설명하겠지만, 대통령이 출근하는 시간까지 새벽부터 참모들이 하는 모든 일은, 대통령에게 필요한 가장 객관적으로 정제된 정보를 정리하고, 판단이 필요한 부분에 대해 참모들 선에서 가장 합리적인 대안을 모으는 과정이다.

따라서 대통령실 구성원들은 다양하고 다원적이어야 한다. 관료 출신들만 모여서 판단해서도 안 되고, 정치인 출신들만 모여서 논의해서도 안 된다. 정책실은 정부 부처를 파트너로 하기 때문에, 그 부처 출신들이 중심이 되면 일사불란하고 말이 나오지 않는다. 그러나 이런 식이면 자칫 "○○부 청와대(용산) 출장소"가 되기 십상이다. 부처의 이해관계를 국정에 투여시키려 하게 되고, 개혁과제는 시늉만 내게 될 우려가 크다. 마찬가지로 정무적인 분야나 홍보 관련 내용도 정치인 출신들만 판단하는 것은 적절치 않다. 법조계, 시민단체, 관료 출신들이 섞여 의견을 주고받는 것이 안전하다. 비서관실 회의, 수석실 회의, 실장실 회의, 주요 간부들이 참여하는 현안점검회의를 거치고 나서야 아침 티타임에 대통령께 주요 현안에 대한 입장을 보고드리는 이유가 그런 것이다.

대통령실은 외부에 알려진 것과 달리, 엄청난 양의 여론조사를 실시한다. 내가 아는 한, 문재인 정부는 적어도 일주일에 한 번은 쟁점 현안에 대한 조사를 실시해 왔다. 언론사들이 자체적으로 하는 것까지 포함해서 상상 이상의 여론 수렴을 하고 있는 것으로 보면 된다. 더구나 새벽부터 나와서 직원들은 언론 스크랩하기에 바쁘다. 거의 모든 언론의 보도 내용을 스크린하고 실시간으로 모니터링한다. 따라서 대통령실이 세상 물정을 모른다는 얘기는 틀렸다. 오히려 너무 많이 듣고 있다고 보아야 한다. 다만, 물정 모르는 판단을 할 수는 있지만.

이런 과정을 거쳐 대통령실은 기본적으로 리스크 관리에 특화된 조직 형태와 인적 구성을 갖추는 것이 정상이다. 개별 정부 부처가 관성대로 시행하는 일들도 대통령실의 시각에서 보면 문제가 뻔히 보일 수 있다. 이 때문에 대통령실은 각종 정책을 정무적으로 관리하는 컨트롤타워 기능을 할 수밖에 없다. 내각에 권한과 책임을 과감히 위임하라고 하지만, 각종 상황에 대한 종합적인 검토와 판단 능력 자체가 부처는 대통령실에 비해 떨어지기 때문에, 부처는 비서실과 긴밀하게 소통하고 협의할 수밖에 없다.

종합하자면, 대통령실은 전문성(專)과 가치지향(紅)이 조화를 이루는 것이 핵심이다. 문재인 정부에서 비서관을 지냈던 이병군은 자신의 책에서 이렇게 설명하기도 한다. "어공은 국민의 위임을 받은 통치권자의 국정철학을 이해하고 실현하기 위해 공무원이 된 사람이므로 늘공들과 정부 기관을 때로는 어르고 때로는 달래며 조정자 역할을 해야 한다".* 이를 통해 대통령이 합리적인 판단을 할 수 있도록 균형 잡힌 조언을 할 수 있어야 한다. 권력이 강할수록 내부의 견제와 균형이 실현될 수 있는 인적 구성이어야 하는 것이다. 대통령 스스로 이를 잘 유도해 내야 하는 것은 물론이다.

노무현 대통령의 파격적인 청와대 실험

노무현 대통령은 여러 면에서 시대를 앞서간 이단아였다. 그가 한 이단적 조치 중의 하나는 전무후무한 청와대 조직 편성이었다. 그는 일상 정부 업무는 총리와 장관에게 맡기고, 청와대는 대통령 어젠다에만 집중해야 한다고 생각했다. 이 때문에 정부 출범 당시, 노 대통령은 청와대에 부처 담당 비서관실을 못 두게 했다. 대신 대통령이 책임 있게 끌어가야 할 국정과제를 조율할 수 있는 국정과제위원회를 청와대 외곽에 설치했다. 정부혁신위원회, 균형발전위원회, 농어촌특별위원회, 동북아시대위원회, 빈부격차차별시정위원회 등 크고 작은 위원회를 12개 설치했다. 당시 이정우 정책실장은 이를 이순신 장군의 12척 배에 비유하기도 했다. 주요 위원회에는 국정과제 비서관을 배치했고, 이들은 각 부처에서 파견받은 공무원 등과 함께 대통령 주재 국정과제회의를 준비하면서 주요 정책을 기획

---

* 이병군, 2023, 『어쩌다 청와대 공무원』, 갈마바람, 107쪽.

하고 조율하는 역할을 담당했다. 노 대통령 재임 기간 동안 수십 차례 개최된 국정과제위원회에서는 핵심 대통령 과제를 결정하고 추진 로드맵을 세워나갔다. 이렇게 위원회에 힘이 실리면서 언론에서는 '위원회 공화국'이라는 비판이 계속되기도 했다.

대신 청와대에는 정책실장, 정책기획수석 그리고 전 부처의 상황을 파악하는 정책상황실과 각 국정과제위원회를 연결하는 정책관리비서관실을 두었을 뿐이다. 결국 청와대 내에서 정책을 담당하는 조직은 실장, 수석, 비서관 두 명으로 시작한 셈이다. 그러나 시간이 지나면서 각 부처의 현안을 파악하고 조율하는 일이 청와대 외부에 위치한 국정과제위원회가 감당할 수는 없다는 것이 명확해져서, 결국 점차 부처 담당 조직을 늘려가게 된다. 노무현 정부 마지막 시점쯤에는 정책실장, 경제수석, 사회수석 아래 경제정책비서관, 사회정책비서관, 산업정책비서관, 교육비서관실 등이 설치되어, 국정과제위원회와는 차별화된 업무 구분이 이루어진다. 다만 그 단계에서도 개별부처와 일대일로 연결하는 방식의 비서관실 설치는 피했는데, 예를 들면 사회정책비서관은 보건복지부, 환경부, 여성가족부, 행정자치부의 자치업무와 소방관련 업무 등을 모두 포괄하는 방식이었다. 요즘 기준으로 보자면 5개 정도의 비서관실이 담당하던 일을 하나의 비서관실에서 담당했다.

노무현 대통령의 청와대 조직은 이전에도 또 이후에도 시도되지 않았다. 후임 이명박 정부는 금방 예전의 시스템, 즉, 부처별 담당 비서관 시스템으로 돌아갔고, 이는 지금도 계속되고 있다. 노무현 대통령이 생각했던 청와대 조직은 그의 대통령의 역할 인식과 직결되어 있었다. 대통령 과제와 내각의 과제를 차별화해서, 대통령 과제를 제외하고는 총리와 장관에게 전권을 주려는 생각이었다. 대신 대통령은 나라의 미래가 걸려있는 핵심과제와 개혁과제에 집중한다는 복안이었다. 하지만, 세상일이 그렇게 흘러가지는 않는 법이다. 국제경기에 지기만 해도 대통령을 욕하는 시대에, 결국 모든 정치적 부담이 청와대로 몰리는 현실을 따르지 않을 수 없었던 것이다. 노무현 대통령 초기의 청와대 조직은 그야말로 실험이 되고 말았다. 당대에 이미 조직개편이 이루어졌을 뿐 아니라 매사에 청와대가 관여하고 책임지는 관행으로 돌아갔기 때문이다. 하지만 대통령의 역할, 그를 보좌하는 대통령실의 역할에 대해서는 깊이 생각해 볼 숙제를 남겼다.

한국 대통령의 숙명
대통령과 정부가 일하는 법

대통령실의 하루
대통령도 직장인처럼 함께 일하고, 함께 고민하고, 함께 결정해야 한다. 그게 이른바 비선을 없애고, 독단적 결정을 막으며, 대통령의 생각과 고민을 내각과 참모들에게 제대로 전달하는 방법이다.

대통령실의 하루

24시간 가동되는 대통령실

오래전 일이지만, 노무현 대통령이 2003년 5월, 미국 출장을 가서 국내 비서실로 연락을 시켜봤다고 한다. 그런데 아무도 전화를 안 받았다는 가십성 기사가 있었다. 청와대 기강이 해이하다는 식의 지적이었다. 그런데 그건 당시 출장지에서 전화 연결을 제대로 못 했기 때문이다.

지금도 그렇겠지만, 국정상황실, 위기관리센터는 365일, 24시간 직원이 근무한다. 야간이나 휴일에는 당직자가 있다. 필요시 즉시 윗선에 보고하는 것은 당연하다. 예를 들면 북한이 미사일을 쏘거나, 큰 산불이 발생하면 어느 시간이든 연락할 수밖에 없다. 심야 시간이라면 대통령을 깨우는 데 고민이 필요하겠지만, 일과시간 중에는 웬만한 일들은 모두 바로 보고된다.

특히 대통령의 해외출장 시기에는 위의 두 상시 상황관리 부서 외에도 비서실 자체적으로 2인 1조의 숙직 근무에 들어간다. 주말 낮 시간에도 당직 근무를 선다. 수석비서관급은 교대로 사무실 대기하고, 당직자 중의 한 명은 선임행정관이 맡게 되어 있다. 노무현 정부 때는 당직 책임자의 직급을 올려 비서관이 맡기도 했다. 당시 숙직비가 1만 원이었던 것으로 기억한다. 지금은 구경하기도 힘든 주황색 편지 봉투에 현찰로 들어 있었다.

특히 주요 사건, 사고 발생 시 대통령에게 어떻게 보고되었는가는 모두가 촉각을 곤두세우는 중요한 문제다. 북한이 주로 심야에 미사일이나 위성을 발사하는데, 그걸 몇 시 몇 분에 대통령에게 보고했는지가 정쟁의 대상이 되기도 할 정도다. 이는 모두 세월호 침몰 사고의 학습효과 때문이다. 당시 평일 일과시간 중이었지만, 관저에 머물던 대통령에게 언제, 누가 보고했는가가 쟁점이 되었다. 이는 결국 온갖 흉흉한 루머를 양산했고, 나중에 대통령 탄핵으로까지 이어지는 나비의 몸짓이 되고 말았다.

이 때문에 문재인 대통령은 아예 대통령의 일정을 분 단위로 홈페이지에 공개하기로 했다. 물론 1~2주 정도의 시차를 두었고, 비공개 행사인 경우는 자세한 내용을 밝히지는 않았지만, 어떻든 대통령이 국민의 시선 속에서 움직이고 있다는 것을 확실히 보여주었다. 그럼에도 대형 화재나 재해, 북한의 특이 동향이 있을 때 대통령에게 어떻게 보고되었는가는 언론의 주요 관심사가 되었다. 그런데 윤석열 정부는 대통령 일정을 어떻게 공개하는지 홈페이지에 들어가 봤더니, 놀랍게도 공개된 공식 일정 외에는 아무것도 밝히지 않고 있었다. 오죽하면 한 유튜버가 대통령이 몇 시에 출근하는지 매일 체크하게 되었을까?

〈그림 6-1〉 문재인 정부 대통령 일정 공개 사례(2020년 10월 2주)

11	12	⑬	14	15	16
안보실 업무현안보고	일일현안보고(비서… WTO 사무총장 선거… 국무총리 주례회동	일일현안보고… 2차 한국판 뉴딜 전… 김종철 정의당 대표 …	일일현안보고(비서… 정책실 업무현안보고 비서실 업무현안보고	일일현안보고(비서… 비서실 업무현안보고 코로나19 백신 개발 …	일일현안보고(비서… 비서실 업무현안보고 주한대사 신임장 제…

2020. 10. 13 화요일

시간	장소	일정명	참석자
09:20	여민관 소회의실	일일현안보고(비서실,정책실,안보실)	
10:30	영빈관	2차 한국판 뉴딜 전략회의	ㅇ정부 : 경제부총리, 과학기술정보통신부·행정안전부·환경부·고용노동부·중소벤처기업부 장관, 자치분권위원장, 국가균형발전위원장 등 ㅇ지자체 : 서울특별시장 권한대행, 부산광역시 경제부시장, 대구·인천·광주·대전·울산 광역시장, 세종특별자치시장, 경기·강원·충북·충남·전북·전남·경북·경남·제주 도지사
17:00	여민관 집무실	김종철 정의당 대표 통화	

출처: 문재인 정부 청와대 웹기록관

〈그림 6-2〉 윤석열 정부 대통령 일정 공개 사례(2024년 10월 2주)

13	14	⑮	16	17	18	19
		・2024년도 제44회 국무회의 ・국민과 함께하는 민생토론회 - 스물아홉 번째, 세계로 열린 청정한 섬, 글로벌 휴양도시 제주 - ・병원 현장방문		・2024 바르게살기운동 전국회원대회		

‹ 2024년 10월 15일 ›

오늘의 일정	・2024년도 제44회 국무회의 ・국민과 함께하는 민생토론회 - 스물아홉 번째, 세계로 열린 청정한 섬, 글로벌 휴양도시 제주 - ・병원 현장방문

출처: 대통령실 홈페이지

대통령 일정에 맞춘 직원들의 일과

　　대통령실의 아침은 일찍 시작된다.
　　윤석열 대통령은 언제 사무실에 출근했는지 알 길이 없다. 그러나 문재인 대통령은 언제나 일정했다. 아침 9시 이전에 관저를 나서서, 지척에 있는 여민1관 집무실에 도착하면 곧바로 주요 참모들과 티타임 회의를 시작했다. 물론 관저를 떠나기 전 이미 아침 신문들을 모두 섭렵했고, 그날 있을 일정에 대해 브리핑받은 상태이다. 매일 아침 9시 10분경의 티타임은 집무실 라운드 테이블에서 열렸다. 비서실장, 정책실장, 정무수석, 홍보수석, 경제수석, 대변인, 국정상황실장 등이 참석해서, 그날의 주요 현안에 대해 보고하고 판단이 필요한 사항을 짚어보았다. 국가안보실은 이와 별도로 이전이나 이후에 보고가 이루어졌다.
　　그런데 주요 참모들이 준비 없이 중구난방으로 티타임에 참석할 수는 없는 일. 대통령 주재 티타임이 09:10이면, 그 이전에 참모들 차원에서 상황점검과 주요 현안에 대한 입장이 모두 정리되어 있어야 한다. 더구나 대통령은 새벽부터 이미 언론보도 내용들을 모두 스크린을 해 둔 상태다. 그럼, 시간 계획에 저절로 답이 나온다.
　　수석실별로 상황이 조금씩 다르기는 하지만, 정책실을 기준으로 살펴보자.

06:30-07:00, 모든 비서관실에서 출근을 시작하여 언론보도와 부
　　　　　　처 상황을 취합

07:15경, 수석이 출근하여 각 비서관실에서 취합해서 보낸 언론보
도 스크랩 확인
07:30, 수석 주재 현안점검회의(비서관 참석)
07:50, 정책실장 주재 현안점검회의(수석 참석)
08:10, 대통령실의 모든 실장, 수석, 주요 비서관들이 모여서 상황
점검회의. 국정상황실이 그날의 주요 언론보도와 상황을
간략히 브리핑하면서 빠른 속도로 대응 방향을 논의
08:50경, 대통령 티타임에 참석하는 주요 실장, 수석들이 비서실
장 방에 모여 간단히 대통령께 보고드릴 내용을 논의

　이렇게 준비된 내용이 티타임 테이블 위에 올라가는 것이다. 참석자들 앞에 차가 한 잔씩 놓여있고 별도 회의자료를 지참하지 않는다고 해서 티타임이라고 부를 뿐, 이미 새벽부터 짚어본 현안으로 인해 참석자들은 잔뜩 긴장한 상태일 수밖에 없다. 티타임은 통상 30분 정도 걸리는데, 참석자들은 09:50경 각 소속 파트로 복귀해서 전달할 건 전달하고 후속 조치나 정해진 일정을 소화하게 된다. 대통령도 10시 무렵부터 다른 보고나 공개행사가 줄을 서 있는 것은 물론이다.
　참모들 대부분은 점심 일정이 있다. 외부에서 점심 약속이 있으면, 대개 1시간 정도로 끝낸다. 1시 30분까지는 사무실로 복귀해서 통상 15분 정도 휴식을 취한다. 워낙 일찍 시작한 아침이라 잠깐이라도 눈을 부치지 않으면 오후 일정이 너무 힘들기 때문이다. 그리고 2시부터 다시 회의, 면담 등으로 바쁘게 보내고 6시쯤 업무를 마무리한다. 6시 30분경, 저녁 약속이 시

작된다. 그저 편히 만나는 술 한잔 모임일 리 없다. 대부분 공식적으로는 하기 어려운 얘기를 따로 만나서 하는 모임이다. 업무의 연장이다. 법인카드를 사용할 수 있는 이유이다. 이들 일정도 되도록 8시면 마치게 된다. 늦어도 9시면 끝난다. 애초 2차 같은 건 있을 수 없다.

그리고 귀가해서 10-11시경 잠이 든다. 시계를 맞춰두지 않아도 4-5시경 일어나는 즉시, 컴퓨터를 켜서 기사를 검색하고 그날 해야 할 일을 메모한다. 06:10에 집을 떠나 청와대 인근, 연무관에서 간단한 운동과 샤워. 07:15 이전에 사무실에 도착. 내가 청와대에 근무하는 동안 하루도 빠지지 않고 반복했던 일정이다. 물론 토요일은 휴식이다. 이때 등산도 하고 친구도 만난다. 일요일은 오후 2시까지 출근. 대개 저녁까지 일정. 주 5.5일 근무라고 보면 될 것 같다.

직장인 대통령

대통령의 근무 시간과 장소는 정해져 있을까? 관저에서 많은 시간을 보냈던 박근혜 대통령, 또 출근 시간이 일정치 않았다는 윤석열 대통령을 둘러싸고 논란이 된 것을 알고 있다. 직장인들 처지에서는 이해가 되지 않을 것이다. 그러나 대통령은 어느 장소, 어느 시간이든 대통령 업무를 보고 있다는 것이 사실이다. 대통령이 머무는 곳이 곧 대통령실인 것이다. 따라서 대통령이 지방을 가든, 외국을 가든 경호업무와 함께 가장 중요한 것은 실시간 보고 및 지시 체계를 갖춰두는 것이다. 그것도 엄격한 보안시스템과 함께. 대통령은 24시간 국정 현안과 연결되어 있는 것이다.

그런데 대통령이 연결을 유지하고 있다는 것만으로 충분한 것은 아니다. 일반적으로 직장인들은 혼자 일하지 않는다. 함께 회의하고, 보고하고, 업체와 미팅하고 저녁에는 회식하고, 이런 식으로 업무를 보는 것이 상식이다. 왜 그럴까? 동료와 상·하급자들 간의 의사소통을 통해 최적의 대안을 찾아내기 때문이다. 고독해 보이는 연구개발자들도 동료들과의 협업 없이는 불가능하다. 하물며 삼라만상이 얽혀있는 국정이야 오죽하겠는가?

대통령이 국정의 최고 위치에 있다고 해서 고독한 결정자여서는 안 된다. 또 주요 결정을 극소수의 몇 명 얘기만 듣거나 논의하고 정해서도 안 된다. 대통령이 대외적으로 알려진 회의에 정해진 멘트를 잘한다고 해서, 소통을 잘하는 게 아니다. 언론 기자회견을 자주 하는 것도 마찬가지다. 자주 하면 좋겠지만, 그보다 더 중요한 일은 의사결정의 개방성과 다양성 보장이다.

그런 점에서 문재인 대통령은 최초의 '직장인 대통령'이었다. 물론 모든 대통령들은 부지런하고, 꼼꼼하며 나라 걱정으로 잠을 설친다. 하지만 9시 출근, 6시 퇴근을 지킨 대통령은 많지 않다. 막중한 책무를 지닌 대통령이 굳이 출퇴근에 얽매일 필요가 있냐는 말은 맞는다. 하지만 대통령의 판단과 의사결정이 일종의 프로세스 속에서 진행되는 것이 중요하다. 다양한 회의와 모임에서 참모들과 외부 인사들의 얘기를 듣는 것이 중요하다. 말하자면 대통령도 협업해야 하는 것이다. 그래서 '직장인 대통령'은 '큰일'을 하는 대통령을 직장인처럼 격하시키려는 표현이 아니다. 직장인처럼 함께 일하고, 함께 고민하고, 함께 결정해야 한다는 뜻이다. 그게 이른바 비선을 없애고, 독단적 결정을 막으며, 대통령의 생각과 고민을 내각과 참모들에게 제대로 전달하는 방법이다.

대통령 주재 회의의 막전 막후

보통 직장인들이 그렇지만, 대통령도 내 맘대로 쉬거나 빈둥댈 수 없다. 대통령에게 보고해서 결심을 듣거나, 함께 쟁점 토론을 해야 할 일들이 언제나 밀려 있기 때문이다. 부속실은 수시로 대통령 보고를 줄여달라, 보고 시간을 짧게 해달라는 주문을 한다. 보고에 들어가는 참모들에게는 끝내야 할 시간을 반복해서 강조하고, 임박하면 직원이 들어와 압박하기도 한다. 그러나 일이란 게 그렇게 간단치 않다. 고민스러운 쟁점이라면 얘기가 길어질 수밖에 없다.

이렇게 대통령은 종일 접견과 보고, 회의에 시달린다. 옆에서 보기에는 차라리 공식 행사가 쉴 수 있는 것처럼 보일 때도 있었다. 일단 정해진 각본에 따라 진행되고, 발언도 연설문이 미리 준비되어 있으니, 머리는 편할 수 있기 때문이다. 그러나 대통령의 판단을 듣겠다고 줄을 선 보고나 회의는 어떻든 결론을 내려야 하기에 대충할 수가 없다. 더구나 '직장인'처럼 성실한 대통령에게는.

언론에 개최 사실이 정확히 알려지지 않고, 그 논의 내용도 비공개인 회의가 무수히 많다. 중요 정책이라면 비록 장관이 발표하더라도 대통령에게 보고하고 마지막 쟁점을 정리하는 자리를 꼭 갖기 마련이다. 윤석열 대통령은 어땠는지 모르지만, 내가 경험한 노무현, 문재인 대통령은 반드시 그러했다.

이런 회의는 어떻게 준비되고 진행될까? 대통령은 회의 준비가 되었다는 얘기를 듣고 그냥 참석해서, 즉석에서 의견을 주고 결론을 내릴까? 그럴 리가 없고, 그래서도 안 된다. 대통령 주재 회의에 올린다는 것은 어떤 사안을 최종적으로 확정하는 자리라는 것을 의미한다. 그 정책이나 사안에 부처 간 이견이나 국회에서의 어려움, 여론의 역풍 등 고려해야 할 일이 산적해 있기 마련이다. 쉬운 일이라면 굳이 대통령 주재 회의에 올라올 이유가 없기 때문이다.

따라서 그런 회의에 이르기까지 수많은 회의와 논쟁, 조정이 따르기 마련이다. 끝내 부처나 참모들 간에 입장 정리가 되지 않은 채 회의에 올라가는 일도 많다. 그만큼 어렵다는 뜻이다. 거의 모든 쟁점이 정리되어 최종적으로 대통령의 결심이나 판단만 남을 때까지 각 부처, 대통령비서실, 국무조정실, 여당 등은 다양한 차원의 논의를 거친다. 사안에 따라서는 중간에 여론조사를 실시해 보기도 한다.

그래서 모든 준비가 끝나면, 대통령 주재 회의 날짜를 확정한다. 통상 어느 정도 준비되면 부속실을 통해 회의 날짜를 정하고, 역산해서 더 마무리한다고 보면 된다. 정말 복잡한 사안의 경우 회의 2~3일 전, 일반적으로는 담당 수석이 대통령을 따로 뵙고 경과와 쟁점을 미리 설명드린다. 이 과정이 중요한 것이, 외부 사람 없이 대통령이 충분히 공부하고 질문할 수 있기 때문이다. 이때 대통령이 쟁점에 대한 본인 의견을 밝힐 때도 있고, 그러면 이를 미리 회의 참석자들에게 전달하기도 한다. 회의 하루 전, 회의자료, 참고자료, 그리고 대통령이 발언할 만한 포인트를 정리해서 문서로 제출한다. 그러면 부속실에서 퇴근하는 대통령의 서류가방에 넣어드리는데, 문재인 대통령은 이를 모두 읽고 메모해서 가져오는 스타일이었다.

대통령 주재 회의 당일, 여러 부처 장관이나 관계자들이 모두 참석한다. 통상, 담당 수석이 진행 사회를 본다. 소관 부처에서 준비된 내용을 발표한다. 대통령으로서는 최소 한 차례 이상 사전 보고를 받았고 회의자료는 전날 학습했던 내용이다. 그럼에도 문재인 대통령은 끝까지 경청하고 메모했다. 나는 보고 중에 대통령께서 멈추게 하는 것을 보지 못했다. 오히려 참모들이 좀 빨리 진행하라고 재촉할 정도였다. 이렇게 보고가 끝나면 참석자들의 토론이 이어진다. 그전까지 조정되었다고 생각했던 일까지, 대통령 앞에서 동의하지 못하겠다고 주장하는 경우가 있었다. 때로 격론이 이어지기도 했다. 이 과정에서 대통령의 질문이나 확인이 따르는 것은 물론이다. 그러다 어떻든 최종적으로 쟁점이 정리되고 대통령의 마무리 당부가 이어진다. 이제 정책을 확정해서 발표하게 되는 것이다.

문재인 대통령은 회의 전에 충분히 학습하고, 회의 중에 보고와 토론을 모두 듣고, 최종적으로 대통령이 결정해야 할 사안은 결론을 내렸다. 사전 보고 때와 결론이 달라진 회의를 나는 많이 보았다. 담당 수석으로서는 당황스러운 일이었지만, 어떻든 집단적 논의와 토론을 통해 결정되니 모두가 책임을 질 수 있다. 회의가 끝나고 각 부처 장관과 참모들이 별도로 대국민 발표 내용과 일정을 조율하고 나면 후속 조치도 마무리된다.

이런 과정은 대통령 기록물로 사안에 따라 20~30년 봉인된다. 회의에서 누가, 무슨 얘기를 했는지 역사 속에 박제된 것이다. 그런데 검찰은 이를 무시로 들여다보았다. 에너지전환 관련, 부동산 정책 관련, 인사 관련, 대북 정책 관련. 고발된 사건에 대해 혹시 대통령이 무슨 무리한 지시를 하지 않았나 확인하려고. 참담한 심정이다. 국정의 최고 의사결정 과정 기록이 이런 식으로 직권남용 혐의를 찾는 증거자료가 되고 말았다니. 들여다본 검찰은 알 것이다. 얼마나 민주적이고 치열한 과정을 거쳐서 정책이 결정되었는가를. 내 개인 사건과 관련해서, 나는 대통령과 나눈 대화에서 그 어떤 직권남용이나 무리한 지시의 흔적을 찾을 수 없었다. 참석자에 대해 한마디라도 하대하거나 함부로 결론을 내는 것을 본 적이 없다. 그건 노무현 대통령도 마찬가지다.

한국 대통령의 숙명
대통령과 정부가 일하는 법

국정과제의 견인차, 대통령실
어려우니 국정과제다. 어려운 만큼 논란이 많은 것도 당연하다. 이런 것을 뚫고 국정과제를 추진해야 하는 것이 대통령의 역할이다.

국정과제의 견인차, 대통령실

대통령이 만들려는 세상, 국정과제

　모든 대통령 후보는 자신이 당선되어야 제대로 된 나라를 만들 수 있다고 목소리 높인다. 야당 후보는 임기가 끝나는 정부가 얼마나 나라를 망쳤는가, 새로 대통령이 되면 얼마나 어렵게 바로 잡아야 하는가도 강조한다. 특히 정권 교체로 당선되면 이는 정말 유용한 수단이 된다. 전 정부의 실책으로 얼마나 어려운 상황인가를 강조함으로써, 새 정부의 알리바이를 마련하고 지지층에게 후련함을 선사하는 것이다. 안타깝게도 어느 한 정부도 예외가 없었다. 경제상황, 알박기 인사, 안보상황, 외교 관계에 대한 비판은 기본이었다.

　그러나 남 핑계로 계속 버틸 수는 없는 일. 어느 순간이 되면 결국 새 대통령이 만들겠다는 세상을 가지고 평가받게 된다. 그 평가 기준이 바로 국정과제이다. 국정과제는 수많은 공약 중에서도 중요해서, 반드시 추진하겠다는 대표 과제라고 할 수 있다. 대개 '100대 과제' 식으로 하는데 특이하게 윤석열 정부는 100개에다 추가로 10개를 보태서 110대 과제를 선정했다. 물론 세부 과제로는 각 목록당 다섯 개 정도씩 해서 약 500개에 이른다.

어떤 공약이 국정과제로 선정되면 임기 말까지 지속적인 관리를 받게 된다. 총괄적으로는 국무조정실에서 관리하면서 평가도 하지만, 이 중에서 특히 대통령실이 직접 챙기는 과제가 중요하다. 국민의 관심도, 중요도, 난이도를 감안해서, 국정과제를 담당하는 비서관실에서 특별히 관리한다. 물론 임기가 진행될수록 어떤 과제는 대통령 과제에서 부처 장관 과제가 되기도 하고, 반대의 경우도 있다. 사회적 중요성이 부각되면 대통령이 직접 챙기는 과제로 격상되기도 한다. 대통령이 챙기는 국정과제는 정권의 정체성, 개혁성, 국민들의 체감도가 높은 분야일 수밖에 없다. 전 정부와 뚜렷이 구별되는 성과를 보일 수 있으며, 또 보여야 하는 영역이면 더 좋다. 각 정권의 정체성과 관련이 있다. 그만큼 이념적으로 지지, 반대 집단이 뚜렷하고 추진 과정에서 다양한 갈등도 나타난다.

그렇다면 각 정부별로 국정과제는 얼마나 바뀌는 것일까? 윤석열 정부의 국정과제가 과연 이전 문재인 정부와 비교해서 무엇이 달라진 것인지 생각해 보았다. 나는 2개 정부의 대통령 비서실에서 국정과제를 세우고 집행하는 일을 했었다. 또 두 번의 대선 캠프와 한 번의 인수위 경험이 있다. 수치화된 통계적 분석을 하지는 않았지만, 나름대로 행정을 이해하고 국정과제를 다뤄본 경험을 통해 두 정부의 국정과제를 생각해 보았다. 내 짐작에 윤석열 정부의 국정과제는 5% 정도만 전임 문재인 정부와 차이가 있을 것 같다. 95%는 표현이 다르더라도 지향이나 내용이 유사할 뿐 아니라, 양적 목표만 바꾼 것들이다. 심지어 표현조차 하나도 바뀌지 않은 과제들도 있었다. 국정과제로 선정되지 않은 일상적 업무까지 포함한다면, 정권 교체에도 불구하고 대부분의 정부 정책은 연속성 속에서 진행된다고 할 수 있다. 결국 정부 업무 전체로 보자면 대여섯 가지 정책영역을 둘러싼 차별화 전쟁이라고 할 수 있다. 북한 관련, 미일 중소와의 외교 관련, 원전과 에너지, 4대강 개발, 건국 시기 등 역사 인식 관련은 매 정권이 바뀔 때마다 소란이 일어나는 단골 과제들이다. 벌써 이십 년 가까이 겪고 있다. 그런데 이 5%는 각 정권의 정체성을 상징하고 있기 때문에, 명확한 지지층과 반대층이 있다. 이념적 차이가 뚜렷한 것은 물론이다. 지지자들이 이 부분에서 정권 교체의 효능감을 확인하기도 한다.

하지만 언론이나 지지자들에 의해 부각되는 이런 국정과제보다 실제 국민의 삶을 바꿔내는 국정과제들이 중요하다. 매 정부마다 비슷한 내용의 국정과제가 들어간다는 것은 그만큼 국민에게 중요하고 절실한 일들이 많다는 뜻이다. 각 정부가 노력한다고 했지만, 제대로 성과를 거두지 못했다는 뜻이기도 하다. 그런 만큼 우리가 흔히 주목하는 5%의 국정과제가 아니라, 95%의 다른 국정과제들이 과연 제대로 실행되는지가 중요하다.

왜 발전 문제를 가지고 이렇게 싸울까?

원전이냐 신재생이냐? 사실 이 문제는 일반 국민으로서는 뭐가 되든 전기만 안정적으로 또 싸게 공급될 수만 있다면 별 신경을 안 써도 될 문제다. 하지만 전 세계가 2000년대 들어 이 문제를 가지고 논란을 벌여 왔다. 수많은 선진국이 발전원 문제를 두고 논쟁을 넘어 정쟁까지 치닫곤 했다. 나는 여기서 각각의 입장을 정리한 문서나 자료를 제시하지는 않겠다. 조금만 검색해 보면 워낙 많은 자료를 찾아볼 수 있을 것이다. 다만 이 자료를 보면 이 입장이 맞는 것 같고, 다른 자료를 보면 반대쪽 입장이 맞는 것 같을 것이다. 전문가들의 과학적 분석에 따른 자료라는데, 왜 이렇게 다른지 신기할 정도이다.

나는 2017년 5월, 정책인수팀장으로 청와대 근무를 시작한 이래, 내 분야는 아니었지만, 신고리 5·6호기 공사중단 공약 이행 여부를 결정하는 과정에 관여함으로써 불가피하게 그해 말까지 청와대 에너지전환TF 팀장을 맡았던 경험이 있다. 덕분에 월성1호기 조기폐쇄 건으로 기소되어 재판까지 받게 되었지만, 나름대로 전기 에너지원에 대해 공부하는 기회를 얻게 되었다. 그 과정에서 내가 이해한 방식으로 생각을 밝혀볼까 한다.

우리나라는 인구 대비 전기 소비량이 전 세계에서 가장 많은 나라 중의 하나다. 국민들이 전기를 마구 낭비해서가 아니다. 오히려 가정의 전기 소비량은 적은 편이다. 대신 우리의 산업이 전기 다소비 구조이다. 반도체, 철강, 화학 등 거대한 장치산업들이 전기를 엄청나게 소모한다. 결국 우리의 전기 소비량은 곧 경제성장을 위한 불가피한 소비이다. 즉, 생산을 위한 전기이다. 그런데 석유도 안 나고, 수력도 터무니없이 적다면? 전기생산을 위한 석탄과 석유 모두 수입에 의존할 수밖에 없었다. 따라서 우리에게 원자력은 안정적 전력 확보를 위한 어쩔 수 없는 선택이었다. 더구나 남북대치 국면

속에서 여차하면 핵무기로 활용할 수 있는 원료를 확보하는 방법이기도 했다. 물론 미국은 우리의 이런 의도를 잘 알고 있었기에, 핵연료 재처리는 지금까지도 엄격한 미국의 통제 아래 놓여있다.

1960년대 시작된 원자력 발전소 확보는 이런 과정의 산물이었다. 더구나 월성에 지어진 원전은 이른바 중수로 원전으로 핵폐기물이 특히 많이 나오는 모델이다. 우리가 북한의 핵무기 개발을 억제하기 위해, 그곳의 중수로 원전을 폐기하고 경수로 원전을 지어주기로 했던 일을 기억하는 분들도 계실 것이다. 아무튼 이렇게 해서 우리나라의 핵발전소는 계속 늘어나, 우리 전력의 약 30%를 감당하기에 이르렀다. 원자력 발전소는 남동 또는 남서해안에 배치하고, 수도권 인근에는 석탄이나 석유(혹은 LNG)를 주로 배치했다. 따라서 대략 석탄, LNG도 각각 30% 정도를 담당하는 구조로 전력원의 분포가 이루어졌다. 반면 태양광, 풍력 등은 2%도 되지 않을 정도로 지지부진했다. 요즘 가끔 신재생에너지를 통한 발전비중이 7%라는 얘기가 가끔 들릴 텐데, 그건 주로 쓰레기 소각장 등을 활용한 발전량을 합한 것이다.

그런데 이명박 정부 때, 전력원을 둘러싸고 두 가지 일이 생겼다. 하나는 2011년 9월 15일, 전국 약 162만 가구가 정전된 블랙아웃 사태이다. 초가을에 늦더위가 오면서 전력 사용이 확 늘었기 때문이다. 이에 신속하게 발전량을 늘려야 한다는 고민이 생겼고, 또 한 가지는 아랍 에미리트연합(UAE)에 원자력 발전소 건설을 수주한 것이다. 물론 계약 자체에 대한 논란도 있고, 미국 원천기술 사용 문제도 있었고, 국방지원과 연계했던 일 등도 문제가 되기는 했다. 그럼에도 최초의 원전 수출이라는 차원에서 기대를 모았다. 그러면서 원전은 새로운 르네상스를 맞이하는 듯했다.

이런 상황에서 전 세계적으로는 두 가지 변화 압력이 나타난다. 하나는 2011년의 후쿠시마 원전사태를 계기로 표출된 탈원전 경향이다. 이전에 미국의 스리마일 원전 사고, 소련의 체르노빌 원전 사고를 겪고 서구 국가들의 원전 신규 건설이 급감했지만, 후쿠시마 사태 뒤에는 아예 탈원전하려는 움직임이 강력하게 나타난다. 대표적으로 독일 등 유럽 국가들이다. 또 한 가지는 기후변화 문제다. 더 이상 석유나 석탄을 전력원으로 써서는 안 된다는 움직임이었다. 더구나 석탄은 미세먼지의 주범이기도 했다. 그러면 전기는 무엇으로 생산할 것인가? 대안으로 등장한 것이 이른바 신재생에너지였다. 태양광, 풍력, 바이오 등을 사용해서 기존 전력수요를 대체할 수 있다는 계산식이 나오기도 했다. 유럽 선진국들은 빠른 속도로 신재생 시대로 넘어갔고, 이것은 많은 나라에서 탈원전, 탈석탄, 탈석유를 둘러싼 산업적, 정치적 쟁점을 만들어 냈다. 트럼프가 취임하자마자 가장 먼저 파리 기후협약에서 탈퇴한 것도 그런 정치적 배경이 있다.

우리나라도 이런 추세의 영향을 크게 받았다. 이명박 정부가 원전과 석탄을 대폭 늘리는 계획을 세웠다면, 박근혜 정부는 신재생 확대 계획을 세웠다. (사실과 다르지만) 전국의 산지가 태양광에 덮였다는 얘기도 박근혜 정부 때 시작한 일이다. 이런 상황에서 문재인 정부는 탈석탄, 탈원전이라는 세계적 추세에 발을 맞췄다. 이미 미세먼지가 국가적 현안이 되어 있었기도 했다. 또한 2016년, 경주 지진까지 겪으면서, 과거 단층대에 대한 제대로 된 조사도 없이 건설된 원전에 대한 우려가 커져 있었다.

이에 문재인 정부는 신규 석탄화력발전소 건설을 즉각 중단하고, 노후 원전의 수명연장을 하지 않고, 신규원전은 더 이상 짓지 않는다는 공약을 이행하고자 한다. 대신 태양광, 풍력, 바이오 등 신재생에너지 비중을 2030년까지 20%로 높인다는 이른바 3020 계획을 수립하게 된다. 이때 당장 등장했던 현안이 건설 중이었던 신고리 5·6호기 공사를 계속할 것인가 하는 쟁점이었다. 이는 2017년 10월, 공론조사를 통해 공사를 계속하는 것으로 결정되었지만, 대체적인 국민여론은 원전을 더 늘리지 않기를 원한다는 것을 확인하기도 했다. 그러자 원전 업계, 또 그동안 원전이 산업 동력이자 핵무기의 원천이 된다고 믿어왔던 집단에서는 난리가 났다. 원전은 이미 연간 건설비가 2조 원도 안 되지만, 기술력을 보존하고 생태계를 유지하기 위해서는 어떻든 신규원전은 계속할 필요가 있다는 논리였다. 한수원으로서는 그야말로 존립이 걸린 문제이기도 했다. 전국의 원전 학과, 보수단체, 한수원 등이 이를 이념화하기 시작했고, 노후 중수로 원전이었던, 또 법원판결로 이미 잘못된 수명연장이 드러났던 월성1호기 조기 폐쇄를 계기로 총궐기했다.

그러나 원전 업계의 다수는 노후 원전인 월성1호기 조기 폐쇄보다 신한울 3·4호기 추진이 멈춰버린 게 더 문제였다. 이미 발전기 제작은 끝나 있었고, 공사만 시작하면 되는 상황이었기 때문이다. 나는 비록 문재인 정부가 60년에 걸쳐 '원전 0'를 약속하기는 했지만, 신한울 3·4호기 공사는 계속하게 해주었으면 하는 생각이었다. 그런 타협책을 추진했지만, 마무리하지 못한 채 정책실장을 그만두었다. 말하자면 노후 원전이나 노후 석탄 화력을 조기 폐쇄하는 조건으로 최신 원전건설은 계속하자는 합의점을 생각했다. 이와 관련된 얘기는 더 시간이 흐른 후 할 수 있을 것으로 본다.

그러던 중 또 상황이 바뀐다. 하나는 우크라이나-러시아 전쟁이고 또 하나는 정권 교체 때문이다. 우크라이나 전쟁은 유럽 전체의 에너지 연결망이 얼마나 취약한지 깨닫게 해주었다. 러시아에서 오던 값싼 천연가스가 유럽으로 오지 못하게 되고, 에너지 가격도 요동쳤다. 그동안 유럽 전체의 전력망을 네트워킹해서 수요를 해결하려던 많은 구상이 깨져버리게 된다. 탈원전 주장이 흔들리게 되었고, 탈석탄마저 도전받을 지경이 되었다. 그러던 사이 월성1호기 수사를 정치참여의 계기로 활용했던 윤석열 후보가 대통령이 되었다. 이명박 모델처럼 원전 수출에 앞장섰고, AI와 반도체 산업이 요구하는 막대한 전력을 명분으로 다시 원전 중시의 시대로 가려고 했다. 동시에 신재생 탄압 시대를 연다. 비리를 탓하지만, 더 문제는 기존의 태양광, 풍력조차 도시에서 이용할 수 있는 연결망에 투자하지 않았다는 점이다. 그래서 애써 만든 발전원을 놀리고 있다. 새만금에만 원전 2기 분량의 태양광이 추진되고 있었는데 말이다. 그러다 윤석열이 스스로 탄핵을 당하고 말았다. 이제 어떻게 해야 하나?

몇 가지는 분명히 해 둘 필요가 있다. 첫째, 원전이 더 이상 싼 에너지원이 아니라는 점이다. 특히 폐기 비용까지 감안하면 오히려 더 비싸다. 둘째, 전 세계적으로 이미 신재생에 대한 투자가 원전 투자 규모보다 훨씬 커졌다. 더구나 신재생에너지로 생산했느냐 여부를 가지고 무역장벽을 쌓고 있다. 이른바 RE100이다. 여기에 원전은 들어가지 않는다. 이제 발전단가 기준으로 신재생은 석탄만큼이나 싼 에너지원이 되었다. 셋째, 더 이상 선진국들은 원전을 새로 짓지 않는다. 중국이 원전을 가장 많이 짓고 있지만 자체 기술력으로 충분하다. 선진국 그룹들은 가물에 콩 나듯 물량이 나올 뿐이다. 그 액수도 우리 전체 산업 규모에서 보면 미미한 수준이다. 나라를 살리는 산업이 아니라는 뜻이다. 넷째, 우리나라의 원전 비중은 2024년 기준, 32.5%로 세계 10위권이다. 미국은 무려 94기의 원전이 있지만 발전 비중은 19%로 신재생 비중 21%보다 작다. 중국에 원전이 36기로 많다지만, 아직 전체 발전 비중으로는 5% 수준이다. 다섯째, 인구밀집지역에 대한 원전 배치는 우리가 세계 1등이다. 부산, 목포 주변만 생각해도 금방 알 수 있다. 여섯째, 그럼에도 신재생만으로 한계가 있다. 또 불안정한 에너지 시장 환경을 생각하면 천연가스나 석유에만 의존하는 것도 한계가 있다.

결국 답은 하나로 나온다. 에너지 믹스다. 나는 개인적으로 원전은 전력의 30%를 넘지 않도록 관리해야 한다고 본다. 윤석열 정부 들어 그 선을 넘고 말았다. 이 좁은 나라에 너무 많은 원전은 적절치 않다. 이걸로도 충분하다. 대신 노후 원전을 퇴출시키고 최신 원전으로 대체함으로써 기술력도 보존하고, 기회가 되면 수출도 할 수 있다. 석탄 화력도 에너지 안보 차원에서 20% 내외 유지하는 것이

낫다. 최근 기술 향상으로 오염물질 배출도 대폭 줄일 수 있기는 하지만, 미세먼지의 총량이 늘어나는 것은 분명하다. 현재의 30% 수준에서 더 줄여야 한다. 청정에너지라는 천연가스가 30%를 담당하도록 하되, 값싸고 안정적으로 확보할 수 있도록 공을 들여야 한다. 대신 현재 10% 이하인 신재생에너지는 20%에 이를 때까지 계속 높여야 한다. 이렇게 에너지 믹스의 방향을 정해서 정치적으로 흔들리지 않고 가는 것이 중요하다.

당시의 시대적 사정 - 즉, 경주지진, 전 세계적인 탈원전, 탈석탄 노력 - 이 있기는 했지만, 문재인 정부가 '원전 0'를 내세운 것은 반발을 자초한 측면이 있다. 윤석열 정부가 철학도 없이 원전이 무조건 좋은 것이고, 나라를 바로 세우는 일이라고 흥분한 것도 문제다. 이제 정부가 바뀌면 또 한바탕 난리가 날 것이다. 산업부 공무원들은 지난번 탈원전으로 혼쭐이 난 뒤로 윤석열 정부에서는 일을 서둘지 않았던 것 같다. 바뀐 것도 없다. 신한울 3·4호기는 나도 공사 재개를 생각했던 일이다. 일단 전력수급계획이나 에너지기본계획을 잠시 접어두고 제대로 된 사회적 합의를 만들자. 더 이상 정치화하지 말자. 나 같은 사람이 재판받고 있는 것으로 충분하다.

어렵지 않으면 왜 국정과제인가?

국정과제는 그저 잘 포장된 공약이 아니다. 5년 단임제 정부가 혼신을 다해서 국민의 삶을 바꾸려는 약속이다. 동시에 그 정권을 지지한 이유를 확인시키는 과정이기도 하다. 반대하는 사람들이 있더라도 완수해서 그 정부의 성격을 달성해야 하는 것이다. 그러나 어느 정권이든, 실제 주요 국정과제의 대부분은 원래 계획하던 수준으로 달성하지 못하는 것이 상례이다. 그만큼 어렵기 때문이기도 하고, 또 다른 면에서는 반대하는 집단의 반발이 거세기 때문이다. 국정과제는 한 정권의 얼굴이며, 당연히 대통령의 성과와 직결된다고 할 수 있다. 찬반 여부를 떠나 어떻게 하면 국정과제를 잘할 수 있을까? 이른바 보수의 책사라고 하는 윤여준은 한 인터뷰에서 이런 이야기를 했다.

"5년 단임제인 대통령은 취임 첫해가 제일 중요하다. 주요 국정과제를 제시해 국민의 동의를 얻은 다음, 그 과제를 실천하기 위한 각종 정책을 만들어야 한다. 이를 추진할 인재를 기용함으로써 관료 사회의 능동성을 이끌어내는 등 체계적이고 속도감 있게 국정을 이끌어가야 한다."* 결국 임기 초반에, 대통령과 대통령실이 앞장서서 관료들에게 동기부여를 하는 가운데, 국민을 설득하면서 국정과제를 힘 있게 시행해 나가야 하는 것이다. 이렇게 대통령이 챙기는 국정과제가 선정된 부처는 한편으로는 일이 많고 논란에 휩싸여서 힘들기는 하지만, 다른 한편으로는 인력, 조직, 예산이 확대되고 부처의 자율성도 높아지기 때문에 환영하기도 한다. 대통령이 강력히 과제를 추진할수록 행정부처의 정책 자율성도 더불어 높아진다고 볼 수 있다.**

모든 정부는 임기 초반, 특히 1년 이내에 주요 국정과제의 드라이브를 걸고 최대한 성취하기 위해 노력해 왔다. 여당이 국회의 다수당인 상황이라면 좀 더 수월하게, 아니더라도 대선에

---

* 월간중앙, 2022.12월호, 윤 대통령, 선언만 있고 정책이 없다.
** 한승주, 이철주, 최흥석, 2023, "정책형성에서 행정부처의 자율성과 대통령의 정책추진력: 상보적 관계의 가능성과 의미 탐색", 「행정논총」 제61권 제2호.

서 승리한 여세를 몰아서 야당과 협상하고 타협하면서 추진해 왔다. 거의 유일한 예외가 있다면 윤석열 정부다. 여소야대에서 불과 0.73% 차이로 대선에 이겼다면, 대화와 타협, 국민에 대한 호소를 통해 국정과제 수행에 몰두해야 했지만, 우리가 알다시피 현실은 거꾸로 갔다.

 더구나 대통령실 운영도 국정과제 추진과는 거리가 있었다. 비현실적으로 작은 대통령실을 표방하거나 비서실장을 관료 출신으로 임명하는 등 탈정치화하려는 듯한 모습을 보였다. 게다가 여당 대표를 좌지우지하려 하고, 야당 대표는 사법처리하려 하다 보니, 대통령실이 정책추진을 위한 정치의 본령을 망각하고 말았다. 정책과 관련된 해프닝도 끊이지 않았다. 만 5세 입학, 근로시간 단축 문제, R&D예산 원점 검토 등 내각과 조율되지 않은 정책들이 아니면 말고 식으로 표출되었다. 그러다 보니 1년 만에 비서관들을 정부 부처의 차관으로 보내면서, "대통령의 뜻을 잘 아는 차관이 국정과제에 드라이브를 걸기 위해서"라는 명분을 달았다.* 듣도 보도 못한 경우다. 그건 장관이 할 일인데, 마치 차관이 대통령의 대리인인 듯한 의미 부여를 했다. 공직사회가 내심 조소했을 것이다. 이렇게 공직사회를 모르는 대통령이 있다니.

 미국의 오바마 행정부는 백악관의 참모를 내각 인사보다 경력이 더 많은 전문가를 '정책 차르'로 임명하여, 국정과제에 드라이브를 걸었던 것으로 유명하다. 우리도 역대 대통령실 수

---

* 연합뉴스, 2023.6.29., '尹 미션' 받은 비서관들, '실세' 차관으로 개혁 드라이브 첨병.

석이나 실장은 대개 행정부처까지 경험한 경륜과 리더십, 그리고 정부의 가치지향을 공유하는 사람들로 임명해 왔다. 특히 정부 초기에는 국정과제 드라이브가 중요했기 때문에 더욱 그런 경향이 있다.

그것은 그만큼 국정과제가 어렵기 때문이다. 어려운 만큼 논란이 많은 것은 당연하다. 개혁적인 과제라면 사회적 반발이 큰 것은 물론이고, 양적으로 대폭 늘리는 일도 재정 당국의 견제가 클 것이다. 이런 것을 뚫고 국정과제를 추진해야 하는 것이 대통령의 소명이다. 그런데 어려운 일에다 한 가지 더 눈치 볼 일이 생겼으니, 바로 감사원과 검찰이다. 그렇게 만든 것이 윤석열 정부다. 스스로 국정과제의 동력을 끌어내리는 자승자박이었다는 것은 벌써 밝혀지고 말았다. 이제 제자리를 찾아야 한다. 정책은 정책의 일이, 검찰은 검찰의 일을 해야 한다.

4대강 보는 정말 필요한가?

'4대강 자연성 회복'과 '4대강 보 활용'은 문재인 정부와 윤석열 정부의 국정과제를 나누는 또 다른 경계선이다. 문재인 정부는 이전 이명박 정부가 4대강에 대운하를 건설하려다 실패하자, 언젠가는 그것을 추진하려는 의도로 초대형 보를 여러 군데 설치했다는 의심이 있었다. 그러나 이들 보는 가뭄대책이나 홍수 예방은커녕 정체된 물 흐름으로 녹조 창궐 등 생태계 문제만 일으킨다는 판단이었다. 반면 윤석열 대통령과 국민의힘은 4대강 보들이 재해 예방과 물그릇 키우기에 큰 도움이 된다고 주장했다. 그래서 문재인 정부가 이미 운영 중인 4대강 보를 없애거나 상시 개방하려는 것을 그릇된 이념에 바탕을 둔 잘못된 정책이라고 비판했다.

나는 수질환경기사에다 환경부 차관까지 지냈으니, 물 문제에 대해 결코 문외한이라고 할 수는 없다. 관련 현업 경험이 없어서 그렇기는 하지만, 나름 전문성을 가지고 있다. 그런 입장에서 볼 때, 사실 아직도 4대강 보를 가지고 논란을 벌인다는 것 자체가 우스운 일이다. 과학적으로도, 현실적으로도 4대강 문제는 진작에 결론이 난 쟁점이다.

기억하겠지만, 이명박 대통령이 한반도 대운하 그림을 들고나왔을 때 전문가들은 경악했다. 서울에서 배를 타고 부산까지 간다? 여의도에서 배를 타고 중국 텐진까지 간다? 화물차로 가더라도 부산까지 6시간이면 갈 일을 배로 3박 4일에 걸쳐서, 더구나 문경새재에서는 산속에 터널을 뚫어 한강에서 낙동강으로 배를 옮겨가면서까지? 고인 물이라도 배가 다니면 스크루를 통해 수질 정화가 된다고? 이런 궤변이 터무니없다는 게 밝혀지는 데는 별로 시간이 필요하지 않았다. 온 국민이 들고일어나 성토했고, 결국 이명박 정부는 대운하의 꿈을 접었다.

대신 들고나온 것이 '물그릇'론이다. 그냥 바다로 사라지게 하기보다 물그릇을 키워서 활용하자는 것이다. 우리는 이른바 물 부족 국가 – 도대체 이 근거가 무엇인지 나도 모르겠다 – 이기 때문에 4대강 수자원을 최대한 활용해야 한다는 주장이었다. 더구나 재해 예방 차원에서도 보는 도움 된다고 보았다. 환경영향평가도 졸속으로 처리하면서, 불과 3년 만에 전국에 16개*의 초대형 보가 등장했다.

그러나 정작 4대강 본류는 홍수 위험이 없어진지 이미 20년도 더 된 상태였고 요트나 물놀이를 하는 홍보사진과 달리 낙동강 보들은 심각한 녹조에 시달리게 되었다. 수해는 지류, 지천이 문제였고, 수자원 부족도 정작 4대강과 멀리 떨어진 내륙이나 서해안의 문제였다. 도대체 왜 4대강 보를 만들었는지 분통이 터지지 않을 수 없었다. 기껏 전국 자전거 여행자들에게만 환영받는 4대강 사업이 된 것이다. 세계에서 가장 비싼 자전거 전용도로가 만들어진 셈이다.

이 때문에 박근혜 정부 당시부터 이미 4대강 보들의 후속 관리가 중요 현안으로 등장했다. 녹조가 많이 생기는 여름철에는 전면 개방하는 곳이 많아졌다. 농업용수로도 쓸 일이 없는 보들도 있어 관리에도 문제가 생겼다. 시민단체 등에서는 아예 보를 철거해야 한다는 목소리가 등장하기 시작했다. 이른바 '재자연화' 요구다. 이런 상태에서 문재인 정부는 4대강 보를 재평가해서 향후 어떻게 처리할지를 결정해야 하는 숙제를 안고 출범하게 된다. 나는 공교롭게 그 문제의 담당 수석이었다.

일차로 조치한 것은 일단 문제가 없는 곳부터 상시 개방이었다. 이미 4대강 보를 운영한 지 10여 년이 지난 상태였기 때문에, 상황을 정확히 모니터링하면서 생태영향, 안전성, 경제성을 고려하여 후속 조치를 결정하기로 했다. 환경부에 관련 조직도 만들었다. 물론 마음 급한 시민단체나 전문가들은 당장 철거해도 될 곳들의 리스트를 정리하고 있었다. 하지만 4대강 보가 졸속으로 설치되었다고 해서, 철거도 졸속으로 할 수는 없다는 것이 나와 문재인 대통령의 생각이었다. 적어도 우리는 모든 절차와 사회적 합의를 거쳐서 추진해야 한다는 입장이었다. 시민단체들로서는 불만일 수밖에 없었을 것이다. 나는 4대강 보의 자연성 회복을 가로막는 걸림돌로 지목되기까지 했다.

그러던 중 다시 정권이 바뀌었다. 이제 4대강 보는 다시 홍수를 막고 수자원을 확충하는 효자로 바뀌었다. 감사원이 전 정부의 4대강 보 관련 업무를 집중적으로 감사하고 수사 의뢰까지 했던 것은 물론이다. 녹조 피해가 가장 극심한 영남 지역은 역설적으로 4대강 보 찬성 비율이 가장 높다. 마치 진보 정부, 보수 정부를 가르는 쟁점처럼 되었다. 그러나 4대강 보는 정략적 논쟁의 대상이 아니다. 과학적으로, 또 경제적으로 보고 평가하면 된다. 그런 기준에서는 아무리 다른 증거를 찾으려 해도, 4대강 보가 무용하지 않다는 일말의 단서도 없다.

---

* 그중 하나인 세종보는 노무현 정부 당시 세종시를 건설하면서 계획했던 것이다.

한국 대통령의 숙명
대통령과 정부가 일하는 법

정부의 진정한 문민화
경제부처 엘리트들은 강자가 지배하고 이기는 세상에 대한 정답은 많이 안다. 하지만 이들의 전문성은 기존 성장전략과 사회질서를 최상의 가치로 포장한 것이 대부분이다. 경제부처에 대해서도 문민 통제가 필요하다.

정부의 진정한 문민화

권력기관의 정치화와 그 책임

 검찰! 검찰을 어떻게 해야 하나?

 한국 사회가 벌써 20년은 시달리고 있는 문제다. 끝이 안 보이고, 길이 안 보인다. 기억나는 장면만 해도 여러 번이다. 2003년, 노무현 대통령과 검사와의 대화와 "막가자는 거죠?" 발언, 2006년, 검찰총장의 법무장관 지휘권 발동에 대한 항의 사표, 2009년 검찰 수사 중 노무현 대통령 서거, 2008년 이명박 당선인에 대한 봐주기 특검수사, 2012년 국정원 댓글 조작 사건과 이어진 수사 방해*, 2013년 채동욱 검찰총장 혼외자 사건으로 사퇴, 2016년 국정농단 사건과 2017년의 박근혜 대통령 탄핵과 이어진 특검수사, 박근혜, 이명박 전 대통령 구속.

 이런 과정을 거치면서 문재인 정부는 검찰의 정치적 중립과 지나친 권력 집중을 막기 위한 검찰개혁을 가장 주요 국정과제로 세우게 된다. 검찰의 고위공직자 수사에 정치적 고려가

---

* 이때 "사람에게 충성하지 않는다"는 검사 윤석열의 발언은 그를 대통령으로 만든 결정적 계기였다.

들어가서는 안 된다는 차원에서 문재인 정부는 고위공직자비리수사처 신설을 공약했고 우여곡절 끝에 성공한다. 세계적으로 드문 사례인 수사와 기소권을 모두 가진 우리 검찰을 정상화하는 차원에서 검경 수사권 조정, 일부 범죄를 제외하고는 검찰의 직접 수사를 없애려 한 검찰수사권 제한* 등도 추진했다. 더불어 검찰의 청와대 파견을 완전히 중단했고, 민정수석을 애초 검찰 출신을 기용하지 않았다.**

그러나 조국 민정수석의 법무부 장관 기용은 검찰개혁의 스텝을 꼬이게 만들고 만다. 검찰의 무리한 수사는 결국 조국 일가를 풍비박산 냈다. 조국 장관에 뒤이어 장관직을 맡은 추미애 장관은 검찰과의 일전을 벌였고, 이후 생각하기도 싫은 일들이 나타났다. 다수당이었던 민주당은 검찰의 수사권을 대폭 축소하는 이른바 '검수완박' 입법을 강행했다. 윤석열 검찰총장은 야당에 입당하면서 결국은 대통령에 당선되기까지 한다.

검찰 출신 대통령이 등장하자 검수완박은 시행령 개정만으로 도로 되돌아 가 버렸고 공수처는 무력화되었다. 심지어 공수처 해체를 주장하는 인사를 공수처장으로 임명하려고 시도하기도 했다. 검찰은 다시 전임 정부에 대한 수사에 박차를 가해, 이전 청와대 실장 9명 중 무려 6명을 기소하여 재판에 넘기게 된다. 비리 혐의가 아니라 정책적 결정 등을 이유로 장관급 실장 2/3를 기소한 것은 헌정사상 처음이다. 검찰은 여기서 머물

---

* 이를 당시 야당이었던 한나라당(현재 국민의힘의 전신)은 검수완박(검찰수사권 완전박탈)이라고 이름 짓고 비난했다.
** 단 한 번 신현수 수석을 임명했지만, 윤석열 검찰총장 징계 논란 와중에 사표를 냈다.

지 않고, 문재인 전 대통령의 가족에 대한 수사까지 이어가는 중이다. 더구나 윤석열 대통령 후보와 경쟁했던 야당의 대표를 그야말로 끝장을 본다는 식으로 수사하고 기소해서, 모두 5건의 재판을 받게 만들었다. 반면 현직 대통령 가족에 대한 수사는 지지부진하거나 봐주기라는 비난 속에 검사들에 대한 탄핵도 추진되었다. 결국 검찰공화국은 하나도 바뀌지 않았다는 자조와 무력감에 빠지고 말았다. 더구나 검찰총장 출신의 대통령은 검찰권 남용으로는 성에 차지 않아 군사력까지 정치의 장에 동원하는 바람에 결국 스스로 무너졌다.

이처럼 검찰의 정치적 중립과 검찰개혁은 여전히 한국 사회를 달구는 뜨거운 이슈다. 검찰권을 이용해 전 정권이나 미운 세력을 단죄하고 척결하기를 원하는 집단은 정의 실현이자 거악 척결이라 주장하고, 그 반대편에서는 정치검찰을 이용한 정치보복이며 불공정한 먼지털기식 수사라고 비난한다. 그러다 상황이 바뀌면 칼날은 또 반대로 향한다. 너희도 당해보라고 하는 식이다. 이런 난리 통 속에서 검찰 권력은 어떤 경우든 잘 부려지는 칼날이 되고 말았다. 그렇게 검찰권 남용을 욕하면서도 또 검찰에 의지한 정적 탄압과 편파 수사 유혹에서 벗어나지 못하고 있다. 대검 중수부는 해체되었지만, 특수부(현재 반부패부)가 그 역할을 당당히 하고 있다. 전체 형사 사건의 극히 일부에 불과한 특수부 사건의 경우, 무죄율이 자료에 따라 차이가 있지만 일반 형사 사건의 최소 다섯 배에 이른다. 박근혜 정부의 이른바 적폐 수사로 기소된 사람들의 1심 무죄율은 15%나 된다.* 언제까지

---

* 아시아경제, 2020.10.7., '적폐청산' 정치보복 재판 무죄율, 일반 사건의 5배 이상.

검찰을 정치 바람에 흔들리는 도구로 이용할 것인가? 참담하다.

중앙정보부는 한국 독재 시대의 한 축이었다. 민주화의 역사는 곧 중앙정보부 바로 세우기라고 할 정도였다. 이름도 중앙정보부, 국가안전기획부(안기부), 국가정보원(국정원) 등으로 바꾸기도 했고, 원훈도 몇 차례 고쳤다. 핵심은 국정원의 국내 정치 개입을 금지하고, 대북 및 국제정보전의 강자로 만들려는 목표였다. 불과 10여 년 전까지만 해도 국정원이 야당 인사를 미행하거나 염탐하고, 댓글 공작에 나서고, 어마어마한 특활비의 일부를 청와대에 상납하기도 하는 등 국내 정치에 깊이 개입했다. 특히 국정원의 이른바 존안자료는 개인에 대해 수집한 각종 정보를 이용하여 주요 인사에 대한 평판을 좌우하기도 했다. 채동욱 전 검찰총장의 낙마에도 국정원이 관여되어 있었다.

국정원은 국가안보를 담당하는 정보기관으로, 간첩 활동, 테러리즘, 반국가적 활동 등 안보를 위협하는 요소들을 식별하고, 이를 사전에 차단하는 임무를 가지고 있다. 국내외 정보 활동을 통해 국가안보와 관련된 범죄의 발생 가능성을 미리 파악하고, 이를 예방하는 임무를 수행하는 것이다. 한마디로 국가안보와 관련된 일만 하게 되어 있다. 이렇게 된 것도 겨우 문재인 정부 들어서이다. 문재인 정부는 국정원의 정치 개입을 근본적으로 차단하기 위해, 국내 부서를 폐지했다. 얼마 전까지만 해도 각 정부 부처와 민간 영역에서까지 여론 수집을 해 왔던 국정원이었다. 나도 차관 당시에 국정원의 환경부 담당 직원의 인사를 받은 적이 있다. 당시만 해도 국정원이 인사 검증의 일부를 담당하던 시절이라 평판 관리상 신경을 안 쓸 수 없었다. 요즘도 해외 유학이나 파견을 가려면 국정원의 검증을 통과해야 하기는 하지만, 과거에 비하면 국내 정치 개입은 사라졌다고 할 수 있다. 국회에 있던 사무실까지 없앴다고 들었다.

　이와 함께 문재인 정부는 대공 수사권을 경찰로 이관시켰다. 국정원의 대공 수사권 폐지는 국정원의 국내 정치에 대한 개입 가능성을 줄이고, 외부 감독 및 통제의 강화가 목표였다. 국정원은 직접 대공 수사를 하지 않는 대신, 이적 행위에 대한 정보분석과 추적 등을 통해 확보한 수사 정보를 가지고 경찰과 협력하도록 했다. 하지만 윤석열 정부 들자, 국민의힘과 국정원은 대공 수사 기능의 복원을 요구했고 비상계엄 사태 때도 관련 발언이 등장했다. 그럼에도 국정원이 과거와 같은 국내 정치 개입의 시대로 돌아가는 것은 불가능해 보인다. 특히 이명박 정부의 퇴행적인 국정원 국내 정치 개입으로 인해 원세훈 전 국정원장이 무려 징역 12년 이상을 선고받음으로써, 그런 행위는 이제 단죄의 대상이 된다는 게 명확히 각인되었다.* 문재인 정부의 결단으로 이제 더 이상 국정원의 국내 정치 개입은 불가능해졌다고 보지만, 대공 수사의 투명화와 정보역량 강화는 여전한 과제로 남아있다.

---

* 원세훈 전 국정원장은 개인 비리를 포함해 워낙 여러 사건으로 기소된 데다, 잡혔다 풀려나기를 반복해서 계산이 복잡하다. 그러나 어떻든 수년을 감옥에서 보냈는데, 윤석열 대통령은 자신이 수사하고 기소했던 원세훈을 감형, 가석방, 특별사면까지 해서 완전히 풀어준다. 자신이 구속했던 이명박 전 대통령의 혜안을 듣겠다고 관저로 청했던 일의 연장 선장에 있다.

감사원은 사실 일반 국민으로서는 권력기관이라고 생각하기 어려운 조직이다. 기본적으로 국가 재정지출, 공무원의 직무, 공공기관의 운영 등 정부 업무를 감시하고 감독하는 역할을 수행하기 때문이다. 물론 감사원의 업무 범위상 정부 재정이 투입된 민간 활동에 대한 감사도 수행하기 때문에 민간과의 접점이 있기는 하다. 하지만 우리가 흔히 권력기관에서 생각할 수 있는 "잡아갈 것 같은" 그런 느낌은 없는 것이 사실이다. 대신 공직자들로서는 정책 감사든 비리 감사든 매우 중대한 감독기관이다.

이런 감사원이 일반 국민에게 각인되었을 때가 있다. 이미 오래전 일이기는 하지만 노태우 정부 당시, 이문옥 감사관이 대기업 비업무용 부동산 보유 관련 조사 결과를 감추려 한 정부의 조치에 반발하여 양심선언을 했던 사건이다. 이른바 내부고발의 원조다. 감사원이 국민을 위해 일한다는 상징 사건이었다. 그러다 김영삼 정부 시절 이회창 감사원장의 대쪽 같은 감사 방침 천명은 결국 그를 대통령 후보로 나서게 하는 계기가 되었다. 이런 일련의 과정을 거치면서 감사원은 국민들에게는 오히려 신뢰를, 공직자들에게는 추상같은 감독기관의 이미지를 주었던 것이 사실이다.

그런데 감사원이 정치 바람에 휩쓸리기 시작한 것은 이명박 정부 시절부터이다. 4대강 사업에 대한 면죄부 감사가 출발이었다. 이후 정권이 바뀔 때마다 전 정부 일에 대한 과도한 감사가 상례화되기 시작했다. 그러다 결정적으로 문제가 되기 시작한 것은 문재인 정부가 임명한 최재형 감사원장부터다. 애초 원전에 대한 편견을 갖고 있던 그는 월성1호기 조기 폐쇄 사건을 파고들었다. 최종 무죄가 나오기도 했지만, 산업부 공무원들에 대한 감사 방해 사건을 만들어 냈고, 해당 장관 등이 기소되게 하는 데 결정적인 역할을 했다. 그러다 결국 중도에 감사원장을 그만두고 정치권으로 직행해 버렸다. 감사원 사상 처음이다. 윤석열 검찰총장과 함께 대표적인 배신의 정치가 열렸다.

이후 윤석열 정부가 들어서자, 감사원은 그 역사를 통틀어 상상도 못 한 일에 앞장서기 시작한다. 전 정부의 문제를 파헤치는 돌격대 역할을 시작한 것이다. 더구나 유병호 감사원 사무총장은 자신이 문재인 정부 때 핍박받았다.[*]는 것을 공공연히 내세우면서, 최고위직(이른바 대왕고래)을 '잡아넣는 일'의 선봉에 섰다. 처음부터 청와대나 장관급 인사들의 지시로 모든 것이 시작되었다는 그림을 그리고, 대대적인 압수수색, 포렌식 등으로 자료를 수집해서, 감사위원회를 거치지 않고 검찰에 수사 의뢰하는 것이 공식이 되어버렸다. 감사원이 정치적 수사의 선봉대 역할을 한 것이다. 감사원 역사에서 씻지 못할 오점을 남겼다고 본다.

그러다 결국 윤석열 정부가 했던 청와대 용산 이전에 대한 감사는 대놓고 봐주기로 일관하는 바람에 사상 처음으로 감사원장에 대한 탄핵이 추진되었다. 최재형 감사원장이 그렇게 정치적인 과정으로 감사원을 논란에 빠트렸다면, 후임인 최재해 원장은 더 신중하고 중립적인 태도가 필요했지만, 그는 대놓고 감

---

[*] 당시 사정을 잘 아는 사람의 전언에 따르면 전혀 사실이 아니다. 의료기관에서 간호사에게 폭행을 행사한 일로 문제가 되자 본인 구명에 나서서, 봐주는 차원에서 한직으로 배치한 것이라고 한다.

사원이 정부 업무를 뒷받침하는 조직이라고 나섰기 때문이다. 더구나 유병호의 무소불위, 안하무인식 태도는 이미 국민들에게 감사원이 스스로 정치적 돌격대가 되었다는 것을 각인시키고도 남았다. 이에 대해서는 언론들마저 정치적 탄핵이라는 점을 지적하기는 했지만, 감사원의 불공정한 편파적 처신도 질타하고 있다.*

그렇다면 이렇게 권력기관이 정치화된 책임은 누구에게 있는가? 검찰, 국정원, 감사원, 그 어떤 조직도 원리적으로는 개인과 정파에 휘둘려서 안 된다는 규범을 가지고 있다. 하지만 기관장이나 주요 간부의 임면권을 행사하는 자, 즉, 대통령의 의지는 그런 규범을 일시에 무너뜨려 버린다. 원래 이들 권력기관은 그 자체가 스스로의 권력을 유지, 확대하려는 생명체적 속성을 가지고 있다. 본능적으로 영향력을 키우려는 것이다. 여기다 "우리가 나라를 지킨다"는 선민의식까지 결합하면, 스스로 자신을 돌아보는 능력이 마비된다. 대통령이 자신의 복수나 권력 유지를 위해 부추기기라도 하면 결과는 불을 보듯 뻔하다. 그러잖아도 위험한 결합구조가 옆을 보지 않고 독주해 버리는 것이다. 윤석열 정부의 몰락에 이들의 외눈박이 독주가 큰 원인이 되었음은 말할 필요도 없다. 결국 대통령이 이들 권력기관을 자신의 정치적 목적에 오용하지 않아야 하며, 이는 개인의 의지를 넘어

---

* '정치 탄핵' 도 넘은 巨野, '편파 감사' 자성 없는 감사원장(한국일보 사설, 2024.11.30.), 전직 감사원장들의 한심한 '탄핵 반대' 성명(한겨레신문 사설, 2024.12.2.).

국민적 감시와 견제가 전제로 되어야 한다.

　이들 권력기관을 어떻게 해야 할까? 검찰개혁은 이미 국가적 의제가 되어 있기에 차기 정부에서는 어떤 방향이든 매듭이 지어질 것으로 본다. 직접 수사 기능을 배제하는 기소청이 유력한 대안이다. 분명한 것은 더 이상 검찰이 정치 바람에 휘둘리게 해서는 안 된다는 점이다. 검찰총장 출신 윤석열 대통령의 황당한 몰락은 더더욱 정치검찰이 국정을 좌우하게 해서는 안 된다는 것을 국민들 마음속에 심어주었다. 한 가지만 더 강조한다면 일반 형사사건에 비해 무려 다섯 배 가까이 무죄율이 높은 특수부(반부패부) 사건에 대해 평검사들까지도 책임을 물어야 한다는 것이다. 몇 안 되는 정치적인 사건일수록 일단 기소해서 괴롭히고 보자는 식의 태도는 검찰 전체에 대한 불신을 초래했다. 윗사람이 시켜서, 즉, 검사동일체라는 이유로 묻지도 따지지도 않고 괴롭히던 일부터 책임을 물어야 한다. 그래야 일선 검사들도 안 되는 일은 안 된다고 목소리를 낼 수 있다.

　국정원의 탈정치와 전문성 강화는 아직 미완성이다. 다행히 12.3 비상계엄 조치에서 국정원이 깊이 연루된 흔적은 나오지 않는다. 이미 국내 정치에 관여하지 못하도록 했던 문재인 정부의 개혁 덕분이라고 생각한다. 윤석열 대통령이 국정원 1차장에게 비상계엄 지원을 요구했으나, 할 수 있는 게 없다고 항명했던 것이 그 반증이다. 다만, 여전히 대공 수사권 회복을 요구하는 것은 문제. 경찰과의 관계를 다시 한 번 점검하고, 보완할 것은 보완하되 기본 개혁 방향을 확고히 유지할 필요가 있다. 변화하는 안보 환경 속에서 전문성 강화를 위한 투자를 계속 해야 하는 것도 물론이다.

　감사원은 이제 이대로 안 될 거 같다. 감사원이 권력의 돌격대가 되는 것도 문제지만, 정부의 정책 결정까지 감사원이 추궁하고 감사하도록 해서는 안 된다. 원래 감사원은 회계감사와 부당한 법 집행 감시에 주안점을 두고 있지만, 언젠가부터 감사원이 각 부처의 정책 결정을 따지기 시작했다. 특히 최재형, 최재해 감사원장 시절에는 터무니없는 일들을 저질렀다. 이제 감사원을 완전한 독립기구로 전환하거나 국회 소속으로 바꿀 필요가 있다. 독립성이 생명인 감사원이 사실상 정부의 앞잡이 구실을 하는 것은 원장 개인 성향의 문제를 넘어선다. 다른 나라 사례를 보더라도 거의 대부분 독립기구나 의회 소속으로 운영 중이다.* 이는 우리 대통령제의 분권화 과제와도 관련이 있다. 앞으로 있을 헌법개정에서 감사원의 소속 변경을 본격적으로 다루어야 한다.

> **민주적 가치와 인권 규범을 모욕한 윤석열 정부**
>
> 　윤석열 정부의 국정운영 파행은 워낙 여러 분야에서 헤아릴 수 없이 많았지만, 한국 민주주의의 가치가 담겨 있는 조직들을 멸시하고 파괴하려 했다는 점도 분명히 밝혀두어야 한다. 특히 각 조직의 장을 그 조직의 가치와 역사를 부정하는 사람들로 임명한 것은 조직을 없애는 것만큼이나 중대한 영향을 끼쳤다.
> 　보수언론이라 할 수 있는 중앙일보조차, "공정한 방송 행정에 적

---

* 이충재, 2024.12.3., 〈이충재의 인사이트〉 감사원, '대통령 소속'부터가 문제다, 오마이뉴스.
** 서승욱, 2024.12.3., 〈서승욱의 시시각각〉 청개구리와 작별해야 할 대통령, 중앙일보

임자인지 국민적 의문을 몰고 온 '보수 여전사' 방송통신위원장, 차별금지법 시행은 공산주의 혁명으로 가는 수단이 될 수 있다는 등 소수자 인권 보호와는 거리가 있는 소신을 표출해 온 공안검사 출신 인권위원장, 뉴라이트 논란 속에 굳이 친일 인명사전에 오류가 있다. 억울하게 매도되는 분이 있어선 안 된다고 말하는 독립기념관장을 임명한 윤석열식 인사가 참담한 지지율을 얻는 데 큰 영향을 미쳤음을 부인하기 어렵다"고 할 정도였다.**

한국일보는 사설로 인권위원장 문제를 이렇게 지적하고 있다. "안 위원장이 인사청문회에서 보여준 모습은 단지 인권 감수성이 떨어지는 정도를 넘어 반인권적이기까지 했다. 그는 차별금지법이 제정되면 공산주의 혁명으로 이어질 수 있다고 했고, 에이즈나 항문암 같은 질병 확산을 가져올 수 있다고 했다. … 그러잖아도 인권위는 현 정부 들어 역주행을 거듭해 왔다. 지난해 10월 임명된 이충상 상임위원은 "게이(동성애자)들은 기저귀를 차고 다닌다"고, 이태원 참사를 두고는 "피해자들이 부주의한 탓"이라고 막말했다. 역시 현 정부에서 임명된 김용원 상임위원은 자신에게 비판적인 언론을 '기레기', 인권시민단체를 '인권장사치'라 했다. 그나마 전임 송두환 위원장이 제동을 걸어왔는데, 이제 안 위원장까지 가세하면 폭주에 더욱 가속이 붙지 않을까 걱정이다."***

동아일보 역시 비슷한 때 이 문제를 지적했다. "차별금지법에 대해 명백하게 반대 의견을 밝혀온 안 후보자가 인권위원장으로 취임할 경우, 국제사회에도 부정적인 인식을 줄 우려가 있다. '공산주의 혁명' 운운도 일반적인 상식과는 거리가 멀다. 소수자와 약자의 인권을 보호하기 위해 만들어진 기관의 성격을 고려할 때 굳이 안 후보자 같은 인물을 앉혀야 하는지는 다시 생각해 볼 필요가 있다."****

*** 한국일보, 2024.9.7., (사설) 소수자 혐오 위원장, 인권위 미래가 걱정이다.
**** 동아일보, 2024.9.5., (사설) 인권위원장 이런 논란의 인물이어야 하나.

숨겨진 권력기관, 경제부처

경제부처 공무원들을 만나보면 다들 대단하다는 생각이 든다. 우선 똑똑하다. 행정고시 성적으로도 최상위권들이다. 생각의 폭도 넓고 깊다. 일머리도 좋아서, 순서와 강도를 잘 조절한다. 초급간부 때부터 국가 경제 전반을 다루다 보니, 다양한 분야에 대해 조정하는 능력도 높다. 따라서 역대 국무조정실장은 거의 대부분 기획재정부 출신들이었다. 경제기획과 예산 배분 업무를 통해 각 부처 업무의 골격을 이미 파악하고 있기 때문이다. '행정의 달인', '위기대응 전문가'로 회자되는 분들의 대부분도 경제부처, 그것도 기획재정부(경제기획원, 재무부, 예산처를 포괄하는 의미) 출신들이다.

물론 경제부처들은 사회부처들에 비해 상대적으로 승진이 늦다. 워낙 내로라하는 사람들이 많아서 그렇기도 하지만, 행정고시 출신 비중이 큰 것도 원인이다. 설령 국장급으로 승진하더라도 본부의 보직을 받기까지 한참 걸리고, 본부 국장도 한두 자리밖에 경험하지 못하는 것이 상례다. 대신 파견 나갈 자리는 많다. 대통령비서실에는 꼭 경제 관련 부서가 아니더라도 요소요소에 배치된다. 각종 위원회에도 빠지지 않는다. 더구나 퇴직하면 갈 자리가 많다. 기획재정부, 공정위, 금융위, 산업부 출신 등은 취업제한 기간만 아니라면 언제든 골라갈 수 있다. 민간의 경제단체에서 중책을 맡은 분들이 많다. 예를 들면, 무역위원회, 상공회의소, 자동차산업협회 등등 헤아릴 수 없을 정도이다. 더구나 전혀 연관 없어 보이는 분야, 즉, 체육단체나 문화단체 같은 데서도 일한다. 모피아(MOFia, 즉 옛날 재무부와 마피아를 묶은 말) 얘기도 주로 이들 경제부처 때문에 나온 말들이다. 민간 입장에서도 주요 경제정책과 인맥으로 연결된 사람들을 써서 나쁠 이유가 없다. 경제부처에서 웬만한 자리에 오른 분들은 사외이사도 많이 한다. 대개 70세가 넘으면 그런 자리에 가서 연간 수당만 수억 원을 받고 일한다. 그야말로 평생직장을 가지고 사는 셈이다.

그런데 경제부처 관료들의 진짜 문제는 이렇게 자리를 계속 차지하는 것 이상이다. 이들은 기본적으로 보수적이다. 여기서 보수란 한국의 사회·경제를 바라보는 시각이 이른바 시장주의와 성장주의에 경도되어 있다는 것이다. 대기업의 역할을 중시하고, 되도록 낮은 세금을 선호하며, 정부의 적극적 재정 역할에 부정적이다. 또한 개인과 가정의 책임을 강조하면서 그동안의 성장전략을 대개 무비판적으로 수용한다. 그러다 보니 정치를 하더라도 보수정당을 주로 선택하는 경향이 있다.

내가 만난 경제부처 고위 관료들은 이런 수치를 아예 외워 다니는 분들이 많았다. "1조가 얼마인지 아십니까? 100만 원을 100만 명에게 나눠줄 돈이 1조입니다. 연봉 5천만 원 받는 사람이 2만 년을 벌어야 하는 돈입니다." 그런데 어떻게 그런 돈을 함부로 쓸 수 있냐는 것이다. 청와대의 수석이나 실장들도 틈이 보이면 사석에서 그런 식의 얘기를 들어야 했다. 아마 국회의원들도 자주 들었을 법한 얘기다. 이들은 또 규제 완화를 종교적으로 맹신한다. 경쟁을 촉진하고 민간의 자율성과 창의력을 높여야 경제가 성공한다는 것이다. 그럼에도 끊임없이 규제를 생산하고, 나아가 생래적으로 관치에 익숙하다. 특히 농업정책에 대한 불신이 큰 것도 특징이다. 싼 농산물을 수입하면 되는 것 아닌가 하는 생각이다. 거기 들어갈 돈을 그냥 나눠줬어도 지금보다 훨씬 나았을 것이라는 얘기도 많이 들었다. 국토를 놀리더라도 굳이 농사짓게 할 필요 없다는 생각이 깔려있다. 복지정책에 대해 불만이 많은 것도 대체로 공통이다. 헛돈이 샌다는 것이다.

어디서 많이 들어보았을 이야기들이다. 보수언론 칼럼들의 단골 메뉴이기도 하다. 정답처럼 하는 얘기들이다. 대신 기후위기, 생태, 평화, 공동체, 민주주의 같은 이야기는 거의 듣지 못한다. 경제부처 엘리트들은 강자가 지배하고 이기는 세상에 대한 정답은 많이 안다. 내 경험으로는 대부분 교과서적인 좋은 얘기들이다. 언변 좋은 얼치기 전문가들도 수두룩하다.

노무현 대통령께서 했던 말씀이 있다. "이거 하나는 내가 좀 잘못했어요. 내가 잘못했던 거는 오히려 예산을 가져오면 색연필 들고 '사회정책 지출 끌어올려' 하고 위로 쫙 그어버리고, '여기에서 숫자 맞춰서 갖고 와' 이 정도로 나갔어야 하는데… 지금 생각해 보면 그래요. 그때 무식하게 했어야 되는데 바보같이 해서".* 경제관료들의 얼치기 전문가주의는 사실상 기존 성장전략과 사회질서를 최상의 가치로 포장한 것에 지나지 않는다. 이들에게 새로운 관점과 세상 변화를 주입하기 위해서는 여간한 리더십이 필요한 게 아니다. 오죽했으면 노무현 대통령이 퇴임 이후 뒤늦게 한탄하듯 그렇게 말씀하셨을까? 정치권에서

---

* 노무현, 2009, 『진보의 미래』, 동녘, 234쪽.

종종 기재부 해체 얘기가 나오는 것도 그것 때문이다. 경제부처가 국정운영의 권력기관이 되어, 새로운 가치와 지향을 차단하고 있다는 문제의식 때문이다. 경제부처에 대해서도 문민 통제가 필요하다. 다만 그것이 제대로 가능하기 위해서는 경제관료들을 윽박지르는 것이 아니라, 더 많이 준비해서 지휘하고 나아가 그런 분위기에 동참하도록 하는 것이다.

한국 정부의 문민화를 위해

한때 문민화는 민주화 운동의 과제였다. 군인이 지배하는 것이 아니라 민간인이 지배하는 사회라는 의미지만, 이제는 그런 용어를 아는 사람들도 많지 않아 보인다. 이제 정치는 확실히 문민화되었다. 정치인들이 정당을 통해 치열하게 경쟁하면서 국민들의 지지를 얻는 시대가 정착되었다. 각 부처 장관도 군 출신이 아니라, 거의 대부분 민간 전문가나 정치인들이 맡게 된 것도 이미 오래전이다. 물론 윤석열 대통령처럼 50년 전 방식의 친위 쿠데타나 일으키는 어리석은 대통령이 돌출적으로 나오기도 하지만.

그런데 5.16 쿠데타 이후 60년 동안 한 번도 민간 출신이 장관을 맡지 못했던 부처가 있다. 국방부다. 많은 선진국들이 국방장관을 정치인이 담당하는 게 당연하다고 보는 시대다. 여성 국방장관도 허다하다. 물론 우리는 남북 대치 상황이라는 특수상황을 이유로 들기는 하지만, 이스라엘 같은 상시 전시 국가에서조차 민간 출신 국방장관이 두 사람이나 나왔다는 점을 생각하면 반드시 휴전 상황만이 이유는 아닌 것 같다. 반면 차관은 최근 민간 출신이 많아졌다. 실제 작전을 합참의장이 진행하는 만큼, 차관은 국방 정책의 경제적인 측면이나 효율성도 고려하기 시작했다는 뜻이다. 방위사업청도 마찬가지다. 경제부처나 감사원 출신이 청장을 맡는 사례가 많아졌다. 그만큼 국방 분야에서도 시장의 논리와 균형을 고려하고 있다. 전시나 비상시기 전투는 현역 군인들의 책임이다. 국방장관은 대통령과 국민의 뜻을 국방에 심는 것이 핵심 역할이다. 우리도 어느 날인가 정치인이 국방장관을 맡게 될 것이다.

이와 함께 기획재정부도 민간 출신이 장관을 맡기 어려운 대표적인 부처다. 특히 민주화 이후에 이런 경향이 더 커졌는데, 비관료 출신은 손꼽을 정도에 불과하다. 물론 공무원도 민간인이기는 하지만, 넓은 의미에서 문민화를 규정할 때는 민간의 다양한 분야 전문가들이 장관을 맡는 경우를 의미한다. 말하자면 국방부 다음으로 문민화가 덜 진행된 부처이다. 이런 기조가 굳어진 것은, 마치 민간 출신이 맡으면 경제위기에 제대로 대응하지 못하거나 방만한 경제운용을 할 것 같은 편견 때문이다. 국방을 군 출신에게 맡겨야 하는 것처럼, 경제는 전문 관료에게 맡겨야 한다는 식이다.

그러나 관료 출신의 경제 성과가 반드시 전문가들보다 더 낫다는 증거는 없다. 안정감을 줄 수 있는 것은 사실이겠지만, 경제기조를 바꾸고 혁신을 빠르게 정착시키는 차원에서는 민간 출신들이 담당하는 것이 결코 나쁘지 않다. 경제인이나 정치인,

또 전문가 중에서 충분한 자격을 갖춘 사람들이 많다. 우리 경제가 가야 할 방향을 고민하고 체질을 바꾸기 위해서는 혁신가들이 경제운용에 직접 참여할 필요가 있다. 역대 진보 정부들은 이 점이 미덥지 않다 보니, 대통령실은 개혁적 민간 출신이 담당하더라도 경제운용은 관료 출신에게 맡기는 방식으로 보완해 왔다. 하지만 많은 경우 불협화음이 발생했던 경험이 있다. 물론 윤석열 정부는 경제부처는 물론이고 대통령실까지 모두 기재부 출신 관료들로 채우는 우를 범하기도 했다.

그런 점에서 정부 각 영역에 민간의 활력을 불어넣는 것이 중요하다. 장관의 출신을 가지고 문민화를 논하는 것보다 훨씬 더 깊은 곳에서부터 시장, 시민사회의 활력을 공직과 섞어야 한다. 초급 간부직부터 민간 전문가들이 참여할 수 있는 길을 열어야 한다. 이미 노무현 대통령 때부터 이를 위한 제도개선이 이루어졌고, 일정 비율을 민간 출신에게 할당하고 있다. 하지만 어느 때부터 이 역시 관성화되고 있다. 차기 정부는 이 부분에 대해 정책을 다잡고, 더 강화할 수 있는 로드맵을 세워 실천해야 한다.

이와 함께 여성 리더십 강화도 주요 부처의 문민화만큼이나 중요한 숙제이다. 우리나라의 성평등 지수 또는 여성의 사회참여 지수는 부동의 최하위권이다. 기업의 여성 이사 비율은 사외이사제도 때문에 올라가기는 했지만, 여전히 세계 평균에 턱없이 모자란다. 사내이사는 비교하는 것 자체가 어려울 수준이다. 국회의원의 경우 무조건 비례대표에 홀수 번을 여성으로 하도록 제도화한 덕분에 겨우 19%에 이르기는 했지만, 아직 세계 126

위에 불과하다. 국무위원 중에는 서너 명 수준이다. 문재인 정부 기간에는 그나마 많은 편이어서 장관의 30%가 목표였다. 광역단체장은 지금까지 한 번도 여성에게 문을 열어준 적이 없다.

여성 리더십이 중요한 이유는 단순히 기계적인 성별 균형의 문제 때문이 아니다. 최고 의사결정 그룹들의 다양성, 다원성 때문이다. 그동안 한국 사회를 이끌어 온 남성, 그것도 좋은 대학 나온, 50대 이상(이른바 '서오남') 리더십으로는 세상의 변화를 추동은커녕 따라가기도 힘들다. 나는 공직 생활의 대부분을 이들 서오남들과 함께 해 왔다. 이 세계에서는 특정 사안을 이해하고 판단하는 데 긴 얘기가 필요 없다. 비슷한 의사결정 문화 속에서 자라왔고, 또 성공해 왔기 때문이다. 그러나 이런 획일적 남성주의, 성장주의는 필연적으로 사회변화를 놓칠 수밖에 없다. 고위공직의 일정 비율을 여성에게 배분하는 것은 배려가 아니라, 다원적이고 창의적인 의사결정과 집행을 위한 선택이다. 국가 경쟁력을 위해서라도 여성 리더십이 함께 필요하다.

여성의 사회진출이 활발한 나라일수록 출산율이 높다는 것은 상식이 되었다. 잘 발달한 돌봄시스템이 육아를 안심할 수 있게 만들기 때문이다. 우리는 출산 후 경력 단절이 너무 명확해서, M자 모양의 취업 곡선을 보이는데 재취업할 때의 조건이 갑자기 열악해진다. 거기서부터 일단 유리천장이 아니라 나무 천장을 겪게 되고, 이어서 고위직으로 올라가는 것은 확실한 강철 천장이 되고 있다.

이미 민간 부문에서는 여성들의 사회진출은 물론, 최고 의사결정 그룹에 빠르게 참가하고 있다. 아직 선진국들보다는 터무니없이 더디지만, 세상 변화는 막을 수 없다. 그런 변화를 선도해야 할 정부 부문이 윤석열 정부에서는 급격히 퇴행했다. 여성 장관은 극소수였을 뿐 아니라 핵심 부처를 차지하지 못했다. 문재인 정부 당시 외교부, 국토부, 교육부 같은 핵심 부처의 장관이 여성이었던 사실을 기억해 보자. 윤석열 정부는 거꾸로 청년 남성들의 불안과 불만을 자극해서 성별 갈라치기로 재미를 봤다. 대통령실에도 여성 수석을 마지못해 한 명 정도 끼워 넣는 식이었다. 그런 마초적 리더십이 터무니없는 비상계엄 선포의 토양이 되었음은 말할 필요도 없다.

한국 대통령의 숙명
대통령과 정부가 일하는 법

영혼 있는 공무원들의 헌신
직업 공무원들에게 어떻게 동기 부여할 수 있을까? '책임정치'가 그 해답이다. 집권당의 적극적인 참여와 함께 정무적 책임자들의 리더십이 관건이다.

영혼 있는 공무원들의 헌신

분노도 편견도 없어야 하는 공무원?

우리나라에는 모두 110만 명의 공무원들이 일하고 있다. 민간 부문에 비해 상대적으로 박봉이기는 하지만, 안정적인 근무 여건과 국민연금에 비해 고액을 받는 연금으로 선망의 대상이 되기도 한다. 동시에 세금을 축낸다는 식의 비난과 질시의 대상이 되기도 한다. 그럼에도 공무원들이 한국 사회의 유지와 발전에 가장 중요한 집단이라는 데는 이견이 없을 것이다. 큰 정부인지, 작은 정부인지 논란이 있기는 하지만, 이들은 우리나라의 안전과 공공서비스를 책임지고 있다.

그런데 공무원들은 누구의 지시와 지휘를 받는 것일까? 당연히 국민이다. 다만 모든 국민에게 직접 지시받을 수 없기에, 국민이 선거로 선출한 대리인, 즉, 대통령, 시도지사, 시군구청장 등의 지시를 받고 일하게 된다. 민주주의하에서 이들 국민의 대리인들은 소속 정당에 따라 지향이 달라지는 것이 당연하다. 몇 년마다 완전히 다른 지향을 가진 정부로 바뀌기도 한다. 이럴 때 공무원이 과거의 지향과 관성을 고집한다면 어떻게 될까?

현대 사회학의 기초를 다졌다고 할 수 있는 막스 베버도 이 문제에 대해 천착했다. 그는 관료가 '분노도 편견도 없이' 직무를 수행하는 공평무사하고 비정치적인 존재여야 한다고 주장했다. 그에 따르면, 관료의 역할은 그 자체가 목적이 아니라 수단이며 정치권력자의 정책을 충실히 집행하는 도구적 존재라고 할 수 있다. 즉 정치 지도자가 목표를 설정하면 관료 집단은 그 목표를 합리적인 절차에 따라 집행하는 것이 역할이다. "영혼 없는 공무원"이 조롱이 아니라, 당연한 공무원의 업무태도라고 봐야 한다는 뜻이다.

하지만 현실에서 관료도 인간이다. 자신의 가치관과 정치적 지향을 가지고 있으니, 자신이 동의하지 않는 정당 출신 대리인의 지휘를 받게 되면 적어도 신나게 일하기는 쉽지 않다. 관료는 대통령의 국정 성공에 중요한 행위자이지만 대통령과는 다른 선호와 관점을 가질 수 있으므로, 대통령의 관점에서 이들이 자신의 개혁 의지에 순응하고 공약 실현에 매진하도록 관리할 전략이 필요한 것이다.

더구나 관료는 그 자체가 자신의 고유한 이익 혹은 기득권도 형성할 수 있다. 관료가 공공 업무를 담당한다고 해서 반드시 공적 이해관계의 극대화만을 추진한다고 봐서는 안 되며, 관료 집단이 사적 이익 또한 추구할 수 있는 것이다. 관피아, 철밥통 등 관료제를 폄하하는 각종 표현이 나온 것도 그런 이유이다. 따라서 시민들은 관료들이 더 적극적으로 공적 이익에 헌신하고 복무할 수 있도록 촉구한다. 각종 감사시스템은 물론이고 다양한 민주적 통제 장치를 강화하려는 것이다.

그럼에도 정치적으로 선출된 관리자와 관료 간에는 상당한 간극이 존재한다. 우선 정책에 대한 시간적 시각이 다르다. 정치적 관리자(즉, 정무직 공무원)는 조직에서의 재임 기간이 길지 않기 때문에 정책의 필요성이나 성패를 단기적으로 바라보지만, 직업 관료는 재직권이 보장된 전문 직업인인 까닭에 정무직 공무원에 비해 장기적인 시각을 지닌다. 둘째, 정책 대안에 대한 평가 기준이 다르다. 정무직 공무원은 업무 수행에 대한 보상이 행정 수반, 정당, 매스컴 등 주로 조직 밖으로부터 나오기 때문에 정책 성과를 평가할 때 조직 자체의 이익보다 외부 세력들의 반응에 더 큰 비중을 둔다. 뿐만 아니라 조직을 단순히 정책 목표 달성을 위한 수단으로 간주한다. 반면 관료는 자신이 현재 몸담고 있는 조직을 평생직장으로 여기기 때문에 그의 사고방식은 다분히 조직 중심적이며 조직의 이해관계를 위주로 정책 대안을 평가한다. 셋째, 정책을 통해 봉사하고자 하는 주된 대상이 다르다. 정무직 공무원은 행정 수반의 국가 사회에 대한 정책 비전을 실현해야 할 책임을 지는 전위 부대이다. 따라서 변화 지향적인 경향을 띤다. 반면에 직업 관료는 제도 자체의 건전성이나 전문 지식의 적용을 통한 공공 봉사를 중시한다. 따라서 관례를 소중히 여기며 변화에 대해서는 점진적 태도를 보인다. 넷째, 정책 문제에 대한 기본 인식에서 차이가 난다. 정무직 공무원은 정치적 이념이나 편의에 따라 정책 문제를 선정하고 정의를 내리지만, 직업 관료는 행정 실제와 전문주의에 입각하여 정책 문제를 바라본다. 이처럼 서로 다른 입장을 갖고 있기 때문에, 정치인과 행정 관료의 이해관계는 근본적으로 차이가 존재할 수밖에 없다.*

이런 상황에서 어떻게 하면 공무원들이 더 적극적으로 일하게 할 수 있을까?

공무원을 부역자로 만드는 정부

정권은 5년마다 바뀌는데, 전임 정부 때 대통령실에서 근무했거나 이른바 잘 나간 사람들은 어떻게 될까? '영혼이 없는 공무원'이란 원칙에서 본다면 아무 일이 없어야 한다. 그러나 정권이 바뀔 때마다 이들은 일종의 부역자 취급을 받으며 한직으로 내몰리거나, 심지어 이명박 정부 당시에서는 보직을 부여하지 않고 집체교육을 받게 하는 일까지 있었다. 공직자란 선거로 선출된 대통령이 지명하는 자리에서, 요구하는 과제를 성실히 수행할 의무가 있다. 설령 일부 철학과 가치관이 달라서 중용할 수는 없다고 하더라도 신분이 보장된 공무원들을 그런 식으로 다루는 것은 공직사회를 무기력증과 눈치 보기에 빠트릴 수밖에 없다. 임기 말이 가까워지면, 좋은 인력들은 대통령실 근무를 극구 기피하게 되고, 심지어 승진 후 불이익을 받을까 그마저 회피하는 경우까지 있다. 얼마나 국력 낭비인가?

내 경험으로 보면, 전임 정부 당시의 유능한 인재들을 홀대하고 핍박할수록 급격히 지지율이 하락한다. 대표적으로 이명박 정부와 윤석열 정부다. 이들은 집권과 함께 전임 정부 청와대에 근무하던 공무원들을 부역자 취급하고 재교육이 필요한 대상자처럼 다루었다. 현직 공무원들이 무엇을 보겠는가? 또 누가 현 정부의 후반부에 헌신하겠는가?

문재인 정부 출범과 함께 정책인수팀장으로 청와대에 출근하니, 별정직들은 이미 모두 퇴직했고, 일반직 공무원들만이 자리를 지키

---

* 한승주, 최흥석, 이철주, 2022, "대통령의 관료제 통제수단과 국정성과: 공무원의 인식 분석", 「행정논총」 제60권 제3호.

고 있었다. 그중 비서관들도 여러 명 있었는데, 일반직이기는 하지만 보직을 못 받으면 퇴직해야 하는 1급 공무원들이었다. 아직 새로 비서관이 임명되기 전 이들과 1~2주 같이 일을 했다. 당시 나는 이들에게 이명박 정부 초기의 상황을 설명하면서, 그런 식의 일이 일어나지 않도록 하겠다고 약속했다. 차관들에게 일일이 전화해서 복귀하는 일반직 공무원들에게 불이익을 주지 말 것을 당부했다. 이때 비서관으로 근무하던 상당수가 즉시 또는 차후에 차관급으로 승진하기도 했다.

하지만 윤석열 정부가 들어온 뒤, 대부분 부처에서는 전임 정부 기간 청와대에 근무한 것이 낙인이 되는 경험을 했다. 공무원들은 누구라도 후반부 대통령실 근무를 유배살이라고 생각하게 될 것이다. 앞장서서 새 정부의 국정과제 실현에 나서려는 사람이 없을 것이며, 모두 안전판 마련과 면피할 논리를 마련하기 급급하게 될 것이다. 실제 윤석열 정부 들어 만연한 일들이다.

정치적 책임과 행정적 헌신

선거로 선출된 국민의 대리인, 즉, 정무직 공직자들은 어떻게 직업적 관료들을 통제하고 적극적으로 동기 부여할 수 있을까? 이 문제는 역대 모든 정부의 고민거리였다. 때로 채찍을, 때로 당근을 내세우며 공직사회의 적극성과 헌신을 촉구하는 것이 정권 전체의 과제였다. 최근 문체부 서기관이 공직을 그만두면서, 꽤 자극적인 제목의 책을 내서 이슈가 된 적이 있다. 그는 공직사회가 "스스로 영리하게 일을 안 한다"고 지적한다. 이는 게을러서도, 철밥통이어서도 아니고, 쓸데없는 일들을 많이 만들어서 그렇다고 주장한다.* 최일선 초급간부인 사무관으로 10년을 열심히 일했던 경험으로 보면, 그렇게 생각할 수도 있다고 본다. 많은 부분, 나도 동의하고 공감한다. 하지만 나는 우리 공직자들이 그의 걱정보다는 더 유능하고 국가관도 투철하다고 믿는다. 다만 어떻게 선출된 권력이 생각하는 방향에서 그 성과를 극대화하도록 끌고 갈 것인가가 숙제다. 이에 대해서 나는 서울대학교 강원택 교수와 생각이 같다. 한마디로 '책임정치'가 그 해답이다. 그의 논문을 인용해 보자.**

　과거 권위주의 시절에는 정치 엘리트와 관료가 이데올로기와 가치 정향에서 높은 동질성과 물리적 융합성을 지녔던 데 비해, 민주화 이후에는 대통령과 내각으로 구성된 '선출된 정치권력'과 '관료제'의 구분이 명확해졌고, 전자에 의한 후자의 통제가 중요해졌다. 그러나 짧은 임기에도 불구하고 효과적으로 관료제를 통제하기 위해서는 대통령의 국정 목표와 가치관을 이해하고 공유할 수 있는 이들이 함께 참여하는 것이 무엇보다 중요해 보인다. 즉, 고위 공직의 '엽관제(spoils system)'를 통해 관료제에 대한 통제를 강화해야 한다는 것이다. 엽관제란 옛날 전쟁에서 승리한 부족이 승전품을 함께 나눠 가지는 것처럼, 선거에서 승리한 정치인이나 정당이 선거 승리에 도움을 준 이들에게 공직을 배분하는 것이다. 엽관제가 당선된 대통령의 사적인 관계에 지나치게 의존하는 경우라면 문제를 낳을 소지가

---

* 노한동, 2024, 『나라를 위해서 일한다는 거짓말: 한국 공직사회는 왜 그토록 무능해졌는가』, 도서출판 사이드웨이.
** 강원택, 2014, "한국의 관료제와 민주주의: 어떻게 관료를 통제할 것인가?", 「역사비평」 108호.

있지만, 정당과 같은 제도화된 집단에 대한 것이라면 고려해 볼 가치가 있다. 이는 책임정치라는 측면에서도 긍정적인 의미를 지니며, 관료 통제를 위해서도 효과적이기 때문이다.

그런 점에서, 관료제의 통제와 관련해 중요한 역할을 수행할 수 있는 것이 바로 집권당의 협력이다. 대통령과의 개인적 친분에 의해 고위공직자를 임용하거나 관료 중에서 발탁하는 경우에 비해, 정당 출신을 장관 등의 고위공직자에 임명하면 대통령에 대한 국민의 평가에 더욱 예민할 수 있다는 점에서 이들은 대통령의 국정운영에 보다 효과적인 동반자가 될 수 있다. 정당의 집권 참여가 특히 중요한 까닭은 5년 단임의 한계와 문제점을 극복하는 데 도움을 줄 수 있기 때문이다. 대통령은 5년 임기를 마치면 다시 정치적 평가를 받지 않지만, 정당은 대통령의 임기를 넘어서는 지속성을 갖는다. 5년 단임 대통령이라는 한계에도 불구하고 관료제에 대한 통제력을 확보하기 위해서는 집권당을 활용하는 일이 무엇보다 중요하다.

대통령은 취임 초부터 임기 중 추진할 정책 가운데 의제의 순위를 분명하게 정하는 것이 필요하다. 다시 말해 선택과 집중이 중요하다는 것이다. 선거 기간 중에 공약한 의제 가운데 중요성에 따라 우선순위를 정하고 정해진 시간표에 따라 주요 의제를 추진한다면 짧은 임기로 인한 관료 통제의 문제점을 어느 정도 해소할 수 있을 것이다.

그동안 관료제에 대한 긍정적 시선은 '부패하고 무능한' 정치권과 대비되면서 더욱 강화되어 왔다. 정무직인 장관의 임명 역시 정치적인 고려에 의한 것보다는 전문 지식이나 업무

수행 능력과 관련된 행정적 고려가 보다 중시되었다. 이에 비해 정치적 임용은 '낙하산'이거나 '논공행상식 정실인사'라는 비판을 받아왔다. 이처럼 정치인에 대한 낮은 평가는 결국 관료제에 대한 의존도를 높이는 결과로 이어질 수밖에 없다. 그러나 관료제가 정치에 의해 통제되지 못하면 그 폐해는 교정할 수 없다.

다시 말해, 관료제의 합리성은 확고한 정치적 통제를 통해서만 제대로 구현될 수 있다. 이를 위해서는 대통령 혼자의 힘으로는 불가능하며, 정치적인 가치를 공유하고 정치적 운명을 함께 하는 집권당의 도움이 대단히 중요하다. 국회의 제도적 권한 강화 역시 정치를 통한 관료제의 폐해 교정에 도움이 될 것이다. 그러나 이러한 것이 가능해지게 하기 위한 조건은 무엇보다 국민 사이에 여전히 팽배한 정치에 대한 불신을 해소하도록 정치권이 노력해야 한다는 점이다. 관료제의 '신화'는 깨어졌다고 하더라도 그것이 정치에 대한 '불신'을 해소한 것은 아니기 때문이다.

또 다른 연구에 따르면, 실제 공무원들은 대통령의 인사권 활용, 대통령실의 직접 지휘, 예산통제의 순서로 관료들이 국정 방향에 따르는 데 영향을 끼친다고 답하고 있다. 효과성 측면에서도 정무직 및 고위직 공무원에 대한 인사, 부처 예산의 규모 및 우선순위 통제, 대통령실의 직할 기능 강화가 각 부처의 기존 정책 기조와 내용을 새 정권의 국정 방향으로 변화시키는 데 효과적인 것으로 분석되었다.* 결국 대통령이 임명한 가치

---

* 한승주, 최흥석, 이철주, 2022, "대통령의 관료제 통제수단과 국정성과: 공무원의 인식 분석", 「행정논총」 제60권 제3호.

와 지향을 공유하는 정무직들이 리더십을 발휘해서 주요 국정과 제를 끌고 가는 것이 '영혼 없는 공직자'들이 헌신하도록 하는 가장 좋은 길이다.

대통령은 정말 모를까, 아니면 알아도 모른 척할까?

대통령이 세상 여론과 어긋난 고집을 피우게 되면, 흔히 대통령 실은 세상이 어떻게 돌아가는지도 모르는 게 아닌지 의심하곤 한다. 대통령에게 아무도 세상일을 보고하지 않으니 그렇지 않을까 생각하는 사람도 많다. 실상은 어떨까?

대통령실 직원들이 새벽부터 나와서 하는 첫 번째 일은 각 언론사의 보도 내용을 스크랩하는 것이다. 전날의 저녁 뉴스를 정리하는 것도 물론이다. 당연히 가장 관심을 두는 일은 대통령실 관련 일이다. 누가 무슨 욕이라도 했는지, 혹은 드물게라도 칭찬한 일이 있는지 파악한다. 이들 중에 중요한 것은 추려서 아침 7시 반부터 계속되는 일일 점검 회의에 차례대로 올라가며 보고한다. 이때 대통령 지지도 여론조사는 당연히 포함된다.

대통령을 오랜만에 만나게 되는 사람들은 짧은 시간 안에 자신을 어필하기 위해서, 또는 대통령에게 꼭 도움 되는 조언을 하기 위해서 최대한 압축적으로 핵심을, 또 설득력 있게 설명하려고 준비에 준비를 거듭한다. 뭔가를 적어 와서 읽는 사람도 있지만, 그건 이미 시작부터 모양이 빠질 일이다. 대부분 청산유수로 핵심을 짚는 발언을 한다. 적어도 마음속 준비를 많이 했다는 뜻이다. 내용은 대개 언론에서 지적하는 것들이지만, 나름대로 다른 메시지를 전달하고 싶어 한다. 깊은 애정과 간절함을 담아서.

그만큼 대통령 또는 대통령실에는 세상의 얘기가 압축적으로 모여든다. 그런데도 모르는 것처럼 행동할 때는 세상일을 몰라서가 아니다. 귀를 막았을 뿐이다. 이미 너무 많은 정보가 있다. 듣기 싫어서 피할 뿐이다. 윤석열 대통령은 아예 자기 입맛에 맞는 유튜브만 탐독했다고 한다. 보수언론들조차 제발 정상적인 언론 좀 보라는 사설과 칼럼을 쓸 정도였다.* 대통령실 직원들도 어느 순간이 되면 무감각해진다. 스크랩은 하지만, 내부의 방어기제가 작동한다. "또 늘 하던 이야기로 비판하는군. 제대로만 알면 이런 소리 하지 않을 텐데"하는 식이다. 윤석열 대통령이 수시로 장관들에게 국민이 잘 모르는 것 같으니, 홍보를 제대로 하라는 얘기를 했던 게 그런 방어기제 때문이다.

어느 단계가 되면, 대통령은 아예 안 듣고 알 필요도 없다고 한다. 이미 정신 승리 중이니까. 그러다 윤석열 대통령이 쫓겨났다.

---

* 김순덕, 2025.1.24., (김순덕의 도발) 언론이 초갑? 사설만 봤어도 이 지경까지 안 됐다, 동아일보.

한국 대통령의 숙명
대통령과 정부가 일하는 법

당·정·청, 님과 남 사이
레임덕은 인체로 치면 자연스러운 노화 과정이다. 한창 왕성한 시기에 더 많은 일을 해두고, 노년에 이르러 이를 다독이는 방식이 이상적인 국정운영 시계이다. 큰 틀의 시간 계획을 정해두고 차례대로 일을 추진해야 한다.

당·정·청, 님과 남 사이

대통령과 당의 시간은 다르다.

　우리는 오랫동안 '당·정·청'을 하나의 단어처럼 사용해 왔다. 집권당과 정부, 청와대가 협력하여, 혹은 공동 책임으로 국정을 운영한다는 뜻을 담고 있다. 윤석열 정부 들어 대통령실을 용산으로 옮긴 다음부터는 청와대 대신 대통령실을 나타내는 '대'를 넣어, 아직 입에 익지는 않았지만 '당정대'로 부르고 있다. 실제 영향력이나 권력의 크기와 관계없이 순서로 보면, 집권당을 앞세우고 대통령실을 의식적으로 맨 뒤에 두고 있다. 마치 1970년대까지 '군관민' 순서로 부르던 것을 민주화 이후 '민관군'으로 순서가 굳어진 것처럼.
　그런데 당정청(당정대) 협의는 그냥 관행적으로 하는 것이 아니라, 1963년부터 총리령으로 제도화되어 있다. 집권당이 행정부의 정책 수립에 직접 관여하도록 당정협의를 제도화해 둔 것이다. 정부마다 총리령에 약간씩 변화가 있기는 하지만, 지금까지 60년 이상 유지되고 있다.* 물론 다른 나라에서는 이런

---
* "당정협의업무 운영규정"(국무총리훈령 제703호).

식의 제도화 사례를 찾아보기 어렵다. 집권당과 정부 수반이 협의하지 않는다는 뜻이 아니라, 이런 식으로 진행하지는 않는다는 뜻이다. 내각제 국가들은 집권당의 대표가 수상을 맡고, 각부 장관을 의원들이 맡고 있으니 애초에 당정협의의 의미가 다르다. 대통령제 국가인 미국은 우리처럼 정례화된 당정협의는 없다고 한다. 다만 대통령이 기본적으로 정당의 지향과 가치에 입각해 국정을 운영하는 전통을 가지고 있다는 점에서 이 역시 우리와는 다른 문화를 가지고 있다. 우리는 워낙 대통령과 정부의 힘이 강했기 때문에, 최소한 형식적으로라도 당이 국정에 참여하는 통로를 제도화했다고 할 수 있다. 물론 최근 미국에서 일어나는 일들은 그런 관행이 무색한 경우가 많기는 하다.

당정협의가 필요한 이유는 지극히 상식적이다. 집권당과 정부, 대통령실이 국정운영의 전반을 함께 책임지고 있기 때문이다. 흔히 '청와대 정부'라는 말로, 대통령이 이 과정을 압도하고 있는 것처럼 되어 있지만, 당을 가장 앞에 세운 데는 이유가 있다. 당은 입법 활동이나 예산심의 등을 통해 정부와 대통령실을 뒷받침하는 것이 당면한 역할이다. 그러나 그런 이유보다 훨씬 중요한 것은, 당이 국민에 뿌리내린 대중적 기반이기 때문이다. 당의 국회의원, 시도의원, 시군구 의원들은 지역사회 구석구석에서 국민과 만난다. 대통령이 미디어를 통한 공중전으로 국민에게 자신의 생각을 전파하는 것과 달리, 당은 현장에서 사람들을 만나 국정철학을 전파하고 동시에 국민의 소리를 수렴한다. 당은 온 동네를 플래카드 홍수로 만들 수도 있다. 이는 비단 선거 기간만이 아니다. 상시적으로 당원 소통 공간을 통해 민심을 수렴하고, 또한 민원인들과의 만남을 통해 지역사회의 목소리와 국민의 육성을 듣게 된다.

문제는 양측의 국민적 지지가 높다면 당정대는 누가 시키지 않아도 자주 만나 협의하지만, 그렇지 않을 경우 삐그덕댈 수밖에 없다는 점이다. 당과 대통령의 관계는 유행가 가사 같지만, 좋을 땐 님이고, 안 좋을 땐 남처럼 된다. 좋고 나쁘고의 판단기준은 지지율과 각종 선거 결과다. 명확한 평가 기준이 있는 셈이다. 실제 대통령과 당의 지지율이 이례적으로 높았던 문재인 정부 기간에는 당정청 협의가 수시로, 또 다양한 층위에서 이루어졌다. 하지만 여러 정치적 사건으로 인해 당정 관계가 삐걱대게 되면 어김없이 당정청(대) 관계는 소 닭 보듯 하거나 급기야 파탄에 이르기도 했다. 김영삼, 김대중 대통령 말기에 가족 사건이 겹치면서 대통령이 탈당했을 때나, 의도적으로 당정 독립을 꾀했던 노무현 대통령 시기가 그런 사례다. 하지만 이런 사정이 아닌데도 이례적으로 당정관계가 엉망이 되었던 대통령도 있다. 윤석열 대통령이다. 대통령이 당대표를 억지로 만들다시피 했지만 얼마치 않아 불신해서 쫓아내거나, 아예 만나지도 않는 상황이 연출되었던 것이다. 더 나아가 여당 대표를 계엄군이 체포토록 하는 불법적 내란 행위를 저지르기도 했다.

당은 끊임없이 현장에서 올라오는 목소리의 엄중함을 바탕으로 대통령과 정부에 대해 경고하거나 방향 전환을 요구한다. 반면 대통령은 개혁과제라는 이름으로 그런 난관을 돌파해야 한다는 주문을 하곤 한다. 대통령은 단임이지만, 당은 국민에 뿌리를 내리고 지속적으로 선거에서 이길 궁리를 할 수밖에 없기 때문이다. 당과 대통령의 시간 인식에 차이가 있고, 평가 기준이 다르기 때문이다. 대통령은 단임으로서 후대에 역사적 평가를 받으면 된다지만, 당은 수시로 닥쳐오는 선거에서 이겨야 하는 풀뿌리 조직이다. 이들이 서로 다른 목표와 평가 시점을 갖는 것은 당연하다.

누가 주도해야 한다는 정답은 없다. 분명한 것은 당정이 함께 민심에 촉각을 곤두세우고 국민의 지지를 받을 수 있는 국정운영을 해야 한다는 점이다. 대통령이 당을 하수인처럼 생각하거나, 당이 대통령과 무관한 정치를 하려는 것은 공멸일 뿐이다. 당정은 좋을 때만 협력하는 것이 아니라, 어려울수록 함께 방안을 찾고 노력해야 한다. 그 소통과 존중, 협력이 깨어졌을 때 어떤 일이 벌어지는지는 우리가 최근 절절히 보았다. 서로에게 핑계를 찾지 말고, 함께 책임을 지는 것이 핵심이다. 그렇지 못할 경우 국정이, 국민이 불행해진다.

지지율에 신경 쓰지 않는다는 궤변

대통령이 일을 잘하고 있는지, 어떤지는 어떻게 알까? 참모나 주변 사람들은 불가피하게 좋은 얘기를 많이 할 수밖에 없다. 설령 나쁜 얘기를 하더라도 그 원인이 대통령에게 있지 않고, 어쩔 수 없는 외부 환경이나 적대적인 비판자 - 주로 야당 인사나 비판 언론 - 때문이라는 해석을 덧붙여 마음을 달랜다. 그러니 주변의 얘기를 들어서는 일이 잘 되는지, 안 되는지 알기 쉽지 않다. 마치 임금이 아첨하는 신하들의 얘기만 듣게 되는 것처럼.

언론의 비판도 하도 많이 듣다 보면 그러려니 하게 된다. 각 언론의 논조가 있기 때문에 일부 언론들은 원래 그렇다는 식으로 치부해 버리기 십상이다. 대다수 언론이 비판으로 돌아서더라도 "제대로 몰라서 그렇다"고 정신 승리에 매진한다. 그럴수록 칭찬만 해주는 이상한 언론, 여론도 아닌 여론에 집착한다. 유튜브가 대표적이다. 예전에는 팟캐스트 방송들이 그런 역할을 했다.

그런데 믿을 수밖에 없는 지표가 있다. 지지율 조사다. 물론 워낙 많은 지지율 조사가 진행되다 보니 이걸 전부 믿을 수 있을까 싶기는 하다. 조사 방법, 표본 등에 따라 차이가 크기도 하다. 응답률도 형편없이 낮아 보인다. 전화 상담원이 직접 하는 조사와 응답기로 진행하는 조사는 원래 차이가 크다. 그러나 내가 보기에 이들은 기본적으로 믿을 수 있다. 적어도 선거관리위원회에 자료를 등록하는 조사들은 통계기법이나 절차상 신뢰할 수 있기 때문이다. 다만 조사 방법 등에 따른 차이만 유의해서 보면 된다. 어떤 경우든 트렌드는 같게 나오기 마련이다. 물론 최근 조작에 가까운 유도성 조사 사례들이 있어, 그런 것만 걸러보면 된다.

이들 지지도 조사에 일희일비할 필요는 없다. 세상은 소란하기 마련이고, 특히 다소 여론에 어긋나더라도 개혁과제를 추진할 수밖에 없기 때문이다. 하지만 "선수는 전광판을 보지 않는다"는 식으로 아예 외면하는 것은 틀렸다. 대통령이나 정부가 하는 일이 제대로 국민의 마음을 얻고 있는지 그나마 객관적으로 볼 수 있는 지표가 지지율 조사이기 때문이다. 민주화 이후 우리나라에서는 축적된 조사 결과가 있기도 하다. 중간중간 있는 선거들이 결정적인 민심 확인 수단이기는 하지만, 매주 흐름을 알 수 있는 지표는 지지율 추이이다. 임기 말로 갈수록 경향적으로 낮은 것은 어쩔 수 없다 하더라도, 이례적인 하락에 대해서는 원인을 짚어보고 고칠 것은 고쳐 나가야 한다. 지지율에 신경 쓰지 않는다는 말은 정신 승리를 넘어서 궤변이다. 그러다 한 방에 해결하려 한 윤석열 정부는 스스로 무너졌다.

중층적으로 이뤄져야 할 당정청 협의

당정은 한 몸으로 국정을 책임져야 한다. 좋을 때만 신나서 만나고, 나쁠 때는 서로 핑계 대며 안 만나는 것은 올바른 국정운영이 아니다. 이 때문에 당정협의 자체가 총리령으로 제도화되어 있기도 하다. 그런데 당정 간의 소통과 협력은 그런 제도의 수준을 훨씬 넘어선다. 언론에도 많이 알려진 것이 당대표, 총리가 참석하는 이른바 '당정대 회의'다. 윤석열 정부는 대개 일요일에 부정기적으로 회의를 개최했던 것으로 보인다. 언론에 모두 발언을 공개하고 있으므로 어떤 의제로 무엇을 논의하는지 짐작할 수 있다. 그러나 이런 공개회의는 그야말로 빙산의 일각일 뿐이다. 훨씬 다양한 층위의 모임이 다차원적으로 진행될 뿐 아니라, 정무수석과 비서관들은 가장 중요한 고유 업무가 당 및 국회와의 소통이다.

대통령은 종종 당의 주요 인사들과 만난다. 식사할 수도 있고 술을 함께 할 수도 있다. 윤석열 정부 기간에 당대표나 최고위원들을 만나는 일정이 뉴스거리가 되는 것 자체가 코미디였다. 대통령은 행정부의 수반이기도 하지만, 국정운영을 위한 정치력의 정점에 있는 사람이다. 대통령은 여당 대표뿐 아니라 야당 대표도 만날 수 있고, 나아가 만나야 한다. 이 역시 대단한 뉴스가 되는 것도 놀라운 일이다. 그러나 현실에서 야당 대표를 만나는 일은 드물다 못해 희귀한 일이 되고 말았다. 한국적 대립 정치의 한 단면이 아닐 수 없다. 비서실장과 정무수석은 대통령과 집권당, 나아가 야당 의원이 만나는 자리를 기획하고 조율하는 일을 담당해야 한다. 언젠가부터 이런 일들이 희귀한 이벤트가 되어버렸고, 그 결과는 우리 모두 잘 알고 있다.

그런데 당정청이 만나는 방식은 일정이 공개되는 이런 식의 최고위층 회의에 국한되지 않는다. 내 경험으로 보자면, 당 대표, 총리, 청와대 비서실장이 참석하는 〈고위당정청 회의〉와 당 정책위의장, 국무조정실장, 청와대 주요 수석이 참석하는 〈당정청 실무회의〉가 거의 매주 정례적으로 열렸다. 우선 고위당정청 회의는 매우 중요한 상황공유 및 의견조율 회의였다. 매주 일요일 저녁, 총리공관에서 저녁 식사를 겸해서 회의가 열리는데, 당에서는 대표, 원내대표, 정책위의장이, 정부에서는 총리와 국무조정실장, 그리고 필요하면 주요 현안이 있는 부처 장관, 청와대는 비서실장, 정책실장, 정무수석이 참석했다. 8명 내외가 저녁을 먹으며 한 주 동안의 현안과 다음 주 대응 기조를 논의했다. 이름하여 8인회였는데, 총리로서는 다음 날 있을 대통령과의 정례면담 때 논의할 의제를 다듬는 자리이기도 했다. 모임이 있기 전후로 몇 사람씩 만나서 관련 현안을 논의하는 것도 자연스러운 모임 활용법이었다. 나는 정책실장일 때 파트너라고 할 수 있는 정책위의장과 30분 정도 미리 만나서 필요한 협의를 하곤 했다.

그리고 다소 실무적인 모임은 당정청 실무회의였다. 매주 목요일 아침 7시에 만나서 도시락을 먹으면서 그 주의 주요 현안에 대해 빠르게 짚어보는 회의였다. 주로 청와대 근처에서 만났는데, 이는 청와대의 현안점검회의 일정이 8시 10분부터 진행된다는 것을 감안했기 때문이다. 당 정책위 의장이 회의를 주관하여, 국무조정실 차장, 정책실 주요 수석이 참석해서 주요 쟁점, 국회 대응 일정 등을 협의했다. 이외에도 핵심 정책현안이 있으면 상임위 간사와 주요 의원, 청와대 수석, 비서관이나 정부 장·차관이 참석하는 회의가 수시로 열렸다. 내 경험상 단골 메뉴는 부동산 대책, 교육대책, 탈원전을 포함한 에너지 대책, 보건의료 대책 등이었다. 이 자리에서 청와대, 정부, 그리고 당의 입장을 이야기하고, 대응책을 논의했던 기억이 난다.

당은 특히 문제점에 주목한다. 당연하지만 정부나 청와대가 정책추진의 필요성과 당위성에 주목한다면, 당은 부작용이나 문제점을 염려하고 대응책 세우는 데 고민이 많다. 당은 정부가 미리 다 결정하고 추인받으려 한다고 불만이다. 반면 정부는 당이 너무 여론을 의식해서 문제를 회피하려 한다고 불만이다. 둘 다 수긍이 갈 수밖에 없는 상황이다. 그럼에도 이렇게 다른 관점과 접근법을 조율하고 조정하는 것이 당정협의의 목적이다. 이 긴장 관계가 국정을 더 발전시킨다. 그것이 불편하다고 회피하면, 결국 정부와 집권당 모두가 무너지게 된다.

권력의 순환 주기와 레임덕

우리나라뿐 아니라 대통령제를 채택한 많은 나라들이 대통령의 권력 약화를 읽는 신호는 바로 레임덕이다. 원래 '절름발이 오리'라는 뜻이지만, 임기 종료를 앞둔 대통령 등의 지도자 또는 그 시기에 있는 지도력의 공백 상태를 이르는 말이다. 그러잖아도 뒤뚱거리며 걷는 오리인데, 다리 한쪽에 문제가 생겼으니 얼마나 걸음걸이가 힘들겠는가? 레임덕에 빠진 대통령이 겪는 대표적인 증상은 주요 정책의 추진 동력과 국정 장악력이 떨어지는 것이다.

역대 모든 정부는 임기 후반기로 갈수록 국정 장악력이 떨어진 것이 상례였다. 윤석열 정부는 후반기는커녕 중반도 못 넘겨서 다른 정부들의 임기 마무리 무렵의 지지율을 보이는 바람에 '데드덕'이라는 얘기를 듣기까지 했다. 그러나 일반적으로는 집권 초기 높은 지지율을 구가하지만, 초기의 높은 기대가 차츰 각종 정치 사회적 갈등과 국내외 안보 현안이 불거지면서 점차 국민의 실망이 나타나고, 반환점을 돈 집권 4년 차에는 각종 비리 사건이 터지면서 급속도로 국정 장악력을 잃어가는 패턴을 보여왔다.* 실제 다음 그래프에서 보는 것처럼 민주화 이후 모든 정부는 지지율이 시점이나 정도에서 차이가 있기는 했지만, 비슷하게 우하향하는 추이를 보여왔다.

〈그림〉 대통령 지지율 변화(1993년 1분기 - 2022년 1분기)

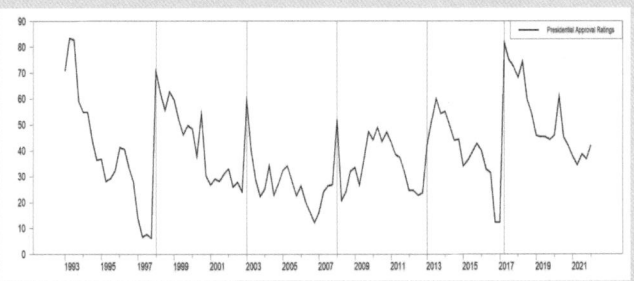

자료: 박진수, 이한수, 2023, "북한 위협과 대통령 지지도의 선택적 결집", 「한국정치학회보」 제57집 제3호, 74쪽.

학계에서는 이런 레임덕이 발생하는 이유에 대해 임기 말로 갈수록 정권의 성과에 대한 대중들이 실망하는 상황에서, 차기 리더십을 고르는 과정이 시작되면서 지배 블록 내부에서 갈등이 발생하는 점을 기본 구조로 둔다. 여기다 집권 세력 내부의 친인척 비리 등 부정부패는 급속한 지지율 하락을 초래한다. 더구나 이런 위기 상황에 대해 대통령이 제대로 대응하지 못하면 레임덕이 본격적으로 나타난다.** 대통령의 임기 중반에 실시되는 국회의원 선거나 지방선거, 혹은 재·보궐 선거는 종종 집권당의 패배로 나타나고, 이는 대통령의 국정운영 동력을 약화시킬 수 있다.

권력은 강하면 강할수록, 그것이 약화될 때 더욱 나락으로 떨어진다. 더구나 약화되는 권력을 지키려 할수록 권력을 잃는 속도는 더 빨라진다. 대통령 권력의 핵심은 인사권인데, 임기 후반으로 갈수록 행사할 인사 자리가 줄어든다. 좋은 사람들은 벌써 차기를 내다보고 고사하기 시작한다. 대통령의 지지율이 떨어지면 더욱 잠재적 차기 권력에 줄서기 마련이다. 할 수 없이 그 자리는 주로 관료들이 채우게 된다. 관료들은 굳이 정권과 운명을 같이 할 만큼 온몸을 바치지 않는 것이 상례다. 집권당의 공천에 별다른 영향을 끼칠 수 없을 때, 여당이 대통령과 차별화를 시작하는 것도 마찬가지다.

이처럼 레임덕은 정치 현상으로서는 불가피하다. 특히 5년 단임제하에서는. 그렇더라도 국민경제와 안보, 복지를 책임진 정부가 레임덕이라고 비틀거릴 수는 없지 않은가? 임기 하반기에도 정부가 해야 할 일은 어떤 차질도 없이 진행해야 한다. 그러기 위해서는 역대 정부들의 경험을 되돌아보면, 임기 초 1~2년 사이에 주요 개혁 과제들을 모두 궤도에 올려두고, 이후 이를 안정적으로 관리하고 보완하는 방식으로 국정운영을 하는 것이 옳은 해법이다. 물론 꼭 필요한 개혁과제는 국민의 동의를 얻어 임기 후반에도 추진할 수 있지만, 그만한 정치력이 요구된다. 그나마 성공했던 일로 기억되는 것들은 노무현 정부의 연금개혁과 한미FTA 추진 정도이다. 역대 어느 정부든 임기 후반, 이미 레임덕이 시작된 이후의 무리한 개혁이 성공했던 것을 본 적이 없다.

결국 레임덕은 인체로 치면 자연스러운 노화 과정이다. 한창 왕성한 시기에 더 많은 일을 해두고, 노년에 이르러 이를 다독이는 방식이 이상적인 국정운영 시계이다. 그런 만큼 국정을 담당할 세력들은 집권 이후 큰 틀의 시간 계획을 정해두고 차례대로 일을 추진해야 한다. 2025년 1월 시작한 2기 트럼프 행정부가 집권 후 첫 상원의원 선거 전까지를 핵심 정책추진 시기로 잡은 것도 그런 계획의 하나라고 본다. 반면 집권 초부터 엉뚱한 이념논쟁에 스스로 뛰어들더니, 셀프 탄핵으로 아무 일도 못 하고 끝낸 윤석열 정부는 최악의 조기 레임덕 유발 사례이다.

---

* 정한울, 2011, 「역대 정권 레임덕 현상과 4년차 이명박 정부의 과제」, EAI.
** 신현기, 2021, "대통령을 끝까지 지지하는 사람은 누구인가: 인지부조화이론에 근거한 문재인 대통령 임기말 지지율 분석", 한국행정학회 동계학술대회.

한국 대통령의 숙명
대통령과 정부가 일하는 법

정부 조직과 문화
최고위 공직자에게는 두 가지가 중요하다. "충분히 듣고", "결정은 명확하게".

정부 조직과 문화

공직은 원래 상명하복인가?

　군대를 다녀온 사람들이라면 안다. 계급사회가 어떤 것인지. 상관, 특히 지휘관의 지시는 하급자가 따르도록 정해져 있다. 그것이 어떤 법률적 근거가 있는지 굳이 알 필요도 없다. 무엇보다 전투와 같은 절체절명의 상황에 대처하기 위해서는 윗사람의 결정에 일사불란하게 복종하고 이행하는 것이 효율적이라는 것을 경험적으로 잘 알고 있기 때문이다. 상급자는 이미 더 많은 전투 경험과 훈련을 통해 더 나은 판단과 결정을 내릴 수 있다는 것이 입증되었다고 할 수 있다. 이는 평시의 의사결정에도 동일하게 적용된다.

　군대와 같은 위계질서와 절대복종이 전제된 계급조직은 아니지만, 공직사회도 비슷한 계급체계를 가지고 있다. 상급자는 의사결정의 권한뿐 아니라 그만큼 책임도 크다. 실무자들의 의견을 참고하기는 하지만, 최종 책임은 결국 상급자의 몫이기 때문이다. 그만큼 직급이 올라갈수록 능력배양은 중요하다. 수많은 교육훈련과 해외 파견 등은 모두 공무원들의 실력을 키우기 위한 노력이다. 그중에서도 더 우수한 사람을 선발해서 승진시키고, 또 더 많은 책임을 부여하는 구조이다.

상급자는 권한이 큰 만큼 그를 감당할 만한 능력이 필요하다. 이 능력에는 경험과 훈련을 통해 다져진 판단력, 제반 정책 환경을 이해하는 지식, 부하직원들을 통솔할 수 있는 리더십, 그리고 타 부서와의 소통과 협업 능력을 포함한다. 이들 능력이 우수할수록 더 빨리 승진하고, 중책을 맡게 되는 것은 물론이다. 그러나 간혹 그런 능력이 부족한데도 주요 직책을 맡게 될 경우, 부하직원들은 답답함을 호소하게 되는 것이 당연하다.

그런 점에서 최근의 공직사회는 더 똑똑하고 능력 있는 직원들의 시대를 맞이했다. 특히 공직 경쟁률이 워낙 높아지면서, 중하위직이라고 할 수 있는 9급, 7급 공채 시험을 통해 진입한 공무원들의 수준이 과거와 비교할 수 없게 우수해졌다. 문제는 이들의 수월성이 행정조직의 의사결정 체계 안에서 충분히 발휘되지 못한다는 것이다. 의욕에 가득 찼던 입직자들도 얼마 지나지 않아 계급사회의 무사안일 분위기에 안주하는 일이 허다하다. 능력치를 개발했다던 상급자들이 실제로는 행정문화에 '잘 적응'했던 사람들이 다수였던 탓도 있다. 이 때문에 정부는 젊은 입직자들의 새로운 혁신 기운을 어떻게든 행정에 반영하고 접목시키려 노력하게 된다. 가장 적극적이었을 때가 노무현 정부 기간, 정부혁신 차원에서 수많은 과제를 추진했던 때였다. 특히 젊은 직원들의 〈혁신보드(Innovation Board)〉를 만들어서 새로운 바람을 불어넣으려 애썼다. 물론 그 성과가 어떠했는지는 판단이 다를 수 있지만, 아무튼 당시는 상명하복이 체질화된 행정문화를 바꾸는 데 온 정부가 매달리다시피 했다. 혁신피로감 얘기가 나왔던 것은 물론이다.

임석 상관 대화 점유율로 보는 정부조직 문화

요즘 직장에서 젊은 사람들의 회식 분위기는 잘 모르겠다. 이미 내가 나이 들기도 했지만, 학교에 근무하고 있다가 보니 여기서 접하는 모임 분위기는 사뭇 다르기 때문이다. 마흔 살 정도 차이 나는 조교들과 식사해도 분위기가 참 자유롭다.

그런데 우리 사회는 오랫동안 직장의 문화가 회식에도 그대로 투영되어 왔다. 업무의 연장이었고, 자리를 함께하는 가장 높은 사람(이른바 임석 상관)이 회식의 시작과 끝나는 시간, 메뉴, 그리고 분위기까지 결정하는 것이 당연시되었다. 반면 MZ세대들은 직장 회식에 대해서 불필요한 개인 시간 침해로 보는 경향이 많다고 한다. 직장에 따라 차이가 있겠지만, 저녁 회식은 1년에 몇 차례 안 되고 대개 점심으로 간단히 한다고 들었다. 저녁 회식도 술에 주안점을 두는 것이 아니라 공연 관람이나 스포츠 이벤트를 갖기도 한다고 한다.

고위 공무원들의 회식은 어떨까? 나는 2000년대 초반과 2018년 전후, 고위 공무원들과 업무협의 또는 단합 차원에서 모임을 종종 가졌다. 장관이 새로 임명되면 고위 참모들과 청와대 수석 등이 저녁 자리를 갖는 것은 당연한 절차처럼 추진되었다. 나는 관여하던 부처의 범위가 넓었기 때문에 거의 전 부처와 모임을 가져보았다. 이때 재미있는 현상을 보았다. 임석 상관의 대화 점유율이 부처마다 다르다는 것이다. 물론 개인차가 있기는 하지만, 부처별 분위기는 뚜렷한 차이가 있었다. 특히 해당 부처 출신이 상관인 경우 거의 부처별 표준 같은 것이 느껴졌다.

가장 임석 상관 대화 점유율이 높은 곳은 당연히 상명하복 분위기가 철저한 권력기관들이다. 검찰의 검사장급이 임석 상관인 모임에 참석한 적이 있는데, 대화의 90%는 점유하는 것으로 보였다. 무슨 술을 얼마나 마실지도 그가 결정했다. 국세청도 비슷했다. 국방부는 당연하지만, 나는 해군 출신이던 송영무 장관 시절 완전히 다른 분위기여서 놀랐다. 오히려 실·국장들이 더 많이 얘기하고, 장관은 경청하는 식이었다. 장관의 성품도 있었고, 당시 1급들 중에는 군 출신이 아니라 타 부처나 민간 출신들이 포함되어 있어 그러기도 했을 것 같다.

그런데 특이한 조직이 있는데 행정안전부다. 일반적으로 권력기관이란 생각이 들지 않는 부처이지만, 역시 90% 이상의 점유율을 보이는 것 같았다. 바로 구 내무부의 문화 때문이다. 지금도 과장급들은 지방 부시장이나 부군수를 지낸 사람들이 많다. 1급 실장 중에는 부지사 출신들도 상당하다. 지역에서 기관장을 하던 문화가 은연중에 영향을 끼친 것으로 보인다. 반면 가장 점유율이 낮은 부처는 여성가족부였던 기억이 난다. 자유롭게 대화하고 분위기도 즐거웠다. 장관의 대화 점유율은 30% 정도? 환경부는 반반 정도? 국토부는 높은 편이었다. 물론 임석 상관의 스타일이 중요하겠지만, 부처의 조직문화가 신기하게 회식 분위기에도 영향을 주는 것을 보았다.

회식에 참석한 가장 높은 사람이 분위기를 주도 하는 것은 이해할 수 있을 뿐 아니라 당연하다. 때로 격려나 위로, 때로 단합 등을 위해 분위기를 만들어 내는 것도 상사의 책임이다. 그러나 말을 혼자 다 하는 것은 다른 문제다. 계급 순서대로 대화 점유율이 달라지고, 다른 참석자들은 그저 추임새나 넣게 된다면 그건 모임이 아니라 또 다른 업무지시 회의다.

세상 변화는 공직에도 적용된다.

　X세대, Z세대, 밀레니얼 세대, MZ세대, '1988년생', '1990년대생' 등등 출생 시기에 따른 세대 얘기가 분분하다. 관련 서적이 봇물을 이루고, 몇몇 책들은 베스트셀러까지 되었다. 특히 1990년생, 나이로 따지면 35세에 대한 책들이 많다. 직장에서 90년생을 어떻게 대해야 하는 책들이 여럿 있을뿐더러, 급기야 정부에서도 『90년생 공무원이 왔다』(2020년)는 보고서를 내기까지 했다.

　세대를 사전적으로 정의하면 '어떤 특성을 공유하고 동류의식을 지닌 비슷한 연령대의 사람들'이다. 물론 개인 특성이 중요하겠지만, 특정 시기 출생한 집단들이 유사한 성장환경, 사고방식, 지향을 가지고 있다는 점에서 세대 논의는 나름대로 의미가 있다. 이들 논의는 기본적으로 서구 사회에서 신세대들의 사고방식이나 행동양식, 소비패턴 등이 크게 차이가 있다는 점에 주목하면서 분출되기 시작했다. X세대, 밀레니얼 세대, Z세대, MZ세대 등은 이미 일상용어가 된 지 오래다.

　직장문화에서 나타나는 세대별 특징은 모두의 관심사다. 각 세대가 서로의 문화나 태도를 이해하지 못하는 것을 넘어, 조직의 소통과 협업을 방해하는 상황에 이르렀기 때문이다. 결과는 잦은 이직, 생산성 저하로 이어질 수 있다. 이는 공직사회라고 예외는 없다. 세상 변화는 공직이라고 봐주지 않는다. 심지어 군대에까지 청년 세대들의 특징이 뚜렷이 나타나는 세상이다. 이 때문에 행정안전부는 2020년 『90년생 공무원이 왔다』는 보고서를 통해 각 세대가 어떻게 다르게 생각하는지, 또 그래서 어떻게 협업해야 할지를 제시했다. 이 보고서는 1960~70년대 생 '시니어 공무원'(1,196명)과 1980~2000년대 출생 '주니어 공무원'(1,810명)들로 나누어 조사했다.

보고서에 따르면, '공직사회 일하는 방식이 효율적이라고 생각하는가'라는 질문에 주니어 공무원은 56.9%가 부정적 응답을 했다. 반면 시니어 공무원들은 보통(48.4%)이라는 응답이 가장 많았다. 비효율적이라고 보는 응답 비율은 33.1%로 젊은 세대의 절반 수준이었다. 주니어 공무원들이 공직사회를 비효율적으로 보는 가장 큰 이유는 보고방식(42.8%)이었는데, 보고서 양식 꾸미기 치중(46.0%)과 지나친 대면보고 선호(21.3%)를, 회의방식 가운데에는 과도한 회의자료 작성(51.6%)과 부서장 주도의 일방적 회의(18.4%)가 가장 개선이 시급하다고 봤다.

조사 대상 주니어 공무원의 89.2%는 경직된 사고와 권위적 태도를 보이는 상관이나 어른을 지칭하는 이른바 '꼰대'가 자신의 회사에 있다고 답했다. 가장 흔하게 볼 수 있는 꼰대 유형으로는 과거 경험만 중시하고 세대별 차이를 무시하는 '라떼는 말이야형'(50.7%)을 꼽았다. 추구하는 직장생활 키워드는 주니어·시니어 공무원 모두 '일과 가정의 양립'을 1순위로 꼽았다. 주니어는 67.1%, 시니어는 60.5%가 일·가정 양립을 중시했다. 하지만 그다음 순위는 차이가 있었다. 주니어 공무원은 일한 만큼의 보상(44.6%), 성취감(39.4%), 자유로움(35.0%), 자아성장(34.4%) 순인 데 비해 시니어는 성취감(44.0%), 소속감(35.1%), 일한 만큼의 보상(34.9%), 자아성장(27.4%) 순이었다. 젊은 세대들은 실제 보상이 따라야 한다는 입장이고, 시니어 세대들은 성취감 같은 전통적 공직의 보람이 중요하다는 것을 알 수 있다. 세대 차가 가장 뚜렷하게 드러난 항목은 회식이나 등산 등 업무 외적 친목 도모 활동에 대한 시각이었다. 주니어 공무원은 회식 등에 대해 개인의 여가 시간을 침해하는 것으로 보는 반면, 시니어 공무원은 조직 결속이나 업무에 도움이 되는 것으로 보는 경향이 컸다.

그렇다면 이른바 MZ세대의 공무원들은 모든 상명하복을 거부하는 것일까? 최근 한국행정연구원은 신세대 공무원들이 어렵게 들어와서, 곧 이직하는 이유를 살피기 위해 조사를 실시했다.* 그에 따르면 MZ세대 내에서도 밀레니얼 세대(1980~1994년)와 Z세대(1995~2005년), 즉, 20대와 30대도 각기 다른 것으로 나타났다. 밀레니얼 세대는 조직 내 혁신·변화가 없을 때, Z세대는 조직 내 소통이 어렵고 수직적인 관계일 경우 이직 욕구가 상승하는 것으로 나타났다. 정부가 젊은 공무원의 이탈을 막으려면 MZ세대를 단일 세대로 간주하지 않고 보다 세심한 대책을 펴야 한다는 것이다.

그런데 모두가 걱정하던 '위계문화' 자체는 공무원의 오히려 이직 의향을 감소시키는 것으로 나타났다. 관료제 등 폐쇄적 조직문화가 부정적 영향을 준다는 일반적 인식과는 상반된 것이다. 조직의 체계성, 명확성이 오히려 공무원 직무수행의 모호성

---

* 한국행정연구원, 2024, 「조직문화가 공무원의 이직의도에 미치는 영향: 밀레니얼 세대와 Z세대의 조절효과를 중심으로」.

을 낮추고 책임 범위를 명확하게 하는 순기능을 한다고 연구원은 분석했다. 이에 한국행정연구원은 "절대적 상명하복, 하향식 문화 등 관료제의 병폐 현상으로 지적되는 문제점은 줄이되, 명확한 업무 지침, 책임의 명확화 등으로 공무원의 직무 예측 가능성을 높여 주는 것은 오히려 공무원의 사기를 높이고 공직사회의 지속성을 높이는 데 도움이 될 수 있다"고 설명했다. 내 경험과도 일치한다.

잘 듣고, 결정은 분명하게

장·차관이나 공공기관장, 그리고 대통령실 고위직들은 말 한마디 한마디가 대외적으로 뿐 아니라 내부적으로도 큰 무게를 갖는다. 각종 보고나 회의 때 기관장이나 최상급자의 발언, 표정, 태도가 의사결정에 미치는 영향은 너무나 크다. 공직이 작동하는 원리가 상급자의 더 많은 책임과 지시에 바탕을 두고 있는 만큼, 최상급자들의 태도가 중요한 것이다. MZ세대 공무원들조차 공직의 위계가 제대로 발휘되는 것이 오히려 안정감을 준다고 보고 있다. 그렇다면 최상급자들은 그저 결정하고 지시만 하면 될까? 그럴 리는 없다. 모든 최상급자가 모든 사안에 정통할 수는 없는 일이다. 설령 자신이 가장 잘 아는 일이라 하더라도 그것은 과거 경험에 바탕을 둔 것일 뿐, 새로운 시대에는 어떤 판단 요소가 있는지 반드시 다시 생각해야 한다. 과거의 성공을 바탕으로 최상급자가 된 사람들은 자신의 지식과 경험, 판단이 옳다는 인식에 갇혀 있을 가능성이 매우 높다. 그러나 바뀐 시대에는 그것이 독이 될 수 있다.

그런 점에서 두 가지가 중요하다. "충분히 듣고", "결정은 명확하게" 해야 한다. 다른 말로 하면, 충분히 듣지 않고 자기 말만 해서는 안 되며, 결정을 모호하게 하거나 면피성으로 해서는 안 된다는 것이다. 두 가지는 모두 지켜져야 할 일이다. 안 듣고 결정만 단호하게 해서는 안 된다는 뜻이기도 하다. 실제 최고위급 인사들은 하루에도 수십 건의 보고를 받거나, 크고 작은 최종 의사결정을 해야 할 경우가 많다. 대부분은 아래에서부터 올라오는 과정에서 이미 충분한 논의가 이루어졌고, 실무 책임자의 판단을 알고 있으면 되는 수준이다. 그러나 때로 민감한 현안이나 사회적 파장이 우려되는 쟁점들이 있다. 이런 경우 관련 회의를 열어 의사결정을 하게 된다. 이럴 때 최상급자의 태도가 중요하다. 그동안의 경과나 찬반에 대한 의견을 다 듣기도 전에 자신의 견해를 먼저 제시하고, 더 나아가 자기가 모든 얘기를 하게 되면, 회의 참석자들은 모두 입을 닫는다. 그저 받아 적기만 하게 될 것이다. 혹은 얘기를 모두 경청하는 것은 좋은데, 모호하게 결론을 내려서 뭘 하자는지 모를 때가 있다. 이 역시 최악이다. 물론 당장 결론을 낼 수 없으니, 한 번 더 검토하자는 것도 중요 결정이다. 다만 그럴 때는 무엇은 정해졌고 무엇이 남았는지 명확히 해서, 한 단계 매듭은 지어야 한다.

앞에서 젊은 세대 공무원들이 원하는 공직문화에 대해 확인했다. 잘 듣고 존중하되 확실한 리더십을 발휘해 달라는 것이다. 자기 말만 하는 것도 문제지만, 그냥 듣기만 하는 것도 문제다. 마냥 결정을 못하고 시간을 끄는 리더는 조직의 해악이다. 우리는 일상에서 그런 양극단 사례들을 종종 만난다. 윤석열 대통령은 안 듣고 자기 말만 했던 가장 나쁜 사례의 전형이다. 경청하되, 결론은 그 자리에서 명확히 내려줘야 하는 것이 리더십이다.

의대 증원 사태의 해석

이제 온 국민이 신물 나게 알게 된 문제가 있다. 의과대학 정원 얘기다. 2022년 2월, 총선을 두 달 앞두고 의과대학 입학정원을 연간 3,058명에서 5,058명으로 2,000명 늘리겠다는 발표를 하면서 시작된 일이다. 실제 최종적으로는 1,509명을 늘린 4,567명으로 확정되어 2025학년도 입시까지 진행되었다. 말하자면 입학정원을 갑자기 50% 늘린 셈이다. 이후 벌어진 과정은 잘 알고 있다. 전공의들의 대부분이 수련을 포기하고 사직했고, 의대생들은 사실상 전원 동맹 휴학을 했다. 적어도 한 해 동안 우리나라 의사 배출이 중단된 셈이다. 전문의들이 종합병원을 떠나면서 의료공백 우려가 크게 제기되기도 했다. 특히 응급의료에 대한 염려가 컸다. 그럼에도 어떻든 정부와 의료계 모두가 물러서지 않았고, 국민들은 불안한 가운데 1년을 보냈다. 그러다 결국 1년 만인 2025년 3월, 올해 의대 모집 정원은 원래대로 3,058명으로 되돌리겠다고 정부는 손을 들었다.

의대정원은 첨예한 이슈다. 의사들이 돈을 많이 번다는 측면에서만 보면 기득권 지키기 아니냐고 쉽게 재단할 수 있지만, 문제는 그보다 훨씬 복잡하고 복합적이다. 필수의료 부족, 지방의료 고사, 고령화에 따른 수요 증가, 서울 대규모 병원으로의 중증환자 집중, 전공의들의 혹사, 오랜 의사 양성기간, 환자의 권리, 비급여 문제,

실손보험의 부작용, 건강보험 보장성 등등 여러 이슈가 복합되어 있다. 우리만 그런 것이 아니라, 다른 나라들도 이 문제는 중대한 사회적 합의가 필요한 쟁점이다. 반도체 학과를 신설하고 정원을 늘리는 문제 수준과는 완전히 다른 이슈인 것이다.

의사가 지금보다 많아진다면 의료 서비스 수준이 높아질까? 농촌 지역에도 의사가 늘어나고, 왕진과 같은 방문 서비스도 쉽게 이용하게 될까? 코로나19 사태를 겪으면서 더 절감한 일이지만 의과학자들을 늘리려면 의사가 더 필요하지 않을까? 산부인과, 소아과 전문의가 부족한 것은 의사부족 때문인가, 시스템 때문인가? 의사가 더 많이 배출되면 분명 나아지는 점이 있을 텐데, 얼마가 적당할까? 숫자를 콕 집어 말하기 어려운 쟁점이다. 판단의 근거가 다르고 앞날을 예측하는 변수들도 다양하기 때문이다.

그럼에도 불구하고 우리 국민은 의사 배출을 늘려야 된다는 믿음을 가지고 있다고 본다. 의료계 내에서도 어느 정도 의사 배출 확대가 필요하다는 공감대가 있다고 생각한다. 실제 2024년 1월 9일, 의대 학장 모임인 한국의과대학·의학전문대학원협회(KAMC)는 2025학년도 입학정원에 반영할 수 있는 의대 증원 규모는 350명이 적절하다는 입장을 내놓기도 했다. 물론 협상을 위한 카드였을 테니까, 내 짐작으로는 500명 정도의 증원은 진통이 있기는 하겠지만 어떻든 수용되었을 것으로 본다.

그럼에도 윤석열 정부는 총선을 앞두고, 2,000명 증원을 강하게 밀어붙였다. 나는 이는 협상용이고 실제로는 1,000명 이하에서 타협되지 않을까 짐작했다. 그것만 해도 큰 성과가 될 거라는 생각이었다. 그런데 모두의 예상과 다르게 진행되었다. 1,500명 수준에서 완강히 버텼고, 의료계도 물러서지 않았다. 2024년에는 의사 배출이 사실상 중단됨으로써, 앞으로 장기간 후유증을 남길 것으로 보인다. 의료계 인사들은 예상이 안 될 정도의 후유증으로 보고 있다. 새 정부가 출범하면 첫 번째 수습해야 할 일이 의대증원 후유증 처리일 것이다.

그렇다면 윤석열 대통령은 왜 2,000명, 혹은 1,509명을 그렇게 고집했을까? 보수언론은 물론이고 국민의힘에서도 적정선에서 타협할 것을 요청했다지만, 정부는 요지부동이었다. 나의 해석은 이렇다. 윤석열 대통령이 건설노조 진압 경험 등을 바탕으로 강하게 밀어붙이면 의사들도 결국 따라올 수밖에 없다고 생각했을 것 같다. 또 "문재인 정부는 기껏 400명 증원도 의료계 반발 때문에 실행 못 했지만" 우리는 다르다"는 차별화 의식이 강했을 것으로 본다. 이해 집단에 무력하게 넘어갔기 때문이라는 것이다. 실제 윤석열 대통령은 이런 생각을 종종 밝히기도 했다. 그동안 내세울 만한 민생성과 라고는 없던 터에 국민적 지지를 보이는 의대증원에 정치적으로 집착한 것이다. 문재인 정부와 차별화된 단호함과 결단력 과시, 거기다 '돈 많이 버는 의사'에 대한 반발심 등을, 총선을 앞두고 호재를 만들었다고 생각했다. 하지만 총선 직전 의대증원에 대한 담화 발표는 오히려 불통, 독선으로 문제를 각인시켰고 반감을 낳았을 뿐이다. 총선 참패의 원인 중 하나가 되기도 했다.

이후에도 윤석열 대통령은 요지부동이었다. 이런저런 협상 필요성이 제기되기도 했지만, 번번이 대통령실에서 막혀버렸다. 이제 차기 정부로 넘어간 수습책은 어떤 방향이 될지 예측 불가다. 그럼에도 이번 증원사태가 가져온 긍정적 영향도 분명히 있을 것이다. 전공의들의 희생에 힘입었던 빅5 병원 집중이 완화된 긍정 효과가 있다. 늘어났던 전문병원들의 가치를 확인할 수 있었다. 동네 구석구석 자리 잡은 의원들의 1차 의료 효과도 확인했다.

그럼에도 의사 배출이 사실상 1년간 중단되었던 후유증이 어떻게 나타날지는 예측이 안 된다. 필수의료나 지방의료를 수가체계 개선만으로 해결할 수 있을 것 같지 않다. 비급여 진료를 해결해야 할 필요성이 더 높아졌지만, 동네의원들의 이해관계가 직결되어 있어서 염려된다. 문재인 케어가 바로 이 문제를 해결하는 데 주안점이 있었지만, 윤석열 대통령은 내용도 모르면서 조롱했다. 자기는 해결할 거라는 식으로. 결국 본질적인 문제는 여전히 해결되지 않았다.

윤석열 대통령의 뚝심 혹은 아집이 만들어 낸 의대증원 사태는 아직 현재진행형이다. 적절한 선에서 타협이 되었다면 사회적 비용을 최소화하면서 더 큰 성과를 만들어 냈을 것으로 보지만 현실은 그렇지 못했다. 이제 의료개혁과 관련된 모든 의제가 테이블에 올라왔다. 건강보험 보장률 제고, 비급여 축소, 부담이 큰 간병의 급여화나 보호자 없는 병원 확대, 1, 2, 3차 병원 체계 정상화, 필수의료 강화, 왕진 등 커뮤니티 케어 확대 등등이 모두 테이블 위에 놓여있다. 윤석열 정부는 문재인 케어를 그냥 실패라고 규정하는 데 급급해서 의사 숫자에만 집착하는 바람에 문제를 왜곡시켜 버렸다. 결국 비급여 축소 등 문재인 케어의 취지를 되살리려 한 것이 막판의 일들이었다. 새 정부는 윤석열 정부의 의대증원을 그냥 바보 같은 짓이었다고만 볼 것이 아니라, 그 과정에서 드러난 문제를 종합적으로 해결해 나가야 한다. 윤석열 정부의 의료개혁 실패는 전임 문재인 정부의 문제의식을 그냥 무시하고 조롱했던 데서 시작되었음을 명심했으면 한다.

---

* 문재인 정부에서는 2020년 코로나바이러스감염증-19로 인한 공공인력 부족을 실감하고 10년을 기한으로 연 400명 증원, 총 4,000명의 의사를 추가 양성하는 방향으로 의대 정원 확대를 추진했었다. 그러나 의료계의 강력한 반발과 2020년 의료정책 추진 반대 집단행동, 코로나바이러스감염증-19 확산으로 인하여, 코로나 확산이 안정되는 시점에 원점에서 재논의하기로 물러섰다.

한국 대통령의 숙명
대통령과 정부가 일하는 법

위기관리의 원리
사회의 레질리언스(회복력) 관점에서 보자면, 재난 이후에 대처하는 방식이 중요하다. 정부의 책임을 모면하려 하고, 피해자를 가해자로 둔갑시켜서는 안 된다.

위기관리의 원리

대형 재난에 어떻게 대처할 것인가?

　세상이 하루도 조용한 날이 없는 것처럼, 정부 운영도 하루도 조용한 날이 없다. 조용하다면 오히려 이상할 것이다. 크고 작은 사건, 사고들은 그 숫자를 헤아리기도 어렵다. 매년 화재는 약 4만 건이 발생하고 그로 인해 300명 내외가 귀한 목숨을 잃는다.* 교통사고는 연간 약 20만 건, 사망자는 약 2,500명이다. 인구 10만 명당 교통사고 사망자는 20여 년 전에 비해 1/4로 줄었지만, 아직 매일 7명 가까이 생명을 잃고 있다.** 경찰에 신고되는 강력 사건은 매년 약 150만 건이 발생하고 있다.*** 모두 우리 사회가 줄이기 위해 노력하는 일들이지만 현실은 그리 간단하지 않다.
　그런데 이런 사건, 사고 중에서도 대형 사고는 예고 없이 닥쳐온다. 우리 기억에도 여전히 선명하지만, 세월호 침몰 사고,

---

* 2023년, 소방청.
** 2023년, 도로교통공단.
*** 살인, 강도, 강간·강제추행, 절도, 폭력의 5대 범죄, 2023년, 경찰청.

이태원 참사, 제주항공기 사고, 밀양 세종병원 화재, 대구 지하철 방화 참사 같은 일들이다. 조금 다른 유형이기는 하지만, 경주지진, 포항지진, 춘천 산사태처럼 자연재해와 연결된 예기치 못한 일들도 있다. 그중에서도 세월호 침몰 사고나 이태원 참사는 그 과정이나 피해 규모가 도저히 납득이 안 되기에, 지금도 우리 사회에 깊은 상처를 남기고 있다.

물론 이런 대형 사건 사고는 그 징후가 미리 나타난다는 게 이른바 하인리히 법칙이다. 1931년 미국의 보험회사 관리감독자였던 허버트 윌리엄 하인리히(Herbert William Heinrich)는 그의 저서 <산업재해예방(Industrial Accident Prevention: A Scientific Approach)>에서 사고는 예측하지 못하는 한순간에 갑자기 오는 것이 아니라 그 전에 여러 번 경고성 징후를 보낸다고 주장했다. 바로 1 : 29 : 300의 법칙이다. 심각한 안전사고가 1건 일어나려면 그 전에 동일한 원인으로 경미한 사고가 29건, 위험에 노출되는 경험이 300건 정도가 이미 존재한다는 것이다. 결국 이런 신호를 우리 사회가 제대로 읽지 못했다는 뜻이다. 뭔가 관성에 빠져서, 더 효율적이라는 이유로, 이제 괜찮겠지 하는 막연한 자신감으로, 그런 재난을 상상하지 못하는 것이다. 막상 터지고 나서야 허겁지겁 작은 신호에도 예민하게 대응하는 체제를 갖추지만, 상처는 너무나 크다. 특히 우리나라는 내실보다는 속도, 안전보다는 효율에 익숙한 사회였기에, 언제나 큰 사고를 겪고서야 그에 대한 대비책들을 세워왔다.

이와 함께 예상치 못한 재난보다도, 그 발생한 재난에 대처하는 사회의 역량과 태도가 더 문제라는 시각이 있다. 대형 재난을 완벽히 예방하는 것이 불가능하다면, 재난이 발생한 이후의 대처라도 잘하는 것이 중요하다. 이때 2005년, 미국 앨라배마주 주도인 뉴올리언스가 태풍 카트리나 피해를 보고 대처한 방식은 미국뿐 아니라 전 세계에 충격을 안겨줬다. 역대 가장 강력한 태풍에 속하기는 했지만, 연례적으로 태풍이 오는 도시에서 무려 1,200명이 사망하는 사고를 겪은 것이다. 태풍으로 침수된 저지대가 며칠씩 방치되는 바람에, 아무도 돌보지 않았던 주민들은 도움을 호소했고 일부는 상점을 털기도 했다. 행정이나 지역사회는 이들을 구호하는 데 뛰어들기보다 비난하고 갈라치는 식으로 대처했다. 그 사이 폭염 속에 고립된 노인, 환자들은 목숨을 잃을 수밖에 없었다. 세계에서 가장 부유한 나라에서 홍수 자체보다 홍수로 고립된 사람들이 아사하는 사태가 벌어졌던 것이다.

  미국 같은 세계 최고의 선진국에서 어떻게 이런 재난이 일어났고, 더구나 이재민 구조나 사후 수습 과정이 이렇게 엉망일 수 있는가는 충격이었다. 이후 관련 학계에서는 재난 자체가 발생하는 것은 있을 수 있다지만, 그것에 대처하는 것은 평소의 사회적 역량이 결정짓는다는 '회복탄력성' 논의가 확산하게 된다. 회복탄력성, 영어로는 레질리언스(resilience)란 용수철이 눌러졌다가 손을 떼면 제자리로 돌아오는 현상을 의미한다. 즉, 사회가 뭔가 충격을 받았더라도 다시 원상태로 돌아올 수 있는 능력이 중요하다는 뜻이다. 이때 평소의 행정역량과 사회적 신뢰가 결국 재난과 같은 위기를 극복하는 데 핵심이라는 사실이 밝혀졌다.* 대형 재난을 모두 예방할 수는 없지만, 발생한 재난을 극복하는 능력은 공동체 역량, 행정의 효율성, 사회에 대한 신뢰에 달려 있는 것이다.

모든 재난은 깊은 상처를 남긴다. 특히 상상할 수 없는 수준의 대규모 재난은 트라우마라고 할 수 있는 깊은 상흔을 새긴다. 정부로서는 최선을 다한다고 했겠지만, 회복될 수 없는 상처를 입은 피해자나 유가족들은 제대로 된 진상규명과 관계자 처벌을 장기간 요구할 수 있다. 정부의 투명하고 진솔한 대응도 중요하지만, 시간도 필요하다. 지금까지도 우리 사회가 일본의 진정성 있는 사과를 요구하고 있는 상황을 감안하면 대형 재난이 남긴 상처를 극복하기 위해서는 연민과 관용 속에서 시간을 감내해야 한다. 그런데 세월호 참사에서는 어처구니없는 일이 벌어졌다. 이른바 폭식 투쟁이다. 진상규명을 요구하며 광화문에서 장기간 단식투쟁을 벌이던 유가족을 조롱하기 위해 그 곁에서 극우단체 회원들이 집단으로 치킨과 피자를 먹으며 조롱한 일이다. 전 국민이 개탄한 반인륜적인 일이었다.

한국 사회의 도덕적 수준을 막장까지 보여준 이 사건은, 2014년 8월 31일부터 9월 7일까지 일베저장소 회원들이 세월호 유가족들의 단식농성장인 광화문에서 피자 등의 음식들을 가지고 먹거리 파티를 한 사건이다. 그런데 이 사건은 그냥 일부 몰지각한 개인들의 일탈행위를 넘어 정권 차원의 조직적인 부추김이 있었던 것으로 밝혀졌다. 박근혜 정부 탄핵 이후 구성된 특검의 조사 결과, 조윤선 문체부 장관이 대한민국어버이연합을

---

* 장덕진 외, 2015, 『세월호가 우리에게 묻다』, 한울아카데미.

동원해 지속해서 세월호 가족들을 비난하는 '반세월호 집회'를 열도록 한 것이 드러난 것이다. 또한 당시 민정수석이었던 고 김영한 수석의 비망록 2014년 8월 23일 자를 보면 "자살 방조죄, 단식 생명 위해 행위, 국민적 비난이 가해지도록 언론을 지도하라"는 내용이 있었다. 메모 옆에는 장(長)이라는 한자가 적혀 있었는데 이는 김기춘 비서실장이 직접 지시한 것을 뜻한다.* 이것이 의미하는 것은 당연히 일베가 김기춘의 의도와 공작에 아주 충실하게 활동했다는 것이다. 이런 식의 반인륜적 대응이 결국 박근혜 대통령 탄핵까지 이어진 것은 물론이다.

유사한 일이 이태원 참사에서도 벌어졌다. 김기현 국민의힘 대표와 박대출 정책위의장은 2023년 9월 6일 이태원 참사 촛불시위와 일본 후쿠시마 원자력 발전소 오염수 방류 반대 시위 등에 대해 "북한이 지령을 보내면 그대로 실현되고 있다"고 주장했다. 정부의 무책임한 태도를 비판하고 안전을 우려한 시민 행동에 색깔론을 뒤집어씌운 것이다. 물론 북한이 지령을 내렸다는 증거는 제시하지 않았다. 이런 식의 태도가 2024년 총선에서 국민의힘이 대패하는 배경 중의 하나가 되었던 것도 당연하다.

이처럼 우리 사회가 대형 재난을 대하는 자세는 한탄스럽다. 사회의 레질리언스 관점에서 보자면, 천박하고 위험한 사회이다. 재난을 막지 못한 것보다, 그 재난에 대처하는 방식이 편을 가르고, 정부의 책임을 모면하려 하고, 피해자를 가해자로 둔갑시키는 방식이다. 태풍 카트리나 사태에서 미국 사회가 겪

---

* 한겨레신문, 2016.12.6., 김기춘, 세월호 동조단식에 비난 가해지도록 언론 지도

었던 일들이다. 이는 공동체를 파괴하고 사회를 분열시키며, 결국 우리의 재난 대비 능력을 약화시키게 될 것이다.

위기대응의 권한과 책임

이제 정책적 위기에 정부는 어떻게 대처할 것인가를 생각해 보자. 갑작스레 닥치는 대형 재난, 사고와 달리 정부의 정책수행 과정에서 '예기치 못한' 일들이 발생하는 경우가 허다하다. 물론 여기서 정말 예기치 못했는지, 아니면 제대로 예상하지 못했는지는 별개의 문제이기는 하다. 대다수 문제는 계획 자체가 안이했거나, 정책집행 과정에서 위기관리를 소홀히 했기 때문이다. 그럼에도 중요한 것은 문제를 알아차렸을 때 수습하고 바로잡아가는 과정이다.

그런 점에서 2023년의 잼버리 사태는 두고두고 곱씹어봐야 할 교훈을 남겼다. 2023년 8월 1일부터 12일까지, 전북 부안의 새만금 간척지 일대에서는 전 세계 150개국에서 약 4만 3천여 명의 청소년들이 모여 야영하면서 각국의 문화 체험과 공동체 의식을 기르는 행사가 열리게 되어 있었다. 2016년, 나름대로 치열한 경쟁을 거쳐 전북 부안 새만금 일대가 개최지로 선정되었다. 모두 1,100억 원이 넘는 돈이 쓰이는 국가적 행사였다. 2023년 8월 1일, 윤석열 대통령이 스카우트 단복을 입고 개회식에 참석함으로써 대여정이 시작되었다.

그러나 곧바로 우려했던 문제들이 터져 나왔다. 한더위에다 벌레, 화장실과 샤워 시설 부족, 배수가 안 되어 질척거리는 부지, 볕 하나 피할 수 없는 행사장. 최정예 군인들이라 해도 견디기 어려운 상황인 것은 하루 만에 모두 드러났다. 환자가 속출했지만 제대로 대처하지도 못했다. 6년이나 준비했다고 했지만, 코로나 시기를 감안하더라도 터무니없는 상황이었다. 담당 부처인 여성가족부 장관이 단 하루도 행사장에서 자지 않았던 것도 드러났다. 국내의 비판은 물론이고 세계 각지에서 비난과 조롱이 몰려왔다. 급기야 일부 국가들이 철수를 시작했고, 결국 정부는 태풍이 몰려온다는 이유를 대고 8월 8일, 전원 대도시 지역으로 이동시켰다. 대신 문화 체험과 K팝 공연으로 청소년들을 달랠 수밖에 없었다. 국가적 대망신이 아닐 수 없었다. 불과 몇 년 전 평창동계올림픽을 성공적으로 치러냈던 나라가 맞는지 의심하지 않을 수 없었다. 한순간에 국격이 땅에 떨어지는 것을 보았다.

평창동계올림픽 당시 청와대의 TF팀장을 맡아서, 국제행사의 전 과정을 살펴보았던 나로서는 더욱 기도 안 찰 일이었다. 어떻게 정부가 불과 몇 년 만에 이렇게 무능해질 수 있을까? 한국의 공무원들이 곧바로 모두 무능한 사람들로 바뀐 것도 아닐 텐데. 평창올림픽의 경험을 바탕으로 나는 왜 이런 일이 생겼을까 생각해 보았다.

이런 식의 대규모 국제행사는 여러 조직, 단체들이 참여한다. 공식적인 기구는 잼버리대회 조직위원회와 집행 단위인 잼버리대회 사무처이다. 여기는 관련된 정부 부처와 기관이 모두 참여하게 되는데, 주관부처인 여성가족부 외에도 행정안전부,

문화체육관광부, 보건복지부, 전라북도, 농어촌공사 등이 관계되어 있다. 큰 대회이니까 여러 조직이 함께해야 한다는 취지이지만, 다르게 말하면 모두 책임을 조금씩 나눠 갖고 있다는 뜻이기도 하다. 각 조직들의 생각이 다르거나, 방향에 차이가 있으면 얼마든지 배가 산으로 갈 수 있는 것이다.

2017년 5월 12일, 박근혜 정부 탄핵으로 주요 국정이 6개월 이상 중지된 상태에서 청와대 정책인수팀장으로 출근을 시작했다. 바로 며칠 뒤 동계올림픽 조직위원장을 만나 첫 설명을 들었다. 추가적인 지원이 절실하다는 것이었다. 올림픽이 반년 정도 남은 상황이었다. 이후 문체부, 강원도 등의 얘기를 들어 보니, 다들 서로에 대해 불만이 가득 차 있었다. 준비가 지체된 것들이 많았다. 심지어 사람 바꿔 달라는 얘기도 많았다. 나의 결론은 아무도 바꿔서는 안 된다는 것이었다. 실제로 한 사람도 바꾸지 않았다. 일단 지금까지 해 온 것을 믿고, 필요한 일이 있으면 보완해서 해결하는 것을 원칙으로 했다. 정권은 바뀌었지만, 정부는 믿어야 한다. 그럼, 각 주체들의 차이나 반목을 어떻게 해결할 것인가? 그걸 해결하는 것이 컨트롤타워다. 이 정도 국가행사는 청와대가 컨트롤타워가 될 수밖에 없다. 각 조직이 모두 필요한 일들을 해 나가되, 논란이 있거나 쟁점이 되는 부분은 청와대가 직접 듣고 조율했다. 사실 청와대가 회의를 개최한다는 사실만으로도 상당수 쟁점은 사전에 미리 조율이 되었다.

그런데 잼버리대회는 이들 차이를 책임 있게, 또 권위를 가지고 조정하는 주체가 없었을 것으로 보인다. 전라북도, 부안

군, 여가부, 행안부, 문체부는 모두 각자의 목표, 가치, 권능 범위가 있다. 전라북도는 어떻게든 새만금을 홍보하고 살리는 게 잼버리 행사 유치의 목표였다. 대회 자체에 대한 이해가 낮았다. 이 기회에 인프라를 구축하고 새만금의 중요성을 국가적으로 알리고자 했을 것이다. 여가부는 청소년 업무를 담당하고 있다는 이유로 이 행사의 주관을 맡았지만, 이렇게 큰 행사의 운영 원리를 이해하지 못했던 것으로 보인다. 단적으로 여가부 장관이 현지, 다시 말해 텐트에서 단 하루도 자 보지 않았던 것을 보면 알 수 있다. 더구나 윤석열 정부가 여가부 해체를 주장했으니, 동기부여도 되지 않는 상태였다. 행안부나 문체부는 다분히 지원하라니 한다는 정도의 태도였던 것 같다. 이런 것들을 조율하라고 있는 곳이 국무총리실(국무조정실)과 대통령실이다. 특히 행사 규모로 보면 국무조정실이 조율하면 될 수준이었다고 생각된다. 그런 점에서 나는 이 행사의 컨트롤타워는 국무조정실이며, 최종 책임은 총리에게 있었다고 본다. 하지만 이것이 작동하지 않았다. 아니 작동해야 할 필요성 자체를 느끼지 못했던 것으로 생각된다. 더구나 대통령이 개막식을 주관한다는 것은 대회의 성패가 대통령 평가와 직결될 것인데, 여기에 대한 대통령실의 인식도 안이하기 짝이 없었다. 대통령실이 국가적 평가와 위기관리의 최종적 책임이라는 점을 생각하면, 대통령실이 위기 징후를 찾아서 총리나 부처에 강력히 지시했어야 하는데 그런 흔적이 보이지 않는다.

묻고 싶다. 각 부처 장관, 차관, 1급 공무원, 국장급 공무원, 대통령실 수석, 비서관, 행정관 중에 실제 대회 전에 텐트에서 하루라도 자 본 사람이 누구인지. 누구 한 사람이라도 그렇게 해 보았다면, 이런 엉터리 같은 준비 상황에 비상 제동장치를 눌렀을 것이다. 특히 이 행사가 잘못되었을 때 가장 타격을 많이 입는 쪽이, 즉, 책임이 가장 큰 쪽이 그 비상 장치를 작동시켰어야 한다. 이 문제가 터졌을 때, 누가 욕을 가장 많이 먹었을까? 조직위원회, 전북도, 여가부가 아니다. 사실상 대통령이다. 따라서 총리실이나 대통령실이 이 행사를 사전에 점검하고 비상조치를 취했어야 한다. 그런 점에서 잼버리 사태는 국정 컨트롤타워의 위기관리 실패 때문이다. 정부와 공무원은 몇 년 전 평창동계올림픽을 치렀을 때와 똑같았다. 정권이 바뀌었을 뿐이다.

    평창동계올림픽은 규모나 준비 상황이 잼버리와는 비교할 수 없는 것이 사실이다. 예산 규모만도 철도건설 같은 인프라를 제외해도 40~50배나 되기 때문이다. 하지만 원리는 같다. 여러 이해집단이 참여하는 일일수록 컨트롤타워가 중요하며, 어떻든 최종 책임은 대통령이 진다는 생각을 해야 한다. 모든 일에 대통령실이 나설 수도 없고 나서서도 안 되지만, 책임을 지고 처리하지 않으면 안 되는 일도 있다. 국민의 안전, 국가적 위신이 걸린 일일수록 그렇다. 고도의 정무적 판단을 중심에 둔 대통령실은 정부가 시행하는 각종 사안의 경중을 따져서 개입할 건 개입하고, 빠질 건 빠져줘야 한다. 청와대 정부라고 비난하지만, 위기 시에 대통령실이 책임 있게 수습하지 않는다면 누가 할 것인가? 이럴 때 행사하라고 권한을 부여한 것이다.

    평창올림픽과 관련해서 내 경험 두 가지만 얘기하려 한다.

알다시피 평창동계올림픽은 황태덕장으로 유명한 횡계면(대관령면) 언덕바지에 주 행사장이 설치되었다. 지금은 철거하고 올림픽 공원으로 조성되어 있다. 당시 모두의 걱정은 추운 날씨였다. 유달리 추운 겨울이었는데, 철거할 시설이었기에 대부분은 가설이었다. 방한 대책이 제대로 세워졌을 리 없다. 당시 걱정하는 사람들이 많았는데, 잼버리 때와 유사한 얘기도 있었다. 즉, 동계올림픽은 원래 추운 것이 특징인데, 굳이 행사장 보온에 너무 신경 쓰지 않아도 된다는 것이었다. 마치 잼버리대회가 원래 고생하려고 야영하는 것인데, 너무 쾌적하게 준비하지 않아도 된다고 봤던 일부 사람들처럼. 당시 야간에는 체감기온 영하 20도를 넘나들 때였다. 꼬박 3시간씩 앉아서 개막식을 지켜봐야 할 사람들에게는 너무 안이한 접근이었다.

이런저런 대책을 모두 세웠다고 하는 상황에서 개막 1주일 전, 최종 리허설이 있었다. 당시 이낙연 총리가 임석했고, 청와대에서는 나와 비서관들이 함께 갔다. 나는 대통령께서 앉을 자리에, 예상되는 복장 그대로 - 즉, 정장에 코트만 입은 채로 전체 리허설을 참관했다. 단 한 번 화장실을 다녀온 것을 제외하고는 자리를 지켰다. 그 추위와 바람을 모두 견뎌보았고, 바로 보완책이 실시되었다. 비서관, 행정관들은 관객석에서 자리를 지켰다. 다행히 개막 당일의 날씨는 기적적으로 포근하기까지 했다. 총리를 포함해 대통령실의 핵심 인사들이 비상 상황을 가정하고 상황을 직접 점검하는 것이 관건이다. 잼버리대회는 필시 이 과정이 없었을 것이다.

또 한 가지는 동계올림픽이 한참 진행되던 시점에 발생한 노로바이러스 식중독 문제였다. 선수단, 운영자, 자원봉사자 등 수만 명을 대상으로 대규모 집단급식이 이뤄지는 상황에서 식중독은 가장 무서운 일이었다. 국가적 위신과도 관련이 있었다. 우려했던 일들이 벌어지기 시작했다. 우선 자원봉사자 숙소에서 벌어졌고, 점차 선수단 쪽으로도 번지지 않을까 걱정되었다. 그런데 들리는 얘기로는 현장에서 갈등이 있다고 했다. 실제 급식을 총괄하는 쪽과 식중독을 관리하는 쪽, 각 지원부처의 입장이 갈리고 있었다. 아침에 그 소식을 듣고 바로 회의 개최를 요청하고는 평창행 기차를 탔다. 청와대 TF 팀장이 무슨 권한이 있는지는 중요하지 않았다. 일단 서로 갈등하는 사안이 자체적으로 조정되지 않을 때는 청와대가 나서지 않을 수 없다는 것이 내 생각이었다. 다행히 회의 개최만으로도 많은 사안들이 조율되었다. 비상시에는 군부대 전투식량이라도 활용하기로 하는 등 응급대책을 다시 한 번 확인하고 마무리되었다.

이런 경험에서 비춰보면 잼버리대회 파탄은 결국 컨트롤타워 부재 때문이라는 것이 내 생각이다. 특히 총리실의 태도가 너무 안이했다. 이미 복잡한 문제를 안고 있다는 것이 사전에 언론 등을 통해 포착되었다. 총리실에는 민정 기능도 있어서 챙겨봤어야 마땅하다. 주요 고위공직자들이 아무도 현장에서 잠을 자 보지 않았을 것이 분명한데도 이를 간과했다. 첫 번째 중요한 것이 현장성이고, 두 번째 중요한 것이 문제를 파악하고 해결하는 컨트롤타워의 책임감이다. 권한이 크면 책임도 크다. 그것들을 제대로 행사하지 못했던 것이다. 어떻든 실기했지만, 잼버리 고유의 방식을 과감히 포기하고 모두 도시지역으로 소개시

킨 다음, K문화 체험으로 바꾼 것은 어쩔 수 없었다고 본다. 뒤늦게 큰 교훈을 얻었다.

포항지진과 수능시험 연기

수능시험은 대한민국 국민이라면 누구나 한 번쯤 겪었을 청춘의 관문이다. 시험 이름은 예비고사, 학력고사 등으로 바뀌기는 했지만, 고등학교 3학년 초겨울, 전국의 모든 학생들이 한데 모여 동시에 시험을 치는 방식은 수십 년 동안 바뀌지 않았다. 시험 날에는 비행기 이착륙 시간이 조정되고 행여 정전이라도 될까 한전은 초비상이 걸린다. 이미 오래전 추억이 되었을지 모르지만, 지금도 몇십만 명씩 해마다 이 악몽 같은 경험을 되풀이하고 있다. 학생들의 컨디션 관리는 물론이고 우리나라의 모든 대학입시 일정도 이 수능시험에 맞춰져 있다.

그런데 만약 수능시험이 연기된다면? 물론 국제행사 등으로 사전에 일정이 조정된 사례는 몇 번 있다. 그러나 하루 전날 연기된다면? 전쟁이라도 터지면 있을 수 있는 일이겠지만, 실제로 이런 일이 2017년 일어났다. 바로 수능을 하루 앞둔 11월 15일 오후 2시 22분부터 30분간에 걸쳐 포항지역에서 발생한 지진 때문이다. 당시 지진은 경주지진에 이어 근래 발생한 가장 강한 지진이었다. 피해 규모는 경주지진보다 오히려 더 컸다. 당장 내일로 다가온 수능은 어떻게 해야 할까? 오후 3시쯤 교육부는 내일 수능시험은 그대로 치른다는 방침을 일단 발표한 상태였다. 당시까지만 해도 수능 시험 도중 지진이 발생하더라도 기본적으로 진행한다는 데 방점이 있었다. 나도 피해지역을 중심으로 대책을 세우되, 수능시험은 그대로 진행해야 한다는 생각이 들었다. 이미 전국의 수험생들이 예비 소집을 마친 상태인 데다 시험지까지 배송 완료되었기 때문이다.

그렇게 마음먹고 있던 중에 대통령께서 해외순방에서 귀국하셨다.

청와대로 복귀한 다음, 오후 4시 30분에 수석들 간담회를 소집했다. 당장 화제는 포항지진과 수능시험이었다. 구두로 상황을 보고드리고 예정대로 추진하는 방안을 말씀드렸다. 그런데 놀랍게도 첫 질문이 수능을 그대로 할 수 있겠느냐? 하는 것이었다. 당신이 2016년, 경주지진 당시 양산 사저에서 겪은 경험을 전해주면서 시험 연기 검토를 주문하셨다. 상상해 보지 못했던 일이지만, 반신반의하면서 자리를 물러났다.

이후 김부겸 행안부 장관이 포항지역을 가서 대통령과 통화했다. 이대로 추진하기 어렵겠다는 취지였다. 교육부 장관도 비슷한 생각이었다. 그래서 결국 저녁 7시 30분쯤 연기가 결정되었다. 교육부 장관과 통화하고 관저에 계시던 대통령께 보고드렸다. 후속 조치 지시를 받았고, 8시 뉴스에 연기 사실을 발표했다. 만약 연기하지 않았다면, 다음날 진도 3.6의 여진이 큰 논란을 불러왔을 것이다. 가슴을 쓸어내렸다. 엄청난 대비책을 세웠던 일주일 뒤의 시험은 다행히 여진도 없이 마무리되었다.

물론 시험 연기 때문에 피해나 손해를 본 학생들도 있을 것이다. 자신의 컨디션을 최상으로 맞추어 두었던 학생들은 날벼락을 맞은 셈이다. 하지만 전 국민이 같은 조건과 기회를 가져야 한다는 수능시험. 포항지역만 여진의 공포 속에서 시험을 치르게 하는 것도 온당치 못했다. 국민여론도 우호적이었을 뿐 아니라 오히려 정부의 결단을 환영하고 칭찬했다.

이 일을 겪으면서 나는 재난을 대하는 정부의 태도에 대해 생각했다. 재난에 대해서는 언제나 관행과 관성을 넘어선 상상력이 필요하다는 것을. 또 그런 상상력은 리더가 가능성을 열어줘야 한다는 것. 대통령이 연기를 검토해 보라고 지시하시기는 했지만, 실무적으로 확인해서 원래대로 진행할 수도 있었을 것이다. 그러나 원래대로 하기로 했다가 연기하는 결정을 하기는 어렵다. 반대쪽 상상력의 여지를 열어주는 게 리더의 역할이라 할 수 있다. 적어도 재난에 대해서는.

사건 사고는 언제나 발생한다. 대통령이 신이 아닌 이상 언제나 깨어 있으면서 모든 사건 사고를 즉각적으로 보고받고 구체적인 지시를 한다는 것은 말도 안 되는 일이다. 하지만 국민의 생명과 안전에 대한 최고 통치자의 접근 방식은 위기 상황에서 실무자들의 행동에 큰 영향을 미친다. 대통령의 즉각적인 말 한마디가 사고를 대하는 지휘관과 실무자들의 태도에 막대한 영향을 미치고, 현장 대응의 우선순위가 달라진다는 뜻이다.* 재난에 대해서는 과잉 대응이 언제나 낫다.

---

* 이병군, 2023, 『어쩌다 청와대 공무원』, 갈마바람, 39쪽.

한국 대통령의 숙명
대통령과 정부가 일하는 법

정책정당과 국책연구원
국책연구원을 넘어서는 싱크탱크 시대를 열어야 하는 일은 이미 한참 늦었다. 지금 당장 정당이나 의회 주도 싱크탱크를 강화해야 한다.

정책정당과 국책연구원

선진국 중 유일한 국책연구원 시스템

우리가 한국 정치에서 자주 안타까워하는 일 중의 하나는 정당의 정책기능이 너무 취약하다는 것이다. 근본적으로는 각 정당이 오래 지속되지 못하고 선거 결과에 따라 수시로 이합집산하는 데다, 대선 캠프 중심으로 정당의 정책 기조가 변하기 때문일 것이다. 그러나 이는 정당 자체의 정책역량이 허약한 문제와 서로 연결되어 있다. 정당이 치열하게 정책을 고민하고, 자신들의 가치와 지향을 발전시켜 내지 못하니까 대선 후보의 캠프가 쉽게 자신들의 정책 기조를 결정해 버리는 것을 정당화하게 된다.

이런 문제의식 때문에 각 정당도 나름대로 정책기능 강화를 위해 노력해 왔다. 무엇보다 국고에서 배분되는 정당별 국고보조금의 30%를 정책개발에 사용하도록 의무화한 것이다. 2024년의 정당 보조금이 약 840억 원 정도이므로, 민주당, 국민의힘 각각 100억 원 이상의 정책개발비가 지원된다. 이 재정의 대부분은 두 정당의 정책연구기관인 민주연구원과 여의도연구원에서 사용한다. 하지만 잘 알고 있는 것처럼, 이들 정당 연구소의 연구 및 정책개발 역량은 취약하다 못해 빈약한 실정이다. 민주연구원과 여의도연구원 모두 정확한 인력을 공개하고 있지 않지만, 박사급 연구원이 거의 없다고 해야 할 정도이다. 여의도연구원은 한동안 여론조사만큼은 정확하다고 정평이 나 있었으나, 이마저 최근에는 무너진 상태다.* 실제로는 배정된 재원의 대부분이 당원 교육, 여론조사, 그리고 관련된 인력의 인건비로 사용되고 있다. 당대표가 지명하는 연구원장은, 당대표 자신이 임기를 못 채우는 경우가 허다하기 때문에, 재임 기간도 얼마 되지 않는다.

물론 각 정당에는 정책위원회가 있다. 정책위 의장은 원내대표, 사무총장과 함께 당 3역으로서 중책이다. 여당의 경우 분야별로 정책조정위원회를 두기도 한다. 정책위원회는 정부는 물론 타당과의 정책협상을 담당하는 주체이다. 공약집 등을 준비하는 공식 조직이기도 하다. 그러나 현실적으로 정책위원회는 현안 정책을 추진하거나 혹은 반대하는 데 주력하기 때문에, 긴 흐름의 정책 기조를 수립, 유지하는 일과는 거리가 있다. 개별 의원들의 정책활동도 여당은 정부의 요청에 부응하는 '청부입법'인 경우가 많고, 대부분의 입법안은 실적 쌓기용에 그치기 십상이다.

이렇게 정당 자체의 정책개발 역량이 취약한 가운데, 우리나라는 특이하게도 국책 연구기관들이 수조 원의 예산을 받아서

---

* 2024.4.26., 여의도연구원 노동조합은 박사급 연구원이 1명밖에 남아있지 않다는 사실을 포함해서 각종 전횡 등에 항의하는 입장문을 발표했다.

집행하고 있다. 과학기술 분야의 R&D 연구개발 기능이라면 이해가 되지만, 경제, 인문, 사회 분야에서도 30개 가까운 연구기관에 수천 명의 박사급 연구원들이 조 단위가 넘는 돈을 들여 정부의 정책개발을 지원하고 있다. 정당 연구소에 지급되는 국가재정이 통틀어 250억 원 수준인 데 반해, 그 40배나 되는 돈이 국책연구원에 지출되는 것이다. 여기에는 정부 기관으로부터 받는 수탁 연구 예산은 제외한 금액이다.

그러나 이런 식의 국책연구원을 두는 선진국들은 없다. 주로 내각제를 채택하고 있는 유럽 국가들은 기본적으로 정당 부설이나 각 정당과 뜻을 같이하는 민간연구소들이 정책 및 전략을 개발하는 전통을 가지고 있다. 미국도 역시 정당과 뜻을 같이하는 민간 싱크탱크들이 정책개발을 담당하고 있다. 보수적 입장을 뒷받침하는 헤리티지 재단과 진보적 입장을 뒷받침하는 브루킹스 재단은 우리나라에도 잘 알려진 곳들이다. 특히 이번에 대선에서 이긴 트럼프 2기의 공약은 헤리티지 재단에서 마련했다. 일본도 우리식의 국책연구원은 없다. 같은 동아시아 국가지만, 우리나라에는 시도마다 있는 지자체 싱크탱크도 없다. 반면 중국은 사회과학원과 같은 강력한 국책연구원들이 있다. 개발도상국 시절에는 우수 인력을 확보하면서, 정부 주도의 개발 전략을 수립할 연구기관들이 필요하기 때문이다.

〈그림 13-1〉 주요 국책 및 지자체 연구원

과학기술정책연구원	국토연구원	대외경제정책연구원	산업연구원
에너지경제연구원	정보통신정책연구원	통일연구원	한국개발연구원
한국교육개발원	한국교육과정평가원	한국교통연구원	한국노동연구원
한국농촌경제연구원	한국법제연구원	한국보건사회연구원	한국여성정책연구원
한국조세재정연구원	한국직업능력연구원	한국청소년정책연구원	한국해양수산개발원
한국행정연구원	한국형사·법무정책연구원	한국환경연구원	건축공간연구원
KDI국제정책대학원	육아정책연구소	한국문화관광연구원	+ 16개 시도연구원

우리나라도 경제개발 초기에는 이들 국책연구원이 정책 방향을 잡는 데 역할을 톡톡히 했다. 우리도 잘 아는 KDI(한국개발연구원), 산업연구원, 보건사회연구원, 국토연구원, 교통연구원 등 국책연구원들은 한국의 경제, 사회발전 전략을 뒷받침해 왔다. KDI 같은 경우는 해외에서 공부를 마친 우수 인력 유치를 위해 파격적인 월급과 아파트 제공까지 약속했다. KDI가 지금은 금값이 된 반포아파트(현재 재건축사업 진행 중)를 한때 무려 51채나 소유하고 있었던 이유다. 그러나 개발도상국은 진작에 졸업하고, 경제력 수준으로 세계 10위권에 도달한 우리나라에서 아직 국책 연구기관들이 여전히 활동하고 있다는 것은 어째 이상하다. 몇 년마다 정권이 바뀌는 시대의 국책연구원도 이상하기는 마찬가지다. 박정희 대통령 시절, 정권 교체란 아예 예상되지도 않을 때 일관된 정책지향을 수립하는 것이 낯설지 않았지만, 이제 정권 교체가 상례가 된 마당에 국책 연구기관이 언제나 동일한 입장을 견지할 수도 없다. 이미 그런 경험을 여러 번 했는데, 그 중 특히 4대강 대운하 사업 비밀 추진에 동원되었던 한 박사가 양심선언을 했던 일을 기억할 것이다. 자신의 가치에 맞지 않는 일을 뒷받침하도록 강요할 수는 없는 셈이다.

과거 공무원들의 역량이 아직 성숙되지 않았을 때, 국책연구원의 전문가 집단이 그만한 역할을 보완했다면 지금은 그렇지 않다. 공무원들도 해외 유학, 국내 연수 기회 등을 통해 박사학위 소지자가 급증하고 있다. 덩달아 어학 능력도 탁월해졌다. 정보통신 기술의 발달로 각종 해외 정보를 실시간으로 취합하고 있기도 하다. 공무원의 입직 경로 자체도 전문직 종사자 중에서 채용하는 비중이 늘고 있다. 과거만큼 국책 연구기관에 정책개발을 의존할 이유가 확연히 줄어들었다는 뜻이다.

더구나 주요 공기업들은 자체 연구소를 설립해서 자신들이 필요한 정책을 개발하고 있는데, 이들도 정부 정책과 깊이 연관되어 있다. 부동산 분야만 예로 들면 LH, SH, HUG, 주택금융공사 등이 모두 자체 연구기관을 운영하고 있다. 이들은 행정절차도 간소하고 자원도 국책연구원들보다 더 풍부하게 활용할 수 있다. 이 때문에 정부 각 부처는 급한 정책개발을 이들 기관에 의뢰하는 일도 잦아졌다. 이런 점도 국책연구원들이 각 분야의 대표성을 가지고 정책개발의 독점적 지위를 누리던 시대는 이미 사라졌다고 할 수 있다.

직장으로서의 연구원

국책 연구기관들도 고민이다. 무엇보다 행정에 대한 영향력이 과거에 비해 현저히 줄어들었다. 사회가 다원화되고 공무원들의 역량이 높아지자, 과거 국책연구원들이 수행해 왔던 의제 선도 기능이 약화되었다. 정부가 연구를 요청하는 과제들도 정말 해답을 찾으려 한다기보다는, 정부가 입장을 정해놓고 바람막이하거나 여론조성용으로 하는 경우가 많다. 대신 정기적인 조사나 모니터링과 같은 실무적인 과제들이 많다.

이명박 정부 당시, 국책연구원들이 소관 부처의 산하기관처럼 무비판적으로 정책을 뒷받침하는 것이 문제라는 인식을 가지고 통합 이사회, 즉, 〈경제인문사회연구회〉를 설치했다. 국책연구원이 각 부처의 주문에 수동적으로 따르는 것을 막으면서, 보다 통합적이고 객관적인 연구를 할 수 있도록 한다는 취지였다. 경제인문사회연구회의 담당 부처를 아예 국무조정실로 한 것도 그런 이유였다. 또 각 연구원의 경쟁력을 강화하기 위해 전체 운영비의 절반 정도만 재정에서 직접 지원하고 나머지는 연구용역 수주를 통해 조달하도록 했다. 말하자면 직접 벌어 쓰라는 뜻이었다. 하지만 역설적으로 이런 방식 때문에 소관 부처에 대한 예속은 전혀 완화되지 않고, 오히려 더 강화되었다. 수탁과제를 받기 위해서라도 관계 부처의 입장을 더 잘 헤아려야 하기 때문이다.

연구원 내부적으로는 기본 재정으로는 인건비조차 완전히 충당할 수 없는 상황에서 수탁과제를 장려하게 된다. 그만큼 연구자들의 급여도 연구 참여실적에 따라 성과급으로 차등할 수밖에 없다. 그러다 보니 미래를 고민하는 담론 연구나 민간에서 잘 다뤄지지 않는 분야에 대한 기초연구보다는 수탁연구과제에 주안점을 두게 된다. 돈이 되지 않는 자체 연구는 점점 상투적으로 변하는 경향도 생겼다. 이처럼 국책연구원들이 국가의 정책 결정에 기여한다는 자부심도 떨어지고, 오히려 더 부처의 입장에 맞춘 주문식 연구에 매이는 문제가 일상화되고 있다.

대다수 기관이 세종시로 이전한 데 따른 불편함도 무시할 수 없는 수준이다. 주기적인 정권 교체에 따른 정책 기조 변화와 그에 따른 연구 방향 전환 등도 연구원들의 자존감을 떨어뜨리는 요인이다. 연구자도 자신의 가치관과 철학을 가지고 있는데, 이렇게 연구 방향이 바뀌게 되면 의욕이 안 생기는 것도 당연하다. 이명박 정부 당시에는 연구 방향이 마음에 안 든다는 이유로 일부 연구기관의 경우 예산을 삭감하고 수탁과제를 배정하지 않는 등으로 탄압하기도 했다. 결국 국책 연구기관들도 CEO가 바뀌는 데 따라 사업 방향이 확확 전환되는 민간 기업들처럼 변하게 되었다.

싱크탱크의 발전을 위해

한국에서는 왜 정책정당을 기대하지 못할까? 이 질문은 한국에서 정당정치가 왜 제 역할을 하지 못하는가 하는 문제와 같은 선상에 있다. 이미 윤석열 정부의 탄생과 몰락 과정에서 정당의 한계를 절감했던 우리나라다. 이합집산, 수시 개편, 허약한 리더십, 대통령실에 예속된 역할 등이 상존하는 한 정당이 정책의 중심에 선다는 것은 상상하기 어렵다. 반면 정부는 수조 원을 국책연구원에 투입하면서 정책개발의 주도권을 강화하고 있다.

마찬가지로, 한국에서는 왜 싱크탱크를 기대하지 못할까? 미국의 다양한 싱크탱크 활동과 사회적 영향력은 우리도 익히 알고 있다. 유럽도 정치적인 싱크탱크는 물론이고 다양한 지향을 가진 연구소나 정책 네트워크들이 활발하게 활동하는 중이다. 미국은 주로 기부금이, 유럽은 정당의 정책개발 자금 등이 주요 재원이다. 우리는 왜 못 그럴까? 여러 가지 이유가 있겠지만, 나의 경험에서 볼 때 가장 큰 장애요인은 재정문제다. 우수 연구인력 열 명 정도의 민간연구소를 제대로 운영하려면 연간 최소 10억 원은 든다. 이만큼을 후원회비로 충당할 수 있을까? 기금 이자로 운영하려면 적어도 300억 원의 기금이 조성되어 있어야 한다. 대기업도 자체 연구소 운영이 간단치 않은 이유이다.

　이런 상황에서 정책개발에 지출되는 공적 재정은 기본적으로 국책연구원이 독식하고 있다. 학계 전문가들이 비 상설적으로 모인 학회가 그다음 수준의 연구용역을 따기 위해 맹렬히 경쟁하는 중이다. 정당 연구소에 지출되는 재정도 적지 않지만, 이것은 온전한 의미의 정책개발보다는 정당의 자체 활동에 주로 지출되고 있다. 미국식 모델, 유럽식 모델 모두 다양한 정치적 스펙트럼의 싱크탱크들을 사회적 자원, 혹은 공적 자원이 뒷받침하고 있다. 반면 우리의 민간 싱크탱크들은 극소수 기업부설이나 재벌 계열을 제외한 순수 민간 조직들은 고전을 면치 못하고 있다.

　정권 교체가 예상되지 않던 권위주의 시대에다 인터넷도 없던 시절, 나름대로 큰 역할을 했던 국책연구원들이 지금도 유효할까? 국책연구원을 넘어서는 싱크탱크 시대를 열어야 하는 일은 이미 한참 늦었다. 무엇보다 정부 주도 싱크탱크(즉, 국책연구원) 일변도에서 정당이나 의회 주도 싱크탱크를 강화해야 한다. 먼저 국회 자체의 싱크탱크, 즉, 입법조사처와 예산정책처를 강화하는 일은 간편하다. 아직은 각종 현안에 대해 구색 갖추기가 많기는 하지만, 나름대로 평가와 정책대안을 제시하고 있다. 이를 대폭 강화한다면 행정부를 견제하면서도 국가적인 정책개발에 도움이 될 수 있을 것이다. 다만 두 기관의 책임자가 의회 폴리틱스의 영향을 많이 받는다는 한계가 있다. 그럼에도 연구 역량을 강화하면 행정부에 대한 견제와 대안 제시에 도움이 된다.

그보다 훨씬 중요한 일은 정당의 정책기능을 강화하도록 지원하는 일이다. 이를 위해서는 당장 정책개발비 지원을 현재보다 적어도 네 배, 즉, 연간 1천억 원 수준으로 늘릴 필요가 있다. 이와 함께 정당 연구소 자금지출의 적절성에 대해서는 엄격한 감시와 감독을 받도록 해야 한다. 각 정당은 이렇게 확대된 정책개발 재원으로 자체 연구 인력 확대는 물론, 관련 학자나 민간연구소 등에 연구용역 형태로 과제를 의뢰할 수 있다. 물론 부작용도 따를 것이다. 사실상 조직관리 비용으로 사용하지 않겠는가 하는 점이다. 또 짬짜미식 연구를 통해 자신들을 지지하는 학자들에게 지원금으로 사용하지 않을까 하는 우려도 있다. 그러나 여기에 대한 해법은 간단하다. 연구진과 연구 결과를 완전히 공개하는 것이다. 그러면 표절 문제를 포함해서 연구 수준에 대한 사회적 평가가 금방 내려질 수 있다. 이런 과정을 거치면, 그리 시간이 오래 걸리지 않고 자정 시스템이 작동할 것으로 본다.

이와 동시에 민간 싱크탱크에 대한 지원 방안을 강구해야 한다. 우리나라에서는 '김밥 할머니'들이 대학에는 기부하지만, 싱크탱크에는 하지 않는다. 그만큼 사회적 신뢰와 효용에 대한 평가가 낮다는 뜻이다. 대부분 영세한 구멍가게 수준이다. 일부 대형 시민단체들이 그나마 싱크탱크 비슷한 정책개발과 제안 기능을 수행하지만, 상근인력 중심이 아니라 참여 교수들의 역량이 일회적으로 만들어 낸 성과들이다. 하지만 이미 민간 부문에서 다양한 전문가들이 상당한 집단적 네트워크를 구축하고 있고, 또한 연구개발 역량도 이미 키웠다. 이공계 분야만 발달한 것이 아니라, 인문 사회 분야도 뜻이 맞는 학자와 현장 실천가들이 다양한 네트워크를 만들어 활성화하고 있다. 다원화된 사회에서는 이들의 정책개발 참여가 무엇보다 중요하다. 따라서 그동안 주로 국책연구원에 집중되던 정책개발 기능을 민간에도 적극적으로 개방할 필요가 있다. 형식적으로는 경쟁입찰을 통해 사실상 국책연구원들이 독점하던 수탁과제의 문턱을 낮춰야 한다. 물론 민간 싱크탱크나 네트워크에 대한 자질을 염려할 수 있다. 하지만 연구 결과를 완전히 공개한다면 이 문제는 저절로 해결된다. 연구가 제대로 수행되었는지 금방 밝혀지기 때문이다. 물론 정부의 정책 결정과 밀접하게 연관되어 있어서 바로 공개할 수 없는 연구들을 걱정할 것이다. 이는 약간의 시차를 두면 문제가 없다.

이와 함께 국책연구원을 점진적으로 줄여나가야 한다. 우선 현재 각 부처 업무에 대응하는 식으로 구성되어 있는 국책연구원들을 몇 개 그룹으로 통합할 필요가 있다. 경제·산업·농어업, 사회·교육·노동, 국토·환경, 행정·재정·자치, 법제 등 크게 다섯 개 분야로 통폐합하면서, 점진적으로 규모와 역할을 축소해 나가야 한다. 장기적으로는 〈경제〉, 〈사회〉, 〈행정〉의 세 개 분야로 축소하는 것이 바람직하다. 이는 단순히 규모를 압축하는 의미를 넘어서, 각 분야의 통합적 연구를 제도화하는 측면도 있다. 통합된 국책연구원들은 또 민간 싱크탱크들과의 경쟁을 통해 스스로 경쟁력을 강화하고, 국가적 정책개발에 더욱 기여하는 방향으로 효율화될 수 있을 것이다. 현재의 경제인문사회연구회도 이런 방향을 잡고, 국책연구원들의 통합을 위해 노력해야 한다. 대신 정부 각 부처는 꼭 필요한 정책개발 인력을 전문직 공무원으로 채용하는 방법으로 보완할 수 있다.

빨간 펜 원장

나는 2014년 여름부터 2년 반 동안 서울시의 싱크탱크인 서울연구원 원장을 지냈다. 그 이전, 2000년 무렵 약 4년 동안 연구원으로 일했던 곳의 원장을 맡게 되었으니, 좀 억지스럽게 얘기하면 친정에 돌아간 셈이었다. 서울연구원은 박사급 연구원만 100여 명, 직원 전체로는 300명이 넘는 대규모 정책 연구원이다. 도시계획, 교통, 환경, 안전과 같은 하드웨어적인 분야만이 아니라 사회복지, 문화, 시민참여, 도시재정 등 다양한 분야를 연구해서 서울시를 뒷받침하는 것이 설립 목적이다. 대부분 국책연구원이 세종시 등으로 이전하고 난 뒤에는 서울 입지 덕분에 가장 우수한 인력들을 뽑을 수 있는 강점도 있다.

그런데 서울연구원도 다른 국책연구원들이 처한 상황과 별반 다르지 않았다. 시장이 바뀌는 데 따라 정책은 물론 연구 방향도 크게 바뀌곤 했다. 공무원들은 과거보다 전문성이 더 높아졌고, 시민사회와 시장(market)의 요구는 곧바로 증폭되어 전달되었다. 연구원 내부적으로는 연구진들의 고령화가 현저해 보였다. 과거 서울이 역동적으로 변하던 시대에 젊은 층들이 주축이 되어 모험적인 연구를 하던 일은 추억이 되어 가고 있었다. 정규직, 비정규직 문제도 당연히 따랐다. 일반적인 중규모 기업들의 업무관리, 인력관리와 관련된 일들이 산적해 있었다. 무엇보다 서울시와의 관계에서 과거에 비해 그 연결고리가 느슨해진 게 느껴졌다. 국책연구원들이 일반적으로 겪고 있는 일들이었다.

그래서 했던 일들은, 사소해 보이지만 이런 것들이다. 시민들이 스스로 하는 소규모 연구지원을 늘렸다. 연구원이 수행한 모든 조사의 원자료를 공개했다. 누구든 그 자료를 활용해서 다른 시각에서 분석할 수 있는 기회를 제공하는 것이다. 서울에 대한 인문학, 사회학적 분석을 활성화하기 위해 정기적으로 단행본 발간을 지원하기로 했다. 그리고 연구원 보고서들의 체제와 내용을 잡지처럼 쉽게 읽을 수 있도록 하는 데 주안점을 두었다. 좀스러워 보이지만, 원장이 빨간 펜을 들고 데스킹 작업에 나섰다. 연구요약을 한 편의 기사처럼 만드는 것이 목표였다.

내가 연구원장으로서 특별히 잘했다고 생각지 않는다. 또 시민들이나 서울시 공무원들에게 서울연구원이 더 나은 모습으로 바뀌었다는 확신도 없다. 다만, 이제 국책연구원들이 봉사할 대상이 행정만이 아니라는 점은 분명하다. 공무원들이 국책연구원에만 의지하던 시대는 진작 끝났다. 당장 국책연구원들을 구조조정할 수 없다면, 일하는 방식이나 달성하려는 목표를 바꿔야 한다. 국책연구원의 자원, 연구 결과가 시민사회 및 학계의 연구플랫폼이 되도록 기여해야 하는 것이다. 미래연구, 상상력을 풍부하게 하는 연구, 시민들이 참여하도록 하는 연구를 더 지원해야 한다. 연구 과정이나 결과물을 시민들의 언어로 재탄생하게 만들어야 하는 것도 당연하다.

한국 대통령의 숙명
대통령과 정부가 일하는 법

정부조직의 최전선, 지방정부
지방정부는 국민을 지키는 최전선이다. 그 가치는 시민의 참여와 소통 속에서만 제대로 빛을 발할 수 있다.

정부조직의 최전선, 지방정부

재정의 절반을 집행하는 지방정부

우리나라는 오랫동안 고도로 중앙집권화된 행정 시스템을 유지해 왔다. 통일신라 시대 때부터 각 지방의 수령은 중앙정부가 직접 파견해 왔다. 드라마에서 자주 접했던 사또는 중앙관료이고, 이방, 호방 등 지방관료는 지역 출신들이 근무하는 방식이다. 현대에 들어와서도 기본 틀은 비슷하다. 1962년 5.16 군사 쿠데타로 집권했던 박정희 정부는 기본적으로 시도지사나 시장을 선거로 뽑을 필요가 없다고 보았다. 남북대치 상황에서 공연히 선거만 늘어나고, 풀뿌리라는 이름의 지방 토호들이 정치에 관여하게 된다는 문제의식이 있었다. 지방자치를 혼란과 비효율로 본 것이다. 그래서 지방자치와 관련된 선거를 무기 연기하고 말았다. 그러다 1987년 민주화 이후 단계적으로 회복되어 지금에 이르렀다.

이렇게 역사적으로 중앙집권적 통치에다 현대에 들어서도 오랫동안 지방자치를 비효율이라고 보았기 때문에, 우리 지방자치는 여전히 미성숙하고 불완전하다는 평가가 많다. 무엇보다

재정적으로 독립되어 있지 못하다. 지방세가 전체 세원에서 차지하는 비중이 23% 정도밖에 되지 않아서, '2할 자치'라는 말이 종종 자조적으로 쓰이고 있다. 역대 정부는 꾸준히 지방세 비중을 높이려고 세제개혁을 하곤 했지만, 여전히 지방세 비중은 그 수준에 머물고 있다. 자체 재원으로는 공무원 월급도 줄 수 없는 지자체가 52군데(전체 243곳의 21.4%, 군 지역은 54.9%)나 되지만, 이 문제도 나아지지 않고 있다.*

하지만 지방세 비중이 적다는 것과 지방이 운영할 재원이 없다는 것은 완전히 다른 문제다. 비록 자체 재원은 얼마 안 되지만, 어떻든 각 지자체는 복지도 하고 다리도 놓고 있다. 무슨 돈으로 할까? 바로 중앙정부의 재정지원과 보조를 통해 가능하다. 현재 법률은 내국세의 19.24%를 반드시 지방교부금으로 나눠주게 되어 있다. 또 내국세의 20.79%는 지방교육교부금으로 배분하게 되어 있다. 이는 내국세 수입이 많거나 적거나 마찬가지이다. 이들 교부금은 더구나 지방이 알아서 용처를 정할 수 있게 되어 있어, 자율성에도 별다른 문제가 없다. 이 때문에 인구소멸이 우려되는 지방들도 지역 살림을 살 수 있는 것이다. 반면 서울, 부산과 같은 대도시의 지자체, 즉, 각 구청은 이 같은 중앙교부금을 거의 못 받고 있기 때문에, 재정이 오히려 지방 시군보다 못한 일도 벌어지고 있다.

이와 함께 용처를 중앙정부가 정하는 보조금도 지자체 운영의 핵심 재원이다. 주로 사회복지에 쓰일 돈들이 그렇다. 물론 용처를 이미 정해두었기 때문에 자율성은 없을지 모르지만,

---

* 행정안전부, 2024, 「지방자치단체 예산 및 기금 개요」.

어떻든 지방 살림을 꾸려나가는 데 꼭 필요한 재원이다. 이런 과정을 통해 우리나라 전체 재정의 50%(지방교육 재정 포함)는 지방정부가 집행하고 있다. 세금은 20%밖에 못 거두지만, 집행은 50%를 하고 있는 셈이다.* 물론 세금까지 50%를 거둬서 집행도 그만큼 한다면 자율성, 자치성은 더욱 높아져 보인다고 할 수 있다. 하지만 우리는 다른 선진국들과 큰 차이가 있는 점을 염두에 둘 필요가 있다.

바로 전 세계에서 가장 심한 수도권 집중이다. 면적으로는 20%에 불과하지만, 인구의 51%가 모여있다. 발표 자료에 따라 차이가 있기는 하지만, 100대 기업 본사의 80~90%, 1,000대 기업으로는 70~87%가 수도권에 자리 잡고 있다. 그만큼 좋은 일자리도 수도권에 몰려 있는 것이 당연하다. 문화시설, 유수 대학 등도 마찬가지다. 해마다 이런 집중도는 더 높아지는 추세이다. 이 때문에 기계적인 지방자치론, 재정분권론으로는 이 문제를 해결할 수 없다. 역설적으로 수도권 지자체들이야말로 재정분권까지 된다면 그들만의 공화국을 만들 수 있기 때문이다.

우리는 과도한 수도권 집중으로 인해 지방자치를 교과서적으로만 시행하기 어려운 구조이다. 따라서 지방세 비중이 작다는 단순 지표만 볼 것이 아니라, 수도권 집중에 따른 자원의 극심한 편중과 지방자치를 어떻게 묶어서 볼 것인가가 중요하다. 지방재정도 국가 전체의 여건 변화와 상황에 따라 주안점이 달라져야 한다는 것 역시 분명하다. 지출 방향이나 효율성 문제는 여전히 함께 고민해야 할 사안이다. 그런 점에서 지방재정에 대

---

* 행정안전부, 2024, 「지방자치단체 예산 및 기금 개요」

해 다른 나라들의 이른바 '부러운' 사례들을 교과서적으로 따르는 것은 불가능하다. 수도권 집중이 극단적인 나라에서는 중앙정부가 지방재정의 상당한 부분을 '균형 잡히게' 배분하는 것이 더 원칙에 맞을 수 있다.

결국 지방분권과 균형발전은 분리될 수 없는 한 쌍이다. 지방자치의 강화를 실현하기 위해서라도 균형발전의 논리와 지향이 국정운영에 반영되어야 한다. 좁은 나라에 무슨 균형발전이 필요한가라는 극단적인 주장을 하는 사람들도 있지만, 극심한 수도권 일극 체제는 국토의 상당 부분을 방치하는 것이나 마찬가지다. 수도권은 너무 과밀해서 높은 집값, 만성적인 교통체증으로 고통받고, 지방은 낙후와 소외를 겪고 있다. 대도시 부산마저 노인들만 사는 도시로 전락할 위험이 있을 정도이다. 균형발전은 되면 좋은 그런 일이 아니라, 한국의 장래를 위해 반드시 추구해야 할 방향이다. 하지만 역대 모든 정부의 균형발전 공약에도 불구하고 현실은 악화를 거듭했다. 노무현 대통령의 극단적인 조치, 즉, 세종시 설치, 공공기관 이전으로 잠시 인구의 수도권 집중이 주춤거렸지만 이후 어김없이 수도권 집중은 심해졌다. 모두 균형발전을 내세우기는 했지만, 위력 있는 대안을 실천하지 못했던 것이다.

사실 대부분 공감하는 대안은 이미 나와 있다. 수도권과 쌍벽을 이루는 발전 축을 지역에 형성하는 방법이다. 여러 군데, 예를 들면 도마다 만들겠다는 것은 불가능한 이상론이다. 우선 동남권의 부산·울산·경남 축이라도 제대로 키워야 한다. 이른바 부·울·경 메가시티론이다. 산업, 대학, 공항, 항만을 모두 연계한 지역 거점으로 키우는 것이다. 이와 함께 수도권에 대한 규제는 지금의 틀을 유지하되, 일부 현실화하는 보완책이 필요하다. 또 제주, 전북, 강원처럼 산업기반이 현저히 취약하거나 지역 특성을 특별히 살릴 필요가 있는 곳들은 특별자치도 방식으로 자율성을 부여할 필요가 있다. 경기도 북부의 접경지역도 그런 차원에서 지원해야 한다는 데도 공감대가 형성된 것으로 보인다. 사실 균형발전을 한 방에 해결할 수 있는 그랜드플랜은 없다. 마치 저출산 문제 해결에 비법이 없는 것과 마찬가지다. 어떻게 보면 이미 답이 나와 있기도 하다. 다만 정치적인 이유로, 경쟁력을 생각한다는 이유로, 적당히 구색 갖추기로 하려 하다 보니 이도저도 아니게 효과가 없는 것이다. 한두 가지에 집중해서 투자하고 끈기 있게 밀고 나갈 도리밖에 없다. 동남권 메가시티조차 추진 못하면서 균형발전을 얘기할 수는 없는 법이다.

교육교부금을 어떻게 할까?

2025년 1월, 최상목 대행은 지방교육재정교부금법 개정에 대한 거부권을 행사했다. 고교무상교육에 소요되는 재정을 그동안 중앙정부가 한시적으로 지원하다가 앞으로는 지방교육청이 부담하도록 되어 있던 것을 더 유예하자는 법률 개정이었다. 중앙정부 입장에서는 저출산 현상으로 학생 수가 줄어들었기 때문에 기왕에 가기로 되어 있는 지방교육 교부금 72조 원 범위 내에서 얼마든지 감당할 수 있다는 입장이다. 반면 교육청들은 학생 수는 줄지만, 학급당 학생 수를 줄이고 더 높은 수준의 교육을 위해서는 여전히 돈이 필요하다는 입장이다.

이는 내국세의 20.79%를 무조건 교육교부금으로 지방교육청에 배정하는 현행 법률에 대한 논란과 연결되어 있다. 우리나라는 교육행정을 각 교육청에 맡겨두지만, 재정은 기본적으로 교부금을 통해 중앙에서 지원하는 방식이다. 그래서 초중등 교육이 나름대로 국가적 통일성을 가지고 추진되어 왔다. 한국 경제성장의 토대가 된 것은 물론이다. 그러나 대학은 온 국민의 교육열에 힘입어 개인과 가족의 부담에 바탕을 두고 있다. 국가 장학금이 많이 늘었다지만, 고등교육, 즉 대학에 대한 투자는 OECD 국가들과 비교하면 하위권 수준이다. 따라서 경제개발 초기라면 어쩔 수 없이 의무교육에 집중 투자 할 수밖에 없었지만, 이제 저출산으로 인해 학생의 절대 수가 과거에 비해 절반 이하로 줄어든 상태에서는 재정의 방향을 바꿔야 한다는 요구가 자연스럽게 등장한다. 특히 내국세의 일정 비율을 의무적으로 교육청에 배정하다 보니, 내국세 자체의 규모가 커지는 데 따라 재정 총액도 구조적으로 늘어날 수밖에 없다. 이를 조정해서 인재 양성에 필수적인 고등교육을 지원하자는 것이다.

교육계는 당연히 안 된다는 입장이다. 오히려 지원을 늘려야 한다는 주장이다. 그동안 초중등 교육의 양 문제를 해결했을 뿐, 질은 아직도 요원하다는 입장이기 때문이다. 하지만 나는 이제 재조정해야 할 시점에 온 것이 분명하다는 생각이다. 고등교육의 경쟁력을 높이고, 산업환경 변화에 따라 평생직업능력을 키워주는 방향이 이제 우리 교육의 핵심과제가 되었다. 재원이 풍부하다면 이것도 하고, 저것도 하면 좋겠지만 그런 상황이 아니다. 교육교부금을 통한 자동배정 시스템을 다시 정립할 필요가 있다. 이번에 새로 등장하는 정부 시기가 이 문제를 공론화할 적기다.

시장(市長)과 시장(市場)

　서울시의 1년 예산은 45조 원 정도다. 엄청난 돈이다. 그런데 서울시에서 지금 진행 중인 개발사업의 총사업비는 얼마나 될까? 얼핏 생각해 봐도 100조 원은 넘을 것 같다. 웬만한 재건축 사업장의 공사비만도 1조 원을 넘어서는 것을 생각하면, 도로, 지하철 공사 등을 포함하면 그 정도 규모는 되어 보인다. 한창 개발이 진행되고 있는 경기도는 그보다 몇 배가 될 수도 있다. 사실 서울을 비롯해 우리나라 대도시들이 지금의 번듯한 모습을 갖추게 된 것은 정부의 투자라기보다 민간의 적극적인 개발 덕분이다. 경제가 발전하는 만큼 도시개발이 뒤따랐고, 도시개발이 다시 경제를 부양시켰다. 워낙 개발사업이 경제에 미치는 영향이 크다 보니, 토건국가라는 말이 따라다닐 정도였다.
　이런 도시개발은 한 도시의 모습을 일거에 바꾸기도 한다. 대표적인 도시가 성남시다. 원래 성남시는 과거 경기도 광주군의 일부로 서울의 외곽 농촌지역이나 다름없었다. 그러다가 1960년대 말 서울의 판자촌을 모두 철거해서 광주군 중부면 일대로 집단이주시키려 하면서 만들어진 도시다. 이른바 광주대단지다. 무리한 집단이주로 결국 철거민들이 대규모 시위를 일으키면서 중도에 끝나기는 했지만, 애초 계획은 대구나 대전만큼 큰 도시를 만들려는 계획이었다. 다만 가장 가난한 사람들만 모아서 하려 했다는 게 상상을 넘어선다. 그렇게 만들어진 곳이 지금의 성남시 구시가지 일대이다. 일자리 제공을 위해 공단도 만들었다. 민주당의 이재명 대표도 어린 시절 이곳에서 살고,

공장에 다녔다.

　그랬던 성남시가 또 한 번 천지개벽을 한 것은 남쪽에 분당신도시가 들어서면서다. 북쪽의 구시가지와는 완전히 다른 최신 주거단지가 만들어졌다. 물론 산업기반이 없는 바람에 자족적 신도시라기보다는 전형적인 베드타운이었다. 그러다 2000년대 들어 성남시에는 또 다른 도시개발이 시작되는데, 판교 신시가지다. 이번에는 주거와 함께 첨단산업, IT, BT 등이 대대적으로 들어섰다. 강남권에서 높은 부동산값 때문에 밀려 나온 신흥 산업들에는 최상의 기회였다. 이들 기업의 유치를 위해 경기도와 성남시는 파격적인 조건으로 토지를 분양했다. 현재의 판교가 만들어진 과정이다.

　이후 수도권 각 도시는 공공택지와 첨단산업단지를 함께 유치하는 경쟁에 뛰어들었다. 그린벨트를 해제해서 개발하게 되면 도로, 지하철 등 기반 시설도 함께 갖출 수 있으니, 도시경쟁력을 한 방에 높일 수 있다는 것이다. 서울의 마곡, 상암, 인천 송도 등이 천지개벽하는 모습을 이미 보여주었다. 지방에서는 부산의 해운대 일대가 그런 경우다. 전국 각지에서 이들 모델을 자신들의 지역에 적용하기 위해 분투하는 중이다. 대규모 신개발, 재개발, 재건축 등을 연일 조감도로 발표하고, 그걸 시행하겠다며 중앙정부나 정치권에 지원을 호소하곤 한다. 게다가 산업단지나 공공택지처럼 싼 땅만 많이 조성하면 저절로 지역이 발전할 것 같은 착각에 빠지게 된다. 대표적인 것이 새만금 개발이다.

　그러나 안타깝게도 도시를 바꾸는 힘은 이제 시장(市長)에서 시장(市場)으로 넘어갔다. 개발을 통한 이익(즉, 개발이익) 추구가 가능한 장소와 시점에 도시는 변하기 마련이다. 용적률 상향 같은 인센티브나 정책적 지원은 촉매제일 따름이다. 시장이 침체된 시점에는 인센티브도 별 소용이 없다. 오세훈, 원희룡 두 사람은 시장이 되기만 하면, 또 정권을 잡기만 하면, 1주일 이내에 모든 재건축 규제를 철폐해서 금방이라도 주택공급이 팍팍 늘어날 것처럼 선동했지만, 현실은 문재인 정부 주택공급의 절반에도 미치지 못하고 있다. 도시개발에는 장소와 경기순환이 함께 작동하기 때문이다. 과거 고도성장기에는 개발 압력이 비교적 넓게 퍼졌다면 저성장기에는 공간개발에도 심각한 양극화 양상이 나타난다. 되는 곳만 되는 것이다. 시장(市長)의 아이디어와 혁신이 도시개발을 촉진하기는 하지만 보장하는 것은 아니다. 판교개발 모델, 반포아파트 재건축 모델을 얘기하지만, 모두다 그 모델을 따라가는 것은 불가능할 뿐 아니라 더 많은 문제를 일으키게 된다. 각자의 지역모델을 고민하고 대안을 찾아야 하는 시대이다.

자신의 지역이 시장에서의 개발 압력이 적은 곳이라면 어떻게 해야 할까? 대표적으로 우리가 흔히 노후저층주거지라고 부르는 곳이나, 인구가 감소하고 있는 지방도시들이다. 갈수록 수도권으로 인구가 빠져나가고, 조금이라도 더 경쟁력 있는 기능이라면 모두 신시가지로 옮겨가는 시대에 남겨진 곳들을 어떻게 할 것인가? 한때 한국경제를 이끌고 뒷받침했던 곳들이 이제 가난한 노인들만 남겨진 공간이 되어 가는 중이다. 한때 좋았던 아파트 단지들도 이미 높은 용적률을 모두 찾아 썼기 때문에 재건축하기가 쉽지 않다. 아파트라고 모두 좋기만 하던 시대에서 멀어져가고 있다. 일본처럼 노후 공동주택 빈집이 발생할 수도 있다.

정책, 즉 시장(市長)이 필요한 곳은 이런 데다. 시장의 개발 압력에서 비켜 간 곳에서 정부가 역할을 해야 하는 것이다. 방법은 기본적으로 하나다. 정부의 지원과 주민의 참여를 결합해서, 시장기능이 동참할 수 있도록 유도하는 것이다. 예를 들면 노후저층주거지를 그냥 두면 변화가 일어나지 않지만, 정부가 먼저 도로를 확충하고 주차장 공간을 제공하며 공공임대주택 비용을 부담하게 되면, 민간의 개발사업이 시작될 수 있다. 이 과정에서 원래 주민들이 쫓겨나지 않고, 주민들의 요구가 사업 전반에 반영될 수 있어야 한다. 이 고민이 바로 도시재생사업이었다. 시장(市場)이 작동하기 어려운 곳에서 시장(市長)이 제 역할을 해야 한다. 둘은 대립도 갈등도 아니다. 도시를 사람 살기 좋은 곳으로 만드는 파트너일 뿐이다.

희대의 부끄러운 정치 사기극 - 김포 서울편입론

지금은 모두들 잊었다. 2024년 2월 3일, 당시 국민의힘 한동훈 대표가 "목련이 필 때면 김포는 서울이 될 수 있을 것"이라고 했던 말을.

2023년 10월. 국민의힘 김기현 대표는 난데없이 김포를 서울에 편입시킨다는 계획을 발표한다. 이것이 수도권 표심에 파장을 일으키는 것으로 보이자 아예 수도권 메가시티론으로 확대하면서, 국민의힘은 '뉴시티프로젝트 특별위원회'(위원장 조경태)를 구성하게 된다. 수도권의 국민의힘 소속 단체장 지자체를 중심으로 메가시티 동참 분위기가 지펴지는 가운데, 11월 28일 조경태 위원장은 "국가 균형발전과 저출산의 가장 큰 특효약, 가장 큰 해법은 메가시티에 있다"면서 "뉴시티, 메가시티에 반대하는 세력은 매국 행위"라고 지적하기도 했다. 절대로 총선 전략이 아니라는 식이었다. 뒤이어 당대표가 된 한동훈도 이른바 '김포 목련' 이야기로 같은 기조를 이어갔다. 결과는 잘 알고 있다. 수도권 메가시티론은 표심에 아무 영향을 주지 못했고, 여당은 수도권에서 참패했다.

야당인 민주당은 원래 경기 북부 지역이 접경지로서 각종 규제를 받고 있고, 남부 지역에 비해 발전이 더디다는 점을 감안해, 북부를 특별자치도로 분도 하는 정책을 추진하고 있었다. 그러나 김포 서울 편입론이 바람을 일으키는 것처럼 보이자, 반대도 명확히 못 하고 어정쩡하게 대응했다. 이 편입론의 배경이 서울로 출퇴근해야 하는 위성도시들의 교통 불편이나 상실감에서 비롯되었다는 것을 잘 알았기 때문이다. 김동연 지사 등 일부를 제외하고는 수도권 표심의 향방 때문에 조심스러웠다.

하지만 수도권 메가시티론이 얼마나 황당하게 시작되었는지는 다음 그림만 보면 바로 답이 나온다. 서울과 김포가 지리적으로 어떻게 연결되어 있는지 보이는가? 억지도 이런 억지가 없다. 김포 골드라인 등 교통 문제가 심각하자 이런 식으로 아예 서울에 편입시켜 해결하겠다는 발상이 가당키나 한 일일까? 김포가 서울이 되면 서울의 재정력과 교통정책이 바로 지원될 거라는 환상을 심어주려 했던 것이다. 서울은 바다로 연결되는 도시가 된다고 했다. 그랬더니 서울과 더 가깝고, 더 접하는 면적이 큰 지자체들도 서울이 되고 싶다고 했다. 그럼, 수도권 전체가 서울이 되나? 그렇게 되면 서울, 수도권이 국제적으로 더 큰 경쟁력을 갖는가? 그러잖아도 우리나라의 모든 인구와 자원을 수도권이 빨아들이고 있는데 도대체 이게 무슨 발상인가? 이는 그야말로 희대의 정치 사기극이었다. 그것도 아주 수준 낮은.

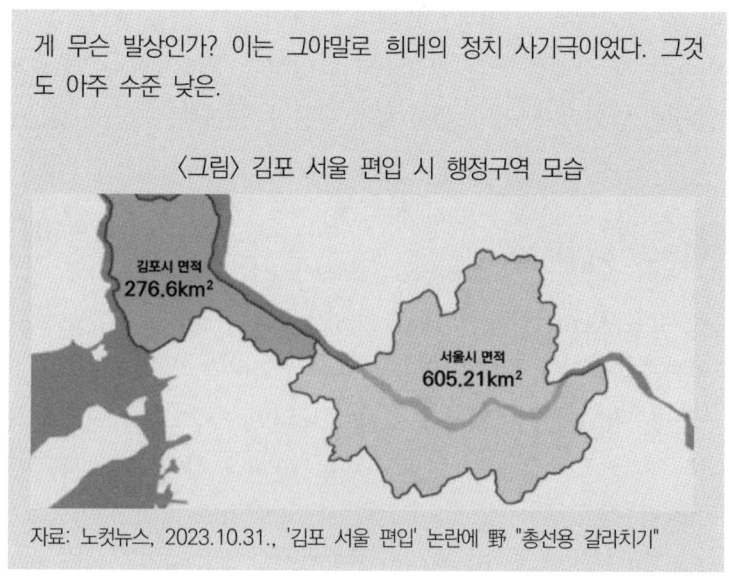

〈그림〉 김포 서울 편입 시 행정구역 모습

자료: 노컷뉴스, 2023.10.31., '김포 서울 편입' 논란에 野 "총선용 갈라치기"

국민을 지키는 최전선, 지방정부

동사무소(주민센터)*는 일반 국민들이 가장 쉽게 접하는 정부 조직이다. 지금은 그 필요가 많이 줄었지만, 주민등본, 호적등본 등을 발급받으려면 늘 가던 곳이다. 주민등록증 발급부터 그곳에서 하게 되니, 성인이 되면서 처음 만나는 공공기관이

---

* 현재 공식적인 명칭은 'OOO동 주민센터'다. 동사무소의 기능이 복지제공, 서비스 제공으로 바뀐 상태에서 과거 행정 관리를 연상케 하는 명칭을 계속 써야 하는지에 대해 고민이 많았다. 주민자치센터, 행정복지센터 등 여러 명칭을 거쳐 지금은 주민센터로 정착된 듯하다. 2007년, 내가 사회정책비서관을 지낼 때 명칭 변경을 추진했고, 한글 단체들의 우려에도 불구하고 '센터'를 넣고 말았다.

라 할 수 있다. 그런데 주민센터는 흔히 얼마나 공무원들이 일이 없는지 사례를 드는 곳으로도 유명하다. 인터넷을 보면 주민센터에 민원인이 거의 없는데도 직원이 많더라는 식의 댓글을 다는 사람들이 종종 있다. 많은 민원 업무가 자동화되고 전산화되었는데도 사람들이 뭔가 사무실을 지키고 있다면 이상해 보이기도 할 것이다. 하지만 이는 일선 행정을 이해하지 못한 것이다. 정말 빈둥거린다면 요즘 세상이 가만 내버려 둘 리 없다. 나는 주민센터를 주민의 안전과 복지를 지키는 최전선이라고 생각한다. 폭우가 쏟아지거나 폭설이 내리면 가장 먼저 현장에 나가는 사람이 이들이다. 어딘가 밥을 굶거나 학대받는 아동들이 있다면 가장 먼저 찾아내는 사람이 이들이다. 지역의 자원봉사단체, 기부단체들을 연결하고 복지자원을 체계화하는 것도 이곳이다. 즉, 얼굴을 마주 보고, 체온을 전달하며 이루어지는 행정의 최말단이다. 이와 함께 과거 주민들을 통제하기 위한 시스템이었던 통반장 제도도 요즘 다시 의미 부여가 이루어지고 있다. 옛날식 마을공동체가 진작 사라진 마당에 가난한 사람들을 찾고, 지원하는 네트워크 조직이기 때문이다. 요즘 세상에서는 있을 수 없는 일이지만, 동장이 업무시간에 동네를 돌다 주민들과 막걸리를 마셔도 업무라고 인정되던 것이 이곳 행정이다.

　　시청, 군청, 구청은 또 어떤가? 이 책을 읽는 독자들은 필시 자기가 사는 곳의 기초의원 이름을 대부분 모를 것이다. 선거 때는 정당 번호를 보고 찍었기에 누가 누군지 기억할 수 없다. 대도시 지역은 구청장 이름도 기억하기가 쉽지 않다. 대신 중앙정부나 중앙정치의 누구누구는 마치 친구 이름을 부르듯 대화에 등장시킨다. 지역 정치에는 아무도 관심을 기울이지 않는 가운데, 중앙정치에는 열광하거나 비난하는 대열에서 빠지지 않는다. 한국 사회가 워낙 중앙집권화되고 양극화되어 있는 단면을 보여준다. 그러다 보니 마치 지방정부는 아무 하는 일이 없는 것처럼 느끼는 때도 있다. 하지만 수돗물 공급, 쓰레기 수거, 골목길 주차관리, 가로등 관리, 제설작업 등등 우리가 일상 생활에서 당연하게 여기는 일들이 모두 지방정부가 시행하는 것들이다. 마을 도서관, 축제, 공연은 물론이고 주민복지, 노인복지도 이들의 일이다. 이처럼 지역 정치나 지방정부가 있는 듯 없는 듯한 것은 좋게 보면 정부의 진짜 모습이다. 표시 나지 않게 주민의 삶을 뒷받침하는 것이다.

우리가 숨 쉬는 공기를 평소에 아무도 의식하지 않는 것처럼 지방정부도 종종 그 가치를 우리는 잊고 지낸다. 중앙정치에 쏟는 관심의 1/10이라도 지방정치에 주목할 필요가 있다. 물론 연원은 있다. 워낙 중앙집권화된 사회에다 중앙정치 변화의 효능감이 컸던 영향이 크다. 또 세계에서 가장 높은 주거 이동률로 자신의 거주지역에 대한 애착의 기회조차 없었다. 장시간 노동으로 집과 집이 속한 지역사회는 그저 쉬는 공간 이상의 의미를 갖기 어려운 조건이기도 했다. 그동안 지역사회에 도서관, 체육시설, 공연장 등 이른바 생활 SOC가 제대로 갖춰지지 않았던 것도 이유의 하나다. 지역사회가 주는 서비스 자체가 취약하니 이웃과 함께 지역에 애정을 가지며 어울릴 환경도 쉽지 않았던 것이다. 20여 년 전부터 마을축제, 도서관, 둘레길, 문화센터, 체육관, 공연장, 최근에는 파크골프장 열풍이 부는 것도 그런 욕구들의 반영이다. 이제는 '살기 좋은 도시'라는 개념이 자리 잡았고, 주민들도 그 기준에서 더 좋은 도시를 기대하고 요구하는 중이다.

과거 혐오시설이나 들어서야 주민들이 모이던 시대에서, 점점 생산적이고 미래지향적인 참여사례들이 늘어나고 있다. 중앙정치의 효능감뿐 아니라 지역사회 효능감이 커진 것이다. 지역마다 온라인 카페가 활성화되면서 나름대로 문화로 정착되고 있다. '당신의 근처'를 줄인 당근마켓이 인기를 끈 것도 그런 생활세계에 주목했기 때문이라고 할 수 있다. 온라인에서의 소통이 지역사회 오프라인으로도 이어지고 있다. 결국 지역 정치도 이런 식의 관심과 참여를 통해 바꿔낼 수 있다. 이른바 주민참여제도라고 하는 주민소환, 주민투표, 참여예산제도, 참여조례 등이 그 기대에 비해 실제 별다른 성공 사례를 못 만들어 낸 데 비해, 지역사회의 자발적 교류와 소통은 온라인에서부터 오프라인으로 빠르게 확산하는 중이다. 이런 활동 속에서 지방정부의 가치도 재조명될 수 있다. 국민을 지키는 최전선도 시민의 참여와 소통 속에서 제대로 빛을 발할 수 있기 때문이다.

한국 대통령의 숙명
대통령과 정부가 일하는 법

인수위 없는 새 정부를 위해
단기적인 과제가 많을수록 긴 호흡이 필요하다. 또 지지층의 기대가 클수록 지지하지 않은 사람들의 상실감도 다독여야 한다. 윤석열 정부의 파행을 청산하는 일은 굵고 짧게 끝내야 한다.

인수위 없는 새 정부를 위해

인수위 없는 정부가 직면할 일들

우리나라에서 정식으로 대통령직 인수위원회가 설치된 것은 1993년 1월, 김영삼 대통령 당선인 때부터다. 이후 30여 년간, 대통령이 바뀔 때 인수위가 없었던 경우는 딱 한 번, 박근혜 대통령이 탄핵당하고 문재인 대통령으로 바뀐 2017년이었다. 그러다 불과 8년 만에 또 인수위 없이 정부가 출범할 수밖에 없게 되었다. 앞에서도 설명했지만, 인수위는 선거에 이긴 쪽에서도 계륵 같은 존재다. 인수위 동안 발생할 구설이나 전임 정부와의 갈등으로 인해 국민에게 실망을 안겨주기 십상이기 때문이다. 특히 이명박 당선인 인수위가 이런 일이 심했다. 이후 다른 정부들은 되도록 인수위를 조용하게 만들기에 급급했다. 있으나 마나 하다거나 계륵 같다는 얘기가 나온 것도 그 때문이다.

하지만 인수위는 새 정부의 얼굴을 준비하고, 국정과제를 다듬으며, 취임식 준비를 통해 새 정부의 가치를 알리는 데 필수적이다. 두 달의 준비기간 동안 새 정부의 탄탄한 출발을 위한 초석을 다지는 것이다. 인수위 없이 출범하는 것은 이런 완충 기간 또는 준비기간 없이 개문발차하는 셈이다. 당장 청문회를 거쳐야 하는 어떤 직위의 사람들도 임명하지 못한 채 시작된다. 다시 말해 총리와 국무위원 전원이 전임 정부, 그것도 탄핵당해서 사실상 6개월 가까이 식물 장관으로 지내온 사람들과 길게는 두 달 이상 더 주요 국정을 심의, 의결해야 한다. 장관 후보자가 청문회 과정에서 낙마하기라도 하면, 완전체를 갖추기까지 길게는 몇 달이 걸릴 수도 있다. 신임 대통령이 직접 국무회의를 주재하기가 민망하니까 총리가 주재하지만, 그 총리도 청문회 통과까지 몇 주가 걸린다. 물론 전임 정부 국무위원들은 행정적으로 필요한 정족수만 채워주는 방식으로 기여하기는 하지만, 때로 자신이 추진했던 정책에 반하거나 자신의 가치나 지향과 다른 일을 통과시켜야 할 수도 있다. 이 때문에 전임 정부 국무위원들은 정족수가 될 정도 인원만, 그것도 관료 출신 위주로 좀 더 봉사를 청하는 게 관례가 되어 있다. 예를 들어 김문수 노동부 장관 같은 사람이 국무회의에 들어와서 새 정부를 인정하지 못하겠다고 하면 어쩌겠는가? 물론 대선 출마를 위해 이미 퇴임하기는 했지만.

인사 문제는 국무위원만이 아니다. 청문회가 아니더라도 인사 검증이 필요한 주요 직위들이 최소한 몇 주가 필요하므로 당장 임명하기 어렵다. 대통령실이라면 인사 검증 결과에 따라 최종적으로 결정한다고 양해를 구하고, 꼭 필요한 사람들은 일단 업무를 시작하는 경우도 있다. 그러나 대다수 다른 주요 직위들은 그렇게 하지도 못한다. 적임자를 마음에 두었다 하더라도 검증 결과에 따라 다른 판단을 해야 할 수도 있기 때문이다. 이럴 때 큰 걱정 중의 하나는 NSC(국가안전보장회의) 운영이다. NSC 의장은 대통령이며, 위원은 국무총리와 외교부·통일부·국방부 장관 및 국가정보원장과 대통령령으로 정하는 위원(행정안전부장관, 대통령비서실장, 국가안보실장, 국가안전보장회의 사무처장, 국가안보실의 차장)으로 구성된다. 대통령실을 제외하면 거의 모두 청문회 직위들이다. 새 정부 출범 직후 북한이 핵실험을 하거나 미사일이라도 발사한다면, 전임 정부 인사들과 대응책을 논의해야 할 상황인 것이다. 실제 문재인 정부도 2017년 5월 14일, 북한이 중장거리 탄도미사일 실험을 함으로써 전임 정부가 임명한 인사들과 NSC를 개최했던 바 있다. 당시 국가안보실장은 박근혜 정부가 임명한 김관진이었다. 문재인 정부가 정의용 실장을 임명한 것은 대통령 임기가 시작되고도 열흘이 더 지난 5월 21일이었다.

인사가 이렇게 파행화된 상황에서 당장 어떤 일을 누가 해야 할까? 2024년 12월 3일의 위헌, 위법적인 비상계엄 선포와 뒤이은 국회 탄핵소추 의결, 헌법재판소의 탄핵 심판, 두 달간의 대선 캠페인 등으로 정부는 거의 반년 동안 만신창이가 되었다. 그 사이 미국은 트럼프 대통령이 취임해서 대대적인 정책 드라이브를 걸었지만, 우리는 모든 것이 정지되어 버렸다. 나라는 두 쪽이 아니라 세 쪽, 네 쪽으로 나뉘었고 공무원들은 손을 놓고 있었다. 잘 관리되던 정부가 있는 상태에서 두 달간의 인수위를 정상적으로 마쳤다 하더라도 혼란이 불가피한데, 이렇게 무정부 상태로 6개월을 보냈으니 걱정이 이만저만 아니다. 외교, 안보, 비상경제대책은 물론이고 갈라진 국민들을 통합시킬 대책이 절박하다. 당장 국민 안전을 위한 경각심을 높이고 철저한 대책을 마련하는 일도 걱정이다. 항공, 철도, 도로 안전, 대형 화재, 수난사고 등 우리가 두려워하는 일들이 곳곳에 널려있다. 신임 대통령의 첫 번째 업무지시는 무엇이 되어야 할까?

새 정부에서 집값은 괜찮을까?

우리나라에서 대통령이 책임져야 할 일들이 여러 가지지만, 집값 잡기는 그중에서도 가장 중요하다. 하지만 대통령의 조바심과 독려, 약속에도 불구하고, 집값이 폭등하는 시기에는 어느 대통령도 성공하지 못한 것이 집값 잡기다. 국민들은 노무현, 문재인 정부 기간 집값이 많이 올랐고, 그게 결국 민심 이반을 가져와 정권마저 내주었다고 기억할 것이다. 맞다. 더구나 나는 그때마다 청와대에서 부동산정책에 관여했던 터라, 그 책임이 크다.

그렇다면 당시 대통령, 혹은 정부가 어떻게 했으면 집값을 잡을 수 있었을까? 규제를 풀고 공급을 늘렸으면 집값을 잡았을까? 세금을 더 높이거나, 혹은 반대로 세금을 대폭 낮췄더라면 집값을 잡았을까? 정부는 왜 집값을 못 잡았을까? 아마 모두 궁금했을 것 같다.

안타깝지만 어떤 대통령도 단기간에 집값을 잡을 수는 없다. 어느 나라든 마찬가지다. 오히려 2000년 이후 전 세계는 집값이 만성적으로 올라왔다. 믿어지지 않겠지만, 우리나라는 집값 상승 순위에서 보면 최상위도 아니다. 많은 나라들이 2005년과 2020년 전후, 즉, 우리나라에서 집값이 폭등했던 시기에 함께 집값이 올랐다. 집값이 오른 이유도 같다. 유동성이 너무 늘어났고, 넘치는 돈이 금융투자 대상이 되어버린 부동산 부문에 몰렸기 때문이다. 집값이 내릴 때도 이유가 같다. 금리가 오르고, 유동성이 축소되었기 때문이다. 역설적으로 코로나19로 경제가 망할 것 같다고 했던 시기에 전 세계 집값이 동시에 올랐다. 경기부양을 위해 푼 돈들이 부동산으로 몰렸기 때문이다.

공급이 부족하면 집값이 오르는 것은 맞는 말이다. 그런데 신기하게도 집값이 오르는 시기에 공급도 폭증한다. 윤석열 정부는 전임 정부가 규제로 공급을 줄이는 바람에 집값이 올랐다고 비난했다. 그런데 정작 문재인 정부 시기는 역대 최대 공급이었고, 윤석열 정부 기간에는 공급량이 반토막 나고 말았다. 신규 택지 공급은 말할 것도 없다. 공공임대주택은 1/4로 줄었다. 이것을 보면 공급과 집값의 인과관계에 대해 의문이 들지 않을 수 없다.

학계에서는 진작에 집값 문제에 대해 결론을 내렸다. 무엇이 집값을 오르게 할까? 유동성과 금융이 가장 큰 영향이며, 세제나 공급은 제한적이다. 또 주택은 공급에 오랜 시간이 걸리기 때문에 수급 시차가 발생할 수밖에 없고, 그만큼 정책을 도입하거나 수정하더라도 효과를 발휘하는 데 시차가 필요하다. 부동산이라는 상품이 가진 속성이다. 부동산학 교과서 1장 1절에 나오는 내용이다.

우리나라는 가계 자산 중 부동산이 차지하는 비중이 70%를 넘어, 집은 그야말로 전 재산이다. 전 세계에서 가장 비중이 높다. 아파트 비중이 60%로 싱가포르 같은 도시국가를 제외하면 역시 세계에서 가장 높다. 누가 어느 단지에 사는지만 알면 집으로 얼마나 벌었는지도 금방 알 수 있다. 매주 아파트값 변동률을 세 군데 업체에서 경마 중계식으로 발표하는 나라다. 전 세계에서 유일한 전세제도는 금융 관련 정부 대책의 효과를 떨어뜨린다. 집을 매개로 한 가족주의는 가계 양극화를 더욱 심화시키는 구조다. 어떤 조건을 보더라도 집 문제에 전 국민이 매달릴 수밖에 없다.

그런 만큼 부동산 문제는 우리나라 최고의 정치 쟁점이다. 언론, 국회, 정부, 대통령까지 나서서 집값과 싸우고 있다. 정치 쟁점화될

수록 상황은 더 악화되고 정책은 왜곡된다. 누가 부동산 정치로 득을 보고, 피해 보는가?

답은 나와 있다. 경기와 무관하게 주택공급이 이루어질 수 있도록 공공택지를 꾸준히 공급해야 한다. 재개발, 재건축도 촉진해야 한다. 많이 나아지기는 했지만, 주거복지를 더 튼튼하게 해야 한다. 내 집 마련을 지원하되, 무리한 대출은 막아야 한다. 문재인 정부 기간 도입한 DSR 제도를 흔들림 없이 추진해야 한다. 부동산 세제가 만능이 아니라는 것도 모두 안다. 경기에 따라 들쭉날쭉하지 않는 세제를 구축해야 한다. 부동산 시장의 투명성을 높이고, 가짜 정보가 유통되지 않도록 관리해야 한다.

핵심은 부동산이 정치 바람에 휘둘리지 않도록 해야 한다. 불안하니 정치가 이를 이용할 뿐이다. 그러니 대통령이 집값 못 잡는다는 사실을 인정하자. 내가 아는 한, 집값 때문에 정부 수반이 대국민 사과를 한 나라는 우리나라, 뉴질랜드, 캐나다에 불과하다. 이제 부동산정책도 정치가 아니라 정책의 영역에 맡겨두자.

새 정부 기간의 부동산 시장은 어떻게 될까? 새 정부를 담당할 사람들은 걱정이 많을 것이다. 너무 올라서도 안 되지만 아직 끝나지 않은 부실 PF 문제 등도 연착륙시켜야 한다. 그런데 우리 부동산 시장은 20여 년 전부터 미국 시장과 연동되어 왔다. 즉, 미국을 포함한 선진국 그룹들의 금리, 유동성 사이클과 함께 움직인다. 또 부동산 자체가 갖는 특성 때문에 수급불균형이 오래 간다. 따라서 한 번 오르기 시작하면 대통령 아니라 누가 나서도 수습하기 쉽지 않고, 반대로 침체기에 인위적으로 올리는 것도 불가능하다. 그런 점을 생각하면 답이 나온다.

우리나라의 직전 과열기는 2020년 무렵이었다. 트럼프의 압박에도 불구하고 아직 상대적 고금리가 유지되고 있다. 문재인 정부부터 누적된 공급량이 아직 많다. 시장 사이클로 보자면 2027년쯤 본격적으로 회복이 시작될 것 같다. 이제 걱정은 윤석열 정부 기간 동안 워낙 공급량이 적었다는 것이다. 또 부동산 경기가 하락할 때 온갖 규제를 모두 풀어버렸다. 새 정부 하반기 무렵 그 영향이 나타나지 않을까 걱정이다. 어떻게 해야 할까?

앞의 처방과 같다. 부동산 침체기일수록 공공부문이 나서서 주택 공급 기반, 즉, 공공택지를 쉼 없이 확대하는 것이다. 또 주거복지를 흔들리지 말고 강화해야 한다. 이것은 좋은 경기부양책이기도 하다. 대신 DSR 강화 계획에 흔들림이 있어서는 안 된다. 세금이나 규제도 함부로 흔들지 말자. 최근 오세훈 서울시장의 강남권 토지거래허가구역 해제와 재지정 과정에서도 확인했지만, 부동산 시장은 작은 불씨 하나만으로도 큰 화재가 생길 수 있다. 부동산이 정치화되지 않도록 확실히 거리를 두어야 한다.

인수준비팀이 필요하다.

누가 이번 대선에서 승리할지 모르겠다. 비상계엄을 추진했던 내란 세력이 되어서 안 되는 것은 분명하다. 그런데 이 책이 관심을 두는 것은 그가 당선된 이후 직면할 국정의 부담이다. 우리나라는 선거 과정에서 마치 대통령이 다 된 것 같이 행동하는 것을 싫어하는 경향이 있다. 오만하게 비친다는 것이다. 최선을 다하지 않는 것처럼 보이기도 한다. 지지층 내에서도 자리다툼하는 모습을 보여줄 수 있다. 선거에 결코 도움이 되지 않는다. 이 때문에 내놓고 새 정부의 구체적인 구상이나 인선계획을 밝히는 것이 금물로 되어 있다. 하지만 미국 같은 대통령제 국가들은 선거캠프와 정권인수캠프를 나눠서, 한쪽에서 치열하게 선거 승리를 위해 뛰는 동안 다른 쪽에서는 정부 운영 계획을 수립하는 것이 당연시되어 있다. 더구나 새 정부는 인수위도 없이 출범해야 하니, 선거 과정에서 정부 운영계획을 수립해 두어야 하는 것은 필수적이다. 그럼에도 우리 문화에서는 공공연하게 할 수는 없다.

문재인 정부도 8년 전 이런 일을 겪었다. 당시 여론조사 상으로는 이미 선거 승리가 예상되었지만, 준비 작업은 조심스럽게 진행될 수밖에 없었다. 국정 책임을 예상한 몇몇 그룹들이 나름대로 작업을 준비하고 있었다. 과거 노무현 정부 당시 공직을 맡았던 분들이 주축이었다. 헌법재판소의 탄핵심판이 종결된 직후만 보더라도 몇 개의 국정운영 구상안이 준비되고 있었다. 겹치기로 참여한 사람들도 있었기에 일부 내용이 중복되기는 했지만, 당시 처해있던 엄중한 상황을 진단하고 새 정부의 방향을 제시하는 중요한 작업들이었다. 그런데 이들 제안 내용을 포함해서 선거 캠페인 과정에서 수렴된 국민의 요구도 종합해서, 실제 국정 운영계획을 짜는 것이 중요했다. 특히 당선이 유력시되는 후보의 생각을 반영한 계획을 정돈해 두어야 했다.

결국 선거를 한 달 정도 남겨둔 시점에 이를 종합하는 팀이 만들어졌다. 당시 민주연구원은 여의도 민주당사가 아닌 별도 건물에 자리 잡고 있었는데, 마침 그 건물 8층이 비어 있었다. 그곳을 단기 임차해서 이른바 〈8층 팀〉이 꾸려졌다. 우선 할 일은 여러 그룹이 준비했던 내용들을 취합하는 것이었다. 5~6개 그룹이 국정 운영계획을 수립했거나 하던 중이었는데, 고맙게도 모두 그동안의 성과를 USB에 담아주었다. 이제부터는 이들을 종합하면서 초기 국정 운영계획을 수립하는 일이었다. 실무진들이 밤을 새우며 준비에 들어갔다. 상황진단에서부터 국정운영 기조와 핵심과제, 특히 초기 한 달간 추진계획을 세우는 것이 급선무였다. 당장의 청와대 조직안, 정부 조직개편안도 중요했다. 정부가 출범한 이후 조정하기에는 너무 늦게 된다. 실무적으로 준비한 것을 〈8층 팀〉 전체 회의를 거쳐 확정하는 단계를 거쳐 갔다. 선거 1주일 전쯤 준비가 끝났고, 5월 3일 후보에게 보고하고 일부 수정한 다음 5월 7일 최종보고서를 몇 부 작성하고 자료를 파기했다.

실제로 정부 출범 이후 청와대 조직이나 정부 조직개편안은 거의 그대로 시행되었다. 핵심 정책과제들도 대체로 그 방향대로 진행되었다. 보고서는 새로 임명되거나 지명되는 중요 직위 인사들에게 제공되어서, 당선인, 즉 대통령의 생각과 계획이 무엇인지 빠르게 공유할 수 있었다. 적어도 정책분야는 나름대로 혼선 없이 준비되고 있었던 것이다. 그런데 만약 그 그룹이 인사까지 다룬다고 했으면 분명 좌초했을 것이다. 너무 많은 권한이 모이는 것을 경계하고 반발했을 것이 뻔하다. 처음부터 인사와는 선을 그었던 것이 그나마 〈8층 팀〉이 각종 정보와 자료를 한군데로 모을 수 있었던 이유이기도 하다.

2017년 초, 국정운영 준비계획 수립팀 구성원

o 좌장 : 김용익(민주연구원장)
o 간사(총괄팀) : 팀장 김수현 / 팀원 서채란, 송상훈
o 외교안보팀 : 팀장 서훈 / 팀원 장용석 외 1명

> o 경제팀 : 팀장 김상조 / 팀원 장웅선
> o 재정팀 : 팀장 김정우 / 팀원 이준호
> o 사회팀 : 팀장 정태호 / 팀원 허석재
> o 시민사회팀 : 팀장 하승창 / 팀원 김성환
> o 정무팀 : 팀장 소문상 / 팀원 강지훈
> o 업무지원 : 한상익(민주연구원 연구기획실장)

　이때의 경험을 되새겨 볼 때, 지금 필요한 일 중의 하나는 당연히 인수준비팀이다. 그런데 문제는 다가올 대선에서 승리할 것으로 기대하다 보니, 여러 그룹들이 경쟁적으로 인수위 없는 정부 출범에 대비하는 종합계획을 마련하게 될 것이라는 점이다. 그중 일부는 후보나 공조직의 요청을 받아서 추진하겠지만, 또 일부는 자가 발전해서 준비에 나설 것으로 보인다. 뿐만 아니라 차기 정부의 주요 직위에 대한 하마평을 스스로, 혹은 언론들이 경쟁적으로 내놓음으로써, 인사에 대한 기대감을 높이게 될 것이다. 대부분은 실제 이루어지지 않지만, 이런 보도나 찌라시들은 캠프의 결속력을 떨어뜨리거나 다양한 구설을 초래할 수 있다.

　따라서 불가피하게, 후보가 가장 신뢰할 수 있는 소수의 사람에게 비밀리에 이를 종합하여 다듬는 작업을 의뢰해 두어야 한다. 공조직이나 자발적인 그룹들이 준비한 내용을 검토해서 최종적으로 후보의 국정 운영계획으로 확정하기 위해서는 꼭 필요하다. 다만 이런 종합 작업을 너무 일찍 시작하면 다양한 논의와 준비를 억제할 수 있고, 또 내부 주도권 싸움을 일으킬 수 있어서 대선일 한 달 전 정도가 적당할 것으로 본다. 인수준비팀은 후보와 직접 소통하고 조율할 수 있는 인사들로 구성하는 것이 중요하다. 총괄팀장(간사)은 후보가 가장 신뢰할 수 있는 사람으로, 캠프 각 구성원과도 자연스럽게 소통할 수 있는 네트워크를 가지고 있어야 한다. 팀장은 5~8인 정도로 하되, 분야별 리더 역할을 해 온 사람으로 한다. 또 이 팀의 작업은 당이나 캠프 활동과도 긴밀히 연관될 필요가 있다. 공약집 작성이나 당의 중점과제와 흐름을 같이 해야 나중에 혼선을 막을 수 있기 때문이다.

> **국정 운영계획에 포함될 내용**
>
> 1. 상황진단
> 2. 국정운영 기조
> 3. 핵심 정책목표와 추진 과제
> 4. 시기별 정책 추진계획
> 5. 비상 경제운영계획
> 6. 비상 외교안보계획(대외비로 별도 관리)
> 7. 일정별 상세계획
> 8. 정부 조직 개편계획
> 9. 대통령실 개편계획
> 10. 특별위원회 등 구성계획

이와 함께 인사에 대해서도 준비해야 한다. 인수위 기간이 있다면 약간의 여유를 가지고 주요 인사를 선임할 수 있지만,

이번에는 그런 시간이 전혀 없어 사전 준비는 필수적이다. 문제는 법적으로 보장된 인수위 기간이 아니기 때문에 주요 인선에 대한 검증 시 경찰이나 금감원 측에 조회할 수 없고, 인터넷 검색이나 평판 수집밖에 방법이 없다는 점이다. 그럼에도 대선 승리 직후 적어도 국무총리 후보와 청문회가 필요 없는 대통령실 비서실장, 안보실장, 정책실장, 국무조정실장, 인사수석은 최대한 빨리 발표할 필요가 있다. 특히 안보실장은 북한의 도발 등에 대비한 NSC 운영에 핵심 역할을 하기에 시간을 지체해서는 안 되며, 안보실의 차장 2명(윤석열 정부 때는 3명)도 최대한 빨리 임명해야 한다. 이와 함께 정부 출범 후 2주일 이내에 각 부처 차관을 새로 임명하여 안보실장, 정책실장과 국무조정실장의 지휘하에 신속하게 정부 업무를 진행해야 한다.

이런 과정을 준비하기 위해서는 정부 출범 후 인사수석으로 염두에 둔 사람을 중심으로 소규모 인사준비팀을 구성해야 한다. 2017년 4월에는 과거 노무현 정부 당시 균형인사비서관을 지낸 조현옥 씨를 인사준비팀장으로 지정했었다. 구성 시점은 대선일 보름 전 정도로 하되, 구성 사실 자체를 철저히 비밀로 할 필요가 있다. 즉, 인사준비팀의 존재 자체를 모르게 하는 것이 좋다. 인사준비팀장은 과거 청와대에서 인사관련 업무를 경험했던 사람이 가장 좋으나, 불가피하다면 실무진에 관련 유경험자가 꼭 필요하다.

자신 있게, 그러나 차근차근

대선 다음 날인 6월 4일 아침, 당선자는 대통령실로 출근하게 된다. 내각도, 대통령실 직원들도 모두 전 정부 사람들이다. 아마 공식적으로는 대통령 본인 이외에는 아무도 임명되지 않은 상태일 것이다. 그럼에도 외국 정상과의 전화 통화는 물론이고 국가안보 및 경제 현안에 대한 메시지를 내놓아야 한다. 취임식이라기보다 취임 인사 정도를 약식으로 치를 공산이 크다. 문재인 대통령 초기를 되돌아보면 짐작할 수 있을 것이다.

새 정부 출범과 함께 바로 해야 할 일들을 생각해 보자.

무엇보다 인사일 것이다. 당선 즉시 발표해야 할 총리 후보와 비서실장은 새 정부의 상징이 된다. 나는 윤석열 정부의 실패는 총리와 비서실장 인선에서 이미 씨앗이 뿌려졌다고 생각한다. 정치 경험도 없는 사람이 관료 출신, 그것도 경제관료 출신들로만 핵심 요직을 정했다. 자신의 국정 경험 부재를 보완해 주리라 생각했는지 모르지만, 대통령의 정치를 정부운영과 등치시키는 우를 저질렀다. 그는 집권 내내 정치적 과정을 불필요한 혼란으로 보면서, 정치부재, 타협부재의 독선으로 자멸하고 말았다. 그만큼 총리 후보와 비서실장은 새 정부의 성격 규정에서 중요하다. 책임총리 스타일의 강한 총리를 원하는가, 아니면 충성스러운 관리자를 원하는가? 장악력이 세면서도 직언할 비서실장인가, 아니면 전달하고 수습할 비서실장인가? 이 두 사람이 어떻게 채워질지에 따라 다른 많은 직위들도 그림이 그려질 것이다. 대선 이전에 미리 그림의 윤곽이 그려져 있어야 한다.

이어서 청문회를 거쳐야 하는 감사원장, 국정원장, 국무위원 후보들을 빨리 검증해서 발표해야 한다. 많은 기관들이 벌써 몇 달 전부터 공석이거나 탄핵으로 직무 정지된 상태이기 때문에 하루가 급하다. 국무회의는 개의 요건에 맞추도록 몇 사람들의 사의를 반려해 두겠만, 제대로 된 국정운영을 위해서는 새로운 장관들이 역할을 해야 한다. 전임 정부에서 임명된 총리가 신임 장관을 제청해 주지 않기라도 하면 신임 총리가 임명될 때까지 기다려야 한다.* 또 후보를 발표했더니 예상치 못한 악재로 낙마하는 일도 있을 것이다. 바쁘다고 하지만, 결국 두 달 정도는 되어야 겨우 새 정부의 진용이 자리 잡을 것이다. 다만 내란과 관련하여 명백한 책임이 있는 정무직들은 취임 즉시 해임할 필요가 있다.

때문에, 우선은 비 청문회 직위부터 신속히 임명해서 시급한 국정을 꾸려가야 한다. 대통령실의 실장, 수석, 비서관이 그들이다. 정부에서는 국무조정실장이 중요하다. 바로 임명할 수 있는 신임 차관들과 함께 부처 업무를 정상화해야 한다. 부처의 1급이나 국장급 인사는 어쩔 수 없이 새 장관이 임명될 때까지 기다려야겠지만, 우선은 차관을 중심으로 통솔력을 발휘하는 것이 중요하다. 대통령실 직원들은 별정직의 경우, 정식 발령 전 사전근무를 시작할 수밖에 없다. 신원조회 및 행정절차로 인해 몇 달씩 정식 발령받지 못할 수도 있고 끝내 임용이 안 될 수

---

* 헌법 제87조 ①국무위원은 국무총리의 제청으로 대통령이 임명한다.
  문재인 정부 출범 직후 황교안 총리는 국무위원 제청 거부, 윤석열 정부 출범 직후 김부겸 총리의 제청으로 추경호 부총리 겸 기획재정부 장관 임명

도 있지만, 역대 정부가 모두 그랬듯이 사전근무는 불가피하다. 공무원 행정관들의 경우, 차관들과 협의해서 신속히 파견받을 수 있다.

그런데 장관이나 수석, 비서관을 임명하려면, 새 정부의 조직개편안이 미리 정해져 있어야 한다. 없앨 부처의 장관 후보를 지명할 수는 없지 않은가? 최대한 빨리 정부 조직개편 계획을 확정해야 한다. 대통령실 개편은 불필요한 이상론에 빠질 필요는 없다. 즉, 소규모 조직으로 하겠다거나, 민정수석을 없애겠다는 등의 얘기를 하는 것은 아무 이득이 없다. 대통령 역할에 대한 개헌이 이루어지기 전에는 어떻든 현행 대통령제에서 검증된 대통령실 역할이 있기 때문이다.

정부 조직의 경우, 오랜 대통령 유고 상태였기 때문에 조직개편에 시간을 오래 끌 여유가 없다. 사회적 합의가 쉬운 수준에서 최소한으로 개편해서 일단 출범시키고, 이후 큰 틀의 개편을 다시 하는 것이 바람직하다. 그런 점에서 우선 할 수 있는 개편은 인구부 설치 정도가 아닌가 한다. 위상과 역할에 대한 논란이 있기는 하지만, 일차적으로는 기획과 평가 기능에 중점을 두고 저출산 관련 복지부의 지원기능을 가져오는 방법이 있다. 여성가족부나 교육부 개편, 또 기후환경부 신설 등은 다음 단계의 과제로 생각할 수 있다. 물론 대선 과정에서 공약이나 국정과제를 어떻게 정하는가에 따라 달라질 것이다.

이와 함께 사후 인수위의 구성 및 운영에 들어가야 한다. 선거 과정에서 발표한 공약의 이행가능성을 짚어보고, 주요 국정과제를 확정할 필요가 있다. 이미 정부 운영에 들어간 개문발

차에도 불구하고, 어디로 어떻게 갈지는 계속 수정해야 한다. 당면한 업무는 대통령실을 중심으로 진행하더라도 당이 중심이 되어 국정과제를 확정하는 과정이 필요하다. 현행 인수위법이 취임 전 인수위를 전제로 한 것이어서, 문재인 정부 때는 국정기획자문위원회를 별도로 구성해서 인수위 역할을 하도록 했었다. 인수위법을 개정해서 확대 적용토록 하는 방법이 있다. 그리고 후회스러운 대목은, 당시 청와대가 이미 현업에 너무 몰두하면서 국정과제 선정이나 이행계획 수립에 좀 더 신경을 쓰지 못했던 점이다. 새 정부는 이 점을 생각했으면 한다. 당 중심으로 국정 운영계획을 수립하되 대통령실, 그리고 장관 후보자의 생각이 제대로 담기도록 계획이 수립되어야 한다. 대통령실은 이미 업무가 진행되고 있다는 이유로 조금 경시할 수 있는데, 비서관, 행정관들에게도 명확히 미션을 부여해서 철저히 검토할 필요가 있다. 문재인 정부 당시 그 기간에 최저임금과 같은 쟁점 과제들에 대해 더 철저하게 짚어보지 못했던 점이 아쉽다.

이와 함께 첫 주의 일정과 메시지가 매우 중요하다. 미국은 트럼프의 사인만으로 할 수 있는 일들이 많지만, 우리는 행정명령이라는 권한이 사실상 불가능하다. 대통령령이나 훈령도 지시로 끝나는 게 아니라 절차가 있고, 기본적으로 법률의 틀을 벗어날 수 없다. 재정이 뒤따르지 않을 경우 대통령 지시(혹은 명령)로는 아무 일이 안 일어날 수도 있다. 그만큼 첫 주에 할 수 있는 것은 말(메시지)로 할 수 있는 것밖에 없다. 다만 그것이 주는 상징성이 크기에 잘 기획하고 준비해 두어야 한다.

당장 생각할 수 있는 것은 안보와 외교에 관한 조치다. 특히 군이 위헌·위법적 비상계엄에 연루되어 큰 사달이 났었기에, 군심을 안정시키고 국민의 신뢰를 회복할 수 있는 메시지가 중요하다. 현장 방문도 기획할 수 있다. 그만큼 중요한 것이 미국을 포함한 주변 강국들과의 소통이다. 이들 나라들도 새 대통령 취임만 기다리고 있을지 모른다. 경제 메시지도 중요하다. 이제 일상으로 돌아가고, 성장동력을 회복해야 한다는 절박함을 보여줘야 한다. 추경 계획도 밝힐 필요가 있다. 이는 꼭 필요한 곳에 재정지출을 더 늘려야 하기도 하지만, 새 정부의 철학과 지향에 맞도록 재정구조를 보완하는 측면도 있기 때문이다. 의료진, 소방관, 경찰관 및 공직자에 대한 당부도 필요할 것이다. 일상의 평화와 안전으로 돌아갔다는 상징적인 일정도 구상할 수 있다.

당선되었다는 기쁨도 잠시, 산적한 현안들이 밀려올 것이다. 미리 짜둔 국정 운영계획과 인사계획대로 초기 업무가 진행된다는 보장도 없다. 국정에 영향을 끼치는 요소는 너무나 많다. 돌발사태가 발생하는 것은 물론이고, 당선된 순간부터 지지자들의 '기대'와 반대자들의 '반발'이 서로 충돌하기 시작할 것이다. 우리뿐 아니라 미국 같은 곳에서도 만연하고 있는 음모론과 부정 선거론이 판칠 것도 분명하다. 자신의 기대와 요구에 부합되지 않으면 언제든 지지를 철회할 수 있는 세상이다. 극단적 주장과 자극적 요구가 더 소구력을 가지면서 끊임없이 확대 재생산된다. 유튜브가 만들어 내는 극단적 정치환경은 언제든 새 정부를 흔들 것이다. 이미 그런 식으로 윤석열 정부는 스스로 극단주의에 포획되어 자멸했다.

사전 준비도 제대로 못 하고 출범하는 새 정부라고 허니문 기간이 있을 것 같지는 않다. 내전에 가까운 정치 양극화 상황에서는 중도층의 기대와 관망이 제 역할을 하기도 어렵다. 그럴수록 새 정부도 확고한 지지층을 다지려 할 것이고, 이는 또 정치보복, 정책보복으로 이어질 공산이 크다. 과거로부터 교훈을 얻기보다, 결국 익숙한 과거의 문법을 따르게 되는 것이다. 그만큼 새 정부의 확고한 가치와 비전이 중요하다. 새 정부가 이루려는 세상에 대한 그림이 명확해야 한다. 그를 위해 달성해야 할 목표를 정해서 뚜벅뚜벅 걸어가야 한다. 단기적인 과제가 많을수록 긴 호흡이 필요하다. 또 지지층의 기대가 클수록 지지하지 않은 사람들의 상실감도 다독여야 한다. 결코 쉽지 않은 일이다. 윤석열 정부의 파행을 청산하는 일은 굵고 짧게 끝내야 한다. 그보다 더 근본적으로 해야 할 일이 너무 많다.

대통령실과 관저는 어디를 써야 하나?

새 정부가 당장 직면한 문제 중의 하나는 대통령실과 관저의 위치다. 윤석열 정부의 비상계엄과 내란 사태는 사실 졸속적인 청와대 이전에서부터 뿌리를 찾을 수 있다. 청와대가 불통의 상징이라는 이유로 황급히 옮긴 장소가 하필 군사시설들 한가운데였기 때문이다. 하루아침에 국방부를 밀어내고 그 자리로 대통령실을 옮기는 통에 합동참모본부(합참) 등 전시 지휘통제 기능이 연쇄적으로 밀려났다. 아직 용산에는 미군의 주요 정보자산이 가동 중이었지만, 대통령 스스로 그 한가운데로 들어간 것이다. 또 관저는 기존 국방장관, 육군참모총장, 해병대사령관 그리고 외교부장관 공관이 있던 전시 주요지휘 인사들의 영역에 비집고 들어갔다. 대통령이 언제든 걸어서 군 주요지휘관들의 통제소와 주거 공간에 갈 수 있는 곳에 자리 잡은 셈이다. 군사정권 시절에도 상상하지 못했던 일이다. 이렇게 군 시설에 둘러싸인 곳에서, 틈틈이 그들과 어울리며 술을 마셔댔으니, 군사력을 동원한 비상계엄에 대해 비현실적이며, 비정상적인 사고에 빠질 수밖에 없었을 것이다.

이제 새 정부가 대통령실과 관저를 현재 위치를 그대로 쓸 것인가가 문제다. 대통령실의 장소가 문제가 아니라, 대통령의 소통 의지가 중요하다는 것은 이미 모든 국민이 알게 되었다. 역대 불행했던 대통령들은 청와대의 풍수 때문이 아니라 본질적으로 한국 대통령제와 권위적 국정운영 때문이었다는 것도 상식이 되었다. 용산으로 옮겼지만, 오히려 더 큰 불통과 아집으로 나라를 혼란에 빠트리는 것을 보았다. 더구나 윤석열 체포 과정에서 대통령 관저에 대한 영상 촬영들이 등장하면서, 보안 차원에서도 불안정한 공간이 되고 말았다. 군사시설들 한가운데 대통령이 있는 문제도 심각하다. 여러 의미로 보면, 더 이상 기존 용산 구 국방부 청사와 한남동 외교부장관 공관을 대통령실과 관저로 쓰는 것은 불가능해 보인다.

그럼 어떻게 할 것인가? 청와대가 오랜 역사성을 가지고 있기는 하지만, 공간 자체가 권위적이고 폐쇄적이라는 점은 여전하다. 물론 대통령의 집무 공간과 비서진들의 업무공간이 멀리 떨어져 있다는 것은 사실이 아니다. 문재인 대통령은 비서동의 하나인 여민1관 3층에서 평소 집무를 해왔다. 청기와로 지은 구 청와대 본관은 행사나 대규모 회의에 썼을 뿐이다. 그래서 비서진들이 불과 1~2분이면 대통령 집무 공간으로 뛰어갈 수 있었다. 과거 예를 들어 15분이 걸린다, 차를 타고 가야 한다고 거짓 얘기들을 했을 뿐이다. 그럼에도 청와대는 윤석열 정부의 의도적인 '유원지화' 과정을 통해 많이 훼손된 상태다. 또 1960년대 지어진 비서동들이 낡고 좁아서 근무 여건이 열악하다. 관저는 특히 너무 외진 곳에 있어서 사람 사는 향기를 느끼기 쉽지 않다. 따라서 현 상태 그대로 청와대로 돌아가기도 어렵다.

내 생각은 대통령실을 세종시로 이전하는 것이 답이라고 본다. 헌법개정 과정에서 수도의 위치에 관해 별도 법률로 정한다는 규정을 넣어서 법률적 안정성을 확보할 필요가 있다. 그전에는 세종시 집무실을 확대하고 머물 공간을 확보하는 방법으로 보완할 수 있다. 이미 세종시에는 대통령실 설치에 필요한 공간이 준비되어 있다. 다만 헌법개정을 포함해 대통령실과 관저 이전에는 상당한 시간이 필요하므로, 우선 세종집무실을 보강해 수시로 대통령이 머무는 곳으로 만들 필요가 있다.

완전한 세종시 이전 이전에는 청와대로 돌아가는 것이 합당한 선택이다. 현재 비서동이나 경호처 부지 내에 추가로 임시 건물을 지어서 부족한 공간을 해소하도록 서둘러야 한다. 청와대 개방에도 불구하고 비서동과 NSC 공간 등은 그대로 유지된 것으로 알고 있다. 한 달이면 기존 비서동 수선이 가능할 것이고, 추가 임시 건물은 6개월 이내에 완료될 수 있을 것이다. 그동안은 우선 용산에서 근무할 수 있다.

이제 관저 문제다. 윤석열 대통령은 청와대를 한시라도 안 들어가기 위해 상당 기간 사저에서 출퇴근했다. 경호에 큰 문제가 있었다는 얘기를 들은 적이 없다. 새 대통령은 현재의 총리공관이나 과거 비서실장 공관 등 경호처 소유의 다수 건물들 중의 하나를 수선해서 활용하는 방법이 있다. 경호나 보안상으로도 별문제가 없다는 얘기를 들었다. 마침 새 정부의 총리가 정식 임명되기까지는 일정 기간이 소요될 전망이기 때문에 시차를 잘 조정하면 해법이 있을 것으로 보인다.

어떤 선택지가 되든 불편은 따를 것이다. 그러나 기존 용산 대통령실과 한남동 관저는 졸속적 이전이 어떤 결과를 가져왔는지 더 이상 설명이 필요 없을 정도로 명확히 보여주었다. 국민의힘 일각에서도 용산 이전에 문제가 있었고, 결국 청와대로 돌아갈 수밖에 없다고 판단하는 것으로 보인다. 일단 다시 돌아가야 한다. 풍수 때문도 아니고 실패한 정부의 기억 때문도 아니다. 비상식적이고 비효율적인 대통령실과 관저 운영을 정상화하는 차원이다. 다만 세종시 이전을 기본방향으로 하는 것이 대전제이다.

한국 대통령의 숙명
대통령과 정부가 일하는 법

이번 대통령은 성공할 수 있을까?
이번 대통령은 한국 민주주의를 대수선하고, 재건하기 위해 한 몸을 희생하는 대통령이다.
새 정부는 극단주의를 고립시키고 민주주의를 한 단계 끌어올리는 정부라고 생각해야 한다.

이번 대통령은 성공할 수 있을까?

칼날 위의 대통령

한국에서 대통령은 참으로 팔자 드센 자리다. 대통령은 "되기도, 하기도, 하고 나서도" 어렵다. 우리나라가 민주화를 이루었다는 1987년 이후 약 40년 동안 8명의 대통령이 거쳐 갔지만, 존경과 박수 속에서 마무리한 분들은 손에 꼽기 어려울 정도이다. 그중 절반인 노태우, 이명박, 박근혜, 윤석열 대통령은 재직 중이나 후에 구속되었다. 본인이나 가족이 수사받지 않은 경우는 한 사람도 없다. 측근이 처벌받은 사례는 너무 많아서 열거할 수도 없지만, 문재인 대통령은 특히 청와대 장관급 실장 총 9명 중 6명이 재판에 넘겨질 정도였다. 8명의 대통령 중 3명이 탄핵소추되었고, 그중 2명은 실제로 대통령직을 잃었다. 그럼에도 사람들은 대통령직을 맡기 위해 뛰어든다. 출마 한 번 만에 대통령이 된 사람은 셋인데, 그중 한 명인 윤석열 대통령은 역설적으로 가장 황당하게 대통령직을 마감했다.

대통령은 그냥 한 개인이 훌륭하거나 운이 좋아서 되는 것이 아니다. 국민들의 응축된 에너지가 그 사람에게 모여서 된 것이다. 전체 국민의 지지를 받는 것은 아니니까, 결국 지지하는 사람들의 기대와 요구가 모여서 대통령직에 오르는 셈이다. 바로 그 기대와 요구가 만들어 낸 대리인이 한국의 대통령이다. 요행히 국민들이 원하는 시대정신에 적합한 이력, 이미지, 리더십을 갖췄기에 가능했던 일이다. 그런 만큼 대통령은 개인의 능력과 노력만으로 이루어지는 자리가 아니다. 흔히 하는 말로 하늘이 내어주는 자리인 셈이다.

그래서 대통령은 자기 하고 싶은 일만 할 수 있는 자리가 아니다. 대통령 당선 자체가 시대정신에 부합되느냐에 달렸기에, 그 시대가 요구하는 과업을 완수해야 하는 의무가 부여된다. 더구나 지지자들이 '만들어 낸' 대통령이기에, 지지 집단의 요구와 기대는 반드시 달성해야 할 과제이기도 하다. 거꾸로 반대했던 집단은 지지하던 사람이 당선되지 못했다는 상실감을 넘어, 여차하면 대통령으로 인정 못 하겠다고 나설 수도 있다. 이처럼 첨예한 정치적 대립 속에서 대통령이란 자리는 언제나 날이 잘 선 칼날 위에 서 있는 처지다. 대통령 개인이 잘하고 못하고를 떠나, 대통령은 지지하는 집단의 성원과 반대하는 집단의 비난 속에서 칼날 위를 걸어야 한다.

우리나라 대통령은 역사적, 문화적으로 모든 국가 현안의 해결사가 되기를 요구받아 왔다. 대통령 실질 권한이 강한지, 약한지와 관계없이, 국가적 안위와 발전에 대한 모든 책임을 지고 있다. 남북분단의 상시적 위기에 대처해야 하고, 경제성장이라는 민족사적 과제를 해결해야 한다는 염원 때문에 어느 나라보다 강한 권한과 책임이 부여되어 있다. 다른 나라보다 제도적으로 무엇무엇이 더 강하고 약한지 따지는 것은 무의미하다. 제도를 떠나 대통령에게 거는 기대가 과도할 수밖에 없다. 그러나 기대가 크면 클수록 실망도 크고, 동시에 반대하는 사람들의 반발도 클 수밖에 없는 구조이다. 기대와 반발이 부딪힐 때 칼날은 더욱 예리해진다.

흔히 중도층이 각종 선거 결과를 결정한다고 한다. 이른바 캐스팅 보트이자, 때로 스윙 보터들이다. 그러나 중도의 힘은 평소에 드러나기 쉽지 않다. 합리적, 객관적으로 상황을 보려는 사람들은 평소에 끼어들 자리가 없다. 흔히 우리 국민들의 정치 성향은 보수, 진보가 2.5 대 2 정도 된다고 할 수 있다.* 실제 선거에서는 나머지 3 정도의 향방이 어디로 쏠리는가가 결과를 정해왔다. 하지만 평소의 여론은 정치 고관여층이라고 할 수 있는 1 대 1 정도의 집단이 분위기를 만들어 간다. 2021년 갤럽이 조사한 데 따르면, 유권자의 24% 정도가 평소 정치에 관심이 많다고 답했다.** 시기나 사안에 따라 차이가 있지만, 이들 적극적 정치의식을 가진 사람들이 어떻든 한국 정치의 역동성을 살려가고 있다. 이들은 각종 정치 현안에 관심이 많으며, 그중 일부는 온오프라인을 통해 실제 정치적 활동에 참여한다. 관련 유튜브를 열심히 보며, 더 적극적인 경우 팬덤을 형성하고 모임이나 집회, 시위에도 빠지지 않는다. '태극기'나 '개혁의 딸'도 이들이다.

---

* 여론조사 업체 갤럽에서는 주기적으로 주관적인 정치 성향을 조사하고 있다(한국갤럽 홈페이지 참고). 시기나 계기에 따라 보수, 진보의 비율이 변하기는 하지만, 대체로 보수층이 조금 더 많다고 보는 것이 상식적이다.
** 한국갤럽, 「데일리오피니언 2021년 3월 3주차」.

그런데 이들 정치 고관여층은 한국 정치의 역동성을 만들어 내지만, 동시에 중도층이나 '조용한' 정치 관심층을 배제하기도 한다. 평소에는 중도층이 목소리를 제대로 내기 어려운 구조다. 이는 우리나라만 그런 것이 아니고, 거의 모든 민주국가들이 공통으로 겪고 있다. 이들의 활동은 여러 정치적 오독과 오판을 가져오기도 한다. 이들 목소리 큰 집단이 정치의 전면에서 분위기를 좌우하는 것처럼 보이니, 극단적 지지층과 극렬 반대층만 의식한 정치를 펼친 결과다. 하지만 결국은 다수 국민의 마음이 정치를 결정하고 정돈한다. 역대 주요 선거들을 보면, 민심의 바다가 배를 띄우기도 하고 고꾸라지게도 해 온 것이 우리나라다. 정치의 '무섭도록 잔인한' 역동성을 우리는 너무나 많이 보아왔다.

그런 점에서 최근의 진보, 보수 논란은 사실 본질이 아니라고 생각한다. 지금은 내란 세력인가 아닌가로 연대와 연합의 대상이 달라져야 한다. 내 뜻대로 안 되면 군대를 동원해서 겁주거나 때려잡아도 된다고 생각하거나, 얼토당토않은 부정 선거론과 중국 혐오론을 조장하는 극단적 수구세력을 고립시키는 것이 한국 민주주의 공동과제이기 때문이다. 굳이 비율로 보자면 오른쪽 극단 1~2를 제외한 6~7의 시민들이 모일 수 있어야 한다. 그러려면 적극적 진보가 넓은 울타리로 들어가야 한다. 같은 차원에서 문재인 정부가 박근혜 대통령 탄핵에 동의했던 모든 세력을 규합해서 한국 사회의 틀을 바꿨어야 했다는 연세대 박명림 교수의 지적에 나도 공감한다.

이번 대통령은 역대 어느 대통령보다 어려운 조건에서 시작한다. 2017년의 박근혜 대통령 탄핵 이후 파행에 파행을 거듭해 온 한국 정치가 더 나쁜 모습으로 재연될 우려가 다분하기 때문이다. 탄핵 되면 어떤 일을 겪는지 경험했고, 그래서 시원하게 복수하려고 모셔 온 검찰총장 출신이 다시 탄핵당했으니, 복수가 복수를 부른다는 식의 막장 정치가 재연될 수 있다. 새 정부는 이런 악순환을 끊기 위해, 극단주의를 고립시키고 민주주의를 한 단계 끌어올리는 정부라고 생각해야 한다. 그런 만큼, 불완전한 민주주의를 기초부터 새로 세우는 과도정부이기도 하다.

진보, 보수가 밥 먹여 주나?

진보, 보수를 사전적으로 정의하면 이렇다.

진보(進步)란 기존의 사회 제도나 가치관을 변화·개혁하려는 성향으로, 새로운 사상과 정책을 수용하며, 사회적 평등과 변화를 지향한다. 경제적으로는 정부의 적극적 개입을 선호하며 복지 확대를 추구한다. 반면 보수(保守)는 기존의 사회 제도나 전통을 유지·보호하려는 성향을 보이고, 급격한 변화보다 안정과 점진적 변화를 선호한다. 경제적으로는 시장 중심의 자유 경제를 중시하며, 정부 개입을 최소화하려는 경향이 있다. 한마디로 진보는 빠른 변화, 보수는 느린 변화를 원하는 식으로 생각할 수 있다. 진보, 보수는 하지만 좌파, 우파와는 엄밀히 다른 개념이다. 사회주의 국가에서는 그 체제를 지키려는 사람들이 보수인 것처럼.

현실 자본주의 질서 속에서 양측의 의제는 뚜렷한 차이를 보인다. 진보는 평화, 환경, 생태, 평등, 포용 등을 강조하는 반면, 보수는 가족, 자유, 안보, 법과 질서 등을 중시한다. 최근 트럼프 대통령이 미국의 흑인 합참의장을 중도에 그만두게 해서 뉴스가 되었는데, 그 이유가 바이든 시절 임명된 그가 'DEI'(다양성·형평성·포용성)를 옹호했기 때문이라고 한다. 그런데 진보, 보수는 상대적이다. 오른쪽 끝에서 보면 모든 게 좌파로 보이고, 왼쪽 끝에서 보면 모든 게 우파로 보이는 것처럼. 또 진보, 보수는 나라별로, 지역별로, 시대별로 상대적이다. 어떤 나라에서는 보수 의제가 다른 나라에서는 진보 의제가 되기도 하는 것이다.

그렇다면 우리나라는 어떨까?

우리나라에서 진보, 보수를 가르는 가장 첨예한 분단선은 북한에 대한 태도다. 이것은 중국에 대한 태도, 미국과 일본을 보는 시각, 평화를 달성하는 방법 등의 차이로 이어진다. 윤석열이 헌법재판소 최후 진술에서 '간첩'을 25번이나 언급했던 것처럼, 북한으로부터 나라를 지킨다는 주장은 아직도 먹히는 얘기다. 최근에는 외국인에 대한 태도, 남녀 역할에 대한 인식, 복지에 대한 태도 등으로 의제가 확장되고 있다. 그런데 노동운동에 대한 태도는 전반적으로 보수적 인식이 넓다. 경제에 대한 태도는 보수, 진보의 차이가 더 좁다. 한마디로 경제에 관한 한, 성장주의가 국민 대다수를 지배하고 있다. 비록 진보 진영에서는 전통적인 대기업 중심, 요소 투입 중심의 성장이 아니라, 생태, 환경, 균형발전 등을 통한 성장동력의 재창출을 주장하지만, 성장담론 자체에 대해서는 무조건 수용할 태세를 갖추고 있다.

결국 경제적으로는 중도보수, 군사안보 측면에서는 보수, 사회문화적으로는 중도적인 분위기가 우리 사회에 퍼져있다 할 수 있다. 이런 조건에서 민주당의 길은 무엇일까? 모든 영역을 아우르는 하나의 성격 규정은 별 의미 없다. 진보냐 중도냐는 정치적 수사로는 의미가 있지만, 실제 정책적 내용을 뜯어보면 일률적으로 말하기 어렵다. 어쩔 수 없이 경제적으로는 중도, 군사안보 차원에서는 중도보수, 사회적으로는 중도진보의 길을 걸어야 한다. 중요한 것은 실제 당의 강령과 정책, 그리고 실천이다.

이번 대통령의 성공을 위해

한때 자랑스러운 역사라고 했던 우리 민주주의가 얼마나 취약한지 아는 데는 긴 시간이 필요하지 않았다. 너무나 비현실적이었던 비상계엄 사태보다도 그 뒤 이어진 탄핵 반대 시위와 국민의힘 행동이 더 큰 충격이었다. 군을 동원해서라도 이재명을 쫓아내고, 중국 간첩을 잡아넣고, 주사파를 척결했어야 한다는 이 망상적 믿음을 어떻게 할 것인가? 더구나 20~30세대들이 국민저항권 운운하며 법원에 난입하는 이런 일은? 원인이 무엇이든 이것이 우리 민주주의의 현실이다.

이런 심리적 내전을 겪고, 가슴이 뚫린 듯 상처를 안게 된 국민들이 새 대통령을 뽑는다. 새 대통령은 무엇보다 지난 반년의 악몽이 그저 시간이 지나면 다독여질 그런 일이 아니라는 마음으로 시작해야 한다. 노태우, 김영삼, 김대중을 지나며 민주주의는 이제 불가역적이라는 믿음을 갖게 되었다면, 이제 그 퇴행도 우리가 확인했다. 되짚어 민주주의의 토대를 다지는 것이 다음 대통령의 가장 중요한 과제이다. 더구나 지난 6개월의 혼란은 그냥 정치적인 이유만 아니라, 한국경제의 활력이 떨어지고 양극화가 심화된 '희망의 문제'와 깊은 관련이 있기에 더욱 무겁게 다가온다. 그런 점에서 이번 대통령은 한국 민주주의를 대수선하기 위해 한 몸을 희생하는 대통령이라고 전제해야 한다.

① 책임감 있게 개헌을 주도해야 한다.

지금은 무너진 국가적 리더십을 빨리 세워야 할 때다. 대통령 부재가 몇 개월째 계속되면서 외교정책을 포함한 주요 정책들이 표류하고 있기 때문이다. 지금 당장 그 대통령 부재를 불러왔던 우리나라의 대통령제와 의회제도를 고칠 여유는 없다. 하지만 대통령 선거가 끝나면, 이 문제는 반드시 풀어내야 한다. 87년 헌법 이후 8명의 대통령 중 3명에게 탄핵소추가 발의될 정도라면, 분명 시스템에 문제가 있다.

대통령의 권한을 나누고, 보다 국민 뜻에 민감하게 반응하는 대통령제가 되어야 한다는 데 이견은 없어 보인다. 다만 그것이 분권형 대통령제라고 하더라도 세부 내용에서는 차이가 크다. 그래도 공통의 합의점을 찾아야 한다. 그보다 더 중요한 문제는 극단적 지역 정치를 해소하고, 타협 없는 양당제를 극복해야 한다는 것이다. 다당제를 정착시킬 수 있는 선거제도 개혁이 절실하다. 이 역시 개헌으로 뒷받침되기를 원한다. 자치분권과 균형발전에 대한 더 높은 국가적 책무를 헌법에 반영해야 한다는 목소리도 높다. 5.18 정신과 인권 신장도 마찬가지다.

하지만 개헌안 각론이 쉽게 합의에 이르리라 생각하는 사람들은 없다. 총론 찬성, 각론 반대의 교착상태가 계속되고, 신임 대통령은 개헌논의에 충실하기보다 자기가 국가개혁을 완성하겠다고 나서는 바람에 결국 또 시기를 놓치지 않을까 걱정하는 사람들이 많다. 방법은 새 대통령이 스스로 임기 단축이나 권한 축소라는 희생을 바탕으로 선도하는 길밖에 없어 보인다.

분권형 대통령제가 결국 의회 권력 변화와도 연관되어 있으므로, 다음 대통령 임기를 2028년 총선 시기까지로 하는 것도 생각할 수 있다. 중임제를 채택할 경우, 현직에게도 기회를 주는 방식의 타협이 가능하다.

우리 사회는 노무현 대통령이 스스로 권한을 내려놓을 각오로 대연정을 제안했던 일을 뒤늦게 칭송하고 있다. 새 대통령이 한국 민주주의를 재건(re-building)해야 한다는 소명을 생각하면, 선제적 희생을 약속하고 권력구조와 선거제도를 개혁해야 한다.

② 정치보복을 위해 권력을 행사하지 말자.

새 정부는 당장 윤석열 대통령의 내란죄를 단죄해야 한다. 전 국민이 생중계로 위헌·위법적인 비상계엄 과정을 보았기에, 법원도 합당한 판결을 내릴 것으로 믿는다. 그 외에도 전 정부가 저지른 터무니없는 일들을 정죄해야 할 것 같다. 졸속적인 청와대 이전이나 처음부터 정치보복을 의도하고 시작했던 수많은 일들이 있다. 공수처든 검찰이든 혹은 경찰이나 감사원이든, 권력기관들이 앞다퉈 나서게 될 것이다. 안타깝다.

국가의 형벌권은 엄정하지만 공정하게 행사되어야 한다. 나는 우리 검찰의 기소권은 99% 이상, 바르게 행사되고 있다고 본다. 다른 권력기관들의 처분도 마찬가지라고 생각한다. 그런데 극소수 사건들로 국가 권력기관의 공정성이 의심받고 있다. 승복하지도 않는다. 이른바 정치적 사건의 무죄율이 일반 형사 사건의 최하 다섯 배에 이르는 것이 그 증거다.

검찰개혁은 검찰을 이용해 정치 보복하려 하지 않아야 완성할 수 있다. 역설적으로 문재인 정부 기간의 장기화된 적폐청산이 결국 정치검찰을 살려냈고, 그로 인해 검찰개혁도 좌절되었다. 새 정부는 내란 사태까지 겪고 출범하니, 검찰을 시켜 하고 싶은 일이 줄을 서 있을 것이다. 절제하자. 검찰이 이러저러하게 잘하는 시늉을 해도 칭찬하지 말자. 대통령실과 무관하게 검찰이 했다고 변명하지 말자. 대통령실은 인사를 통해 검찰을 통제하는 합법적 권한을 가지고 있다. 주요 사건에 대해 미리 보고하지 않는 경우는 상상하기 어렵다. 그렇다면 답은 나온다.

기소청이든 뭐든 검찰개혁을 제대로 하려면, 검찰권을 써서 정치 보복할 마음을 먹지 않아야 한다. 감사원, 국정원도 마찬가지다. 윤석열 정부에게 두 건이나 기소되어 벌써 몇 년째 재판에 매여있는 내가 호소한다. 검찰개혁을 위해서라도 검찰을 이용해 정치 보복하려 하지 말자.

③ 대통령부터 감정을 절제해야 한다.

대통령도 사람이다. 희로애락을 표현할 수 있고, 또 그래야 한다. 하지만 대통령의 감정표현은 그 파급력이 남다르다. 가장 높은 사람이기 때문이다. 사적인 자리에서까지 감정표현을 절제해야 한다. 술도 조심해야 한다. 정제된 표현과 안정적인 화법도 필요하다. 트럼프처럼 마구잡이로 말하면, 지지층은 환호할지 몰라도 결국 국민 다수로부터 외면받는다. 안타깝지만 대통령이라는 자리가 그런 것이다.

이런저런 자리에서 누군가를 평하거나 욕하는 일이, 친구

끼리 해도 문제인데 대통령이 했다면 너무 큰 영향을 끼친다. 윤석열 대통령이 술 마시며, 누군가를 욕했던 일이 어떤 결과를 가져왔는지 보았지 않은가? 그가 육두문자를 수시로 뱉어냈다는 얘기는 비밀도 아니다. 대통령도 사람이지만, 안타깝게도 과한 감정을 눌러가며 살아야 한다. 일상에서부터 감정적 적대와 증오를 걷어내는 일을 대통령이 실천해야 한다.

나는 노무현, 문재인 두 대통령을 비교적 가까운 거리에서 모셨다. 한 번도 참석자를 하대하거나 과음하거나, 함부로 욕하는 얘기를 듣지 못했다. 화난 모습은 보았지만, 그것이 국정에 영향을 직접 주지는 않았다. 다음 대통령도 마찬가지여야 한다.

④ 대통령도 직장인처럼 일하고, 협업해야 한다.

대통령은 대한민국 정부라는 직장의 최고 책임자, 즉, 회장님이다. 공도, 과도 그에게 쏠릴 수밖에 없다. 그러나 회장님은 고독한 결단만 하는 것이 아니다. 시스템 속에서 일하고 결정해야 한다. 대통령이라고 정해진 회의체계와 의사결정 시스템의 바깥에서 일해서는 안 된다.

대통령도 직장인처럼 정시 출근, 정시 퇴근하고, 보고서 읽고 각급 회의를 주재해야 한다. 대통령이 직접 보고서를 읽고 의견을 주고, 회의에서 논의하지 않을 경우, 국무회의는 물론이고 대통령실의 각급 관리체계가 긴장감 있게 돌아갈 리 없다. 가장 높은 사람부터 시스템의 결정을 존중하고 따라야 한다. 그렇지 않았던 대통령들이 탄핵당했다.

⑤ 내각을 믿고 역할을 나눠야 한다.

우리나라에서 가장 어려운 문제는 결국 대통령과 대통령실로 책임이 돌아오게 된다고 했다. 그럴수록 대통령실은 작은 문제까지도 벗어나지 못하는 악순환에 빠진다. 대통령 어젠다와 내각의 어젠다를 나누는 일은 말만큼 쉽지 않다. 그래도 길은 그것밖에 없다. 제도적으로 책임총리, 책임 장관이 가능한가, 아닌가가 핵심이 아니다. 대통령이 총리와 장관에게 그만한 권한과 책임을 위임하는가 아닌가에 달려있다.

생각만큼 쉬운 일이 아닌 것은 모두 잘 알고 있다. 다양한 실험을 했지만, 성공적이지 못했던 경험이 더 많다. 그럼에도 중요하다. 특히 집권당의 적극적인 참여가 총리와 장관의 책임성을 높이는 데 도움이 될 수 있다. 내각과 집권당이 열심히 뛰게 부추기자. 대신 대통령은 국가적 어젠다에 집중하자. 무엇보다 민주주의 재건과 인권 국가, 평화 국가를 위한 방향 정립을 이끌어야 한다. 경제성장의 토대를 재구축하는 일도 대통령의 핵심과제다.

⑥ 실패했다는 정부에서도 배워야 한다.

윤석열 정부는 분명 실패했다. 윤석열 정부가 볼 때 문재인 정부는 실패했다. 문재인 정부가 볼 때 박근혜 정부는 실패했다. 새 정부가 들어서면 전 정부가 얼마나 엉터리였는지 들춰내기에 급급했다. 윤석열 대통령은 본인 입으로 지난 정부를 비난하고, 나라를 망쳐놓았다고 했다. 그런 식의 태도가 자기 정부를 망하게 한 길이다.

나는 어느 정부도 실패하기 위해 일했다고 생각하지 않는다. 모두 나름의 고민과 노력이 있었다. 지지층들은 전 정부를 혼내주기를 원할 것이다. 모두 쫓아내기를 바랄 것이다. 그들이 했던 것처럼, 우리도 정반대로 되돌리기를 원할 것이다. 하지만 국정운영을 실제로 해 봤던 사람들은 모두 안다. 정부 일이라는 것이 그렇게 되는 게 아니라는 것을. 비록 탄핵으로 자멸한 정부지만, 지난 정부의 일도 신중히 들여다보고 복기해야 한다. 그게 새 정부의 일도 안착시키는 길이다.

⑦ 먹고사는 문제를 해결해야 극단주의를 고립시킬 수 있다.

누군들 성장하고 싶지 않겠는가? 그런데 윤석열 대통령은 현대 자본주의 국가의 정부 역할에 대해 완전히 왜곡된, 시대에 뒤떨어진 생각에 집착했다. 대학 시절 어쩌다 보았을 프리드먼 책의 한 구절을 경전처럼 외웠을 뿐이다. 코로나19 시기에 국가부채가 늘어난 것을 두고두고 나라 망하게 한 것처럼 떠들었다니. 그때 우리는 전 세계에서 재정을 가장 적게 푼 축에 들고, 대신 이를 각 가정의 부채로 떠넘기는 방식으로 해결했다. 건전 재정으로 나라에는 돈이 넘치고, 가정은 빚에 파탄 나는 것이 옳은 국가 운영인가? 윤석열 정부가 인기 없었던 본질적 이유는 서민의 삶이 위기에 처했기 때문이다. 현재의 삶과 미래가 불안하면 극단주의가 발호한다. 이 어려움을 잊게 하는 공동의 적을 내세우게 된다. 외국인 노동자, 중국, 북한, 페미니스트, 노조, 야당이 단골이었다.

먹고사는 문제를 해결해야 정치적 극단주의를 막을 수 있다. 국가가 안전망을 더 튼튼하게 만들고, 서민 생계에 온기를 불어넣어야 한다. 재정은 그럴 때 역할 하라고 있는 것이다. 이미 부동의 세계 최고지만, 남성 자살률이 다시 올라가고 있다. 재정이 희망 마중물 역할을 하게 해야 한다. 이와 함께 트럼프가 만들어 내려는 세계 경제질서 속에서 우리의 성장전략을 새로 짜야 한다. 거기에는 전통적 성장전략을 넘어선 새로운 가치와 지향이 답을 줄 것이다. 균형발전, 문화, 생태, 포용 등이 성장동력이 되는 시대이다.

⑧ 집권당뿐 아니라, 야당, 언론도 파트너다.

대통령과 집권당은 공동운명체다. 새 대통령 앞에 놓인 엄청난 정치 일정을 생각하면, 함께 헤쳐 나가야 할 파도가 벌써 걱정이다. 파도가 높고 거셀수록 대통령과 여당은 더욱 힘을 합해야 한다. 그렇게 할 수 있도록 하는 것이 정치적 리더십이다.

야당, 언론의 관계는 교과서적인 정의에도 불구하고 그대로 되는 것을 보지 못했다. 그것이 파탄 났을 때, 역시 교과서적인 결과를 맞이하는 것을 우리는 보았다. 대통령이 먼저 소통해야 한다. 야당이 국회에서 악수를 거부한 것이 비상계엄 선포의 변명거리가 될 정도여서는 안 된다. 정치문화, 정치행태도 먼저 바꿔내야 한다. 뾰족한 방법은 없다. 다만, 가장 큰 권력을 가진 사람이 크게 품어야 한다. 모두 나라를 잘되게 하려는 파트너들이다. 나라가 만신창이가 된 다음, 권력을 잡거나 유지하면 무슨 소용인가?

⑨ 영혼 없는 공무원이 신날 수 있도록 해야 한다.

새 정부는 윤석열 정부의 대통령실 근무자나 앞서가던 공무원들을 부역자 취급할 것인가? 역대 그런 정부들치고 제대로 평가받은 정부를 보지 못했다. 국정과제는 어려우니 국정과제다. 새 대통령이 꿈꾸는 나라를 만들기 위해서는 어려운 국정과제 실현을 위해 공무원들이 헌신해야 한다. 그 규범을 무너뜨린 것이 윤석열 정부다. 유능한 공무원의 다수가 냉소적이고 방어적으로 변했다. 직권남용죄는 더 이상 남용하지 말자.

정치보복도 그렇지만, 정책보복도 일부러 할 필요가 없다. 정권 교체와 정책 방향 전환으로 이미 완성되었다. 민주주의 국가들은 이런 식으로 정-반-합의 과정을 거치며 발전하는 것이다. 정책 전환과 개혁적 국정과제의 완수야말로 가장 큰 정책보복이다. 더 이상 감사원과 검찰을 앞장세운 이상한 짓을 하지 말자.

이와 함께 대통령실을 유능하게 만들어야 한다. 다양한 구성 속에서 떠들썩해야 한다. 내부의 견제와 균형이 작동해야, 진정한 국정 컨트롤타워가 될 수 있다. 정부 기능을 존중하는, 겸손하며 유능한 대통령실을 기대한다.

한국 대통령의 숙명
대통령과 정부가 일하는 법

참고문헌

참고문헌

강원택, 2014, "한국의 관료제와 민주주의: 어떻게 관료를 통제할 것인가?", 「역사비평」 108호.
국무총리훈령 제703호, "당정협의업무 운영규정".
김성연, 2023, "한국 유권자들의 이념적 양극화와 당파적 정렬: 21세기 이후 다섯 차례 대통령 선거 분석 결과", 「한국정치연구」 제32집 제3호.
김종인, 2022, 『왜 대통령은 실패하는가』, 21세기북스.
김훈, 2024, 『허송세월』, 나남.
노무현, 2009, 『진보의 미래』, 동녘.
노한동, 2024, 『나라를 위해서 일한다는 거짓말: 한국 공직사회는 왜 그토록 무능해졌는가』, 도서출판 사이드웨이.
박상훈, 2018, 『청와대 정부』, 후마니타스.
송국건, 2022, 『대통령의 사람 쓰기』, Say Korea.
신현기, 2019, "인수위 없는 대통령직 인수: 미국의 사례와 시사점", 「정부와 정책」 제12권 제1호.
신현기, 2021, "대통령을 끝까지 지지하는 사람은 누구인가: 인지부조화이론에 근거한 문재인 대통령 임기말 지지율 분석", 한국행정학회 동계학술대회.
이병군, 2023, 『어쩌다 청와대 공무원』, 갈마바람.
이선우, 2022, "한국 대통령의 제도적 인사권과 제왕적 대통령제, 그리고 법률개정을 통한 분권형 권력구조로의 전환가능성", 「한국정당학회보」 제21권 제3호.
이현주, 박지영, 2023, "제20대 대통령 선거를 통해 살펴본 유권자 투표 결정요인 분석: 누가 국민의힘 윤석열 후보를 선택하였는가?", 「한국정치연구」 제32집 제3호.
장덕진 외, 2015, 『세월호가 우리에게 묻다』, 한울아카데미.
정한울, 2011, 「역대 정권 레임덕 현상과 4년차 이명박 정부의 과제」, EAI.
한국갤럽, 2021.3.3주차, 「데일리오피니언 조사」.
한국갤럽, 2023.3.17., (조사담) 대통령 직무수행평가, 정당 지지도, 정치적 성향.
한국갤럽, 2024.11.2주차, 「데일리오피니언 조사」.
한국행정연구원, 2024, 「조직문화가 공무원의 이직의도에 미치는 영향: 밀레니얼세대와 Z세대의 조절효과를 중심으로」.
한승주, 이철주, 최흥석, 2023, "정책형성에서 행정부처의 자율성과 대통령의 정책추진력: 상보적 관계의 가능성과 의미 탐색", 「행정논총」 제61권 제2호.
한승주, 최흥석, 이철주, 2022, "대통령의 관료제 통제수단과 국정성과: 공무원의 인식 분석", 「행정논총」 제60권 제3호.
행정안전부, 2024, 「지방자치단체 예산 및 기금 개요」.

강원택, 2025.1.1., (인터뷰) 대통령 한 명이 국가 흔들고 분열... 양극화 해소 위해 권한 나눠야, 한국일보.
경향신문, 2024.1.1., (신년 기획) 중도, 그들은 누구인가?.
김순덕, 2025.1.24., (김순덕의 도발) 언론이 초갑? 사설만 봤어도 이 지경까지 안 됐다, 동아일보.

노컷뉴스, 2023.10.31., '김포 서울 편입' 논란에 野 "총선용 갈라치기".

동아일보, 2024.9.5., (사설) 인권위원장 이런 논란의 인물이어야 하나.

문화일보, 2022.3.15., 50일간 새정부 국정방향 밑그림 .. 내각 구성할 인재 찾고 검증.

박성현, 2022.12월호, 대통령학 관점에서 본 국정 지지율 저공비행의 기원, 월간중앙.

박종훈, 2020.1.3., (박종훈 칼럼) 2년 뒤가 두려울 자해 국정의 부역자들, 조선일보.

서승욱, 2024.12.3., (서승욱의 시시각각) 청개구리와 작별해야 할 대통령, 중앙일보.

아시아경제, 2020.10.7., '적폐청산' 정치보복 재판 무죄율, 일반 사건의 5배 이상.

안덕관, 2022.12월호, 누구도 尹에 직언 못하는 분위기… 대통령 비서실이 검찰청 됐다, 월간중앙.

연합뉴스, 2023.6.29., '尹 미션' 받은 비서관들, '실세' 차관으로 개혁 드라이브 첨병.

월간중앙, 2022.12월호, 윤 대통령, 선언만 있고 정책이 없다.

이대혁, 2025.1.20., '격노'의 비극적 결말, 한국일보.

이춘재, 2024.11.19., '세계 1% 과학자' 4년째 재판에 묶어둔 '검찰 정권', 한겨레신문.

이충재, 2024.12.3., (이충재의 인사이트) 감사원, '대통령 소속'부터가 문제다, 오마이뉴스.

진중권, 2024.8.8., (진중권 칼럼) 마지막 기회, 중앙일보.

한겨레신문, 2016.12.6., 김기춘, 세월호 동조단식에 비난 가해지도록 언론 지도.

한겨레신문, 2024.12.2., (사설) 전직 감사원장들의 한심한 '탄핵 반대'.

한국일보, 2024.11.30., (사설) '정치 탄핵' 도 넘은 巨野, '편파 감사' 자성 없는 감사원장.

한국일보, 2024.3.9., (다시 쓰는 국정농단 보고서: ④괴물이 된 검찰) 국정농단 수사의 '환호'를 이어가려던 적폐청산… 결국 검찰 힘만 키웠다.

한국일보, 2024.9.7., (사설) 소수자 혐오 위원장, 인권위 미래가 걱정이다.

허문영, 2025.1월호, (Special Report | '카오스' 한국 정치를 말하다) 다음 대통령 누가 되든 똑같은 일 벌어질 수 있다, 신동아.

Electorial System Design Database (https://www.idea.int/data-tools/data/question?question_id=9384&database_theme=307)

한국 대통령의 숙명
- 대통령과 정부가 일하는 법 -

초판 1쇄 발행 2025년 4월 15일

지은이	김수현
발행인	우공식
편집제작	반도기획출판사 디자인팀 서울시 중구 퇴계로37길 11, 301호 TEL : 02)2272-4464 FAX : 02)2278-6068 E-mail : bando4465@korea.com
출판등록	2011년 11월 16일 신고번호 제301-2011-209호
ISBN	979-11-988237-4-8
정가	18,000원

이 책은 저작권법에 따라 보호받는 저작물이므로 무단전재와 무단복제를 금합니다.